インド民俗芸能誌

小西正捷

法政大学出版局

インド民俗芸能誌／目次

V　祈りの声楽

序章　アジア芸能に見る幽霊——身体に表現された意味世界

猛暑のみぎり、幽霊にはなぜ足がないのか、などと学生諸君と話しあっていたら、一つのことに気がついた。とかく日本の幽霊は陰惨きわまりないが、それでも彼らは、ほとんど宙を飛ぶかのように軽く浮き、追いかけてくるかのごとくせまってくる。幽霊につきまとう火の玉のイメージもあるのかもしれないが、足や、ときには腰から下が無いこともあって、ともかくふわりと浮いている。

歌舞伎の幽霊役も、あまり太っていてはさまにならない。手は肘《ひじ》を寄せ気味にして、肘から下も直角より下げて親指と小指を寄せあい、また足も一本に見えるかのように寄せ、しかもやや伸びあがり気味にするのだ、とも聞いた。

中国の死霊として昨今の学生諸君が思いおこすのは、キョンシーである。死後硬直している彼らは、固く、重い。ぴょんぴょん跳びながらせまってきても、宙に浮くイメージはない。硬直した体の重みは、かえって跳ぶ足にかかり、地を踏む。もっと重いのは「ハムレット」にでてくる幽霊で、足には太い鉄の鎖と大きな鉄球まで付け、古城に音を響かせて出現する。

これはそれぞれ、ふだんとは正反対の所作ではないのか。ふつう日本では、ことに舞踊において典型的とされているように、重心は丹田《たんでん》より下にかかり、地を踏みしめ、動くときも、前後左右にすべることはあっても、上方に飛んだり回転したり、ともかく体の重みを消却して軽く浮上する形をとることは滅多にない。むしろそれは西欧のバレエのほうに典型的なことであって、たださえトウ・シューズで爪先立ちをした上に、さらに跳躍と回転によって、上へ上へと伸びようとするふうがある。

過年、「一五〇〇年来はじめての共演」というコメントもついた、日本の舞楽と韓国の国楽の共演が宮内庁楽部で行われたが、そこでは日本の舞人がひんぱんに足を斜めうしろにずらして体を沈める姿勢をとるのに対して、韓国の舞人は、バレエほどではないが回転をし、のびあがるかのような体重の軽みを感じさせていた。音楽のほうなら日韓ともに、その楽器や音階も含めて、なるほど似ている点もあるという印象もうけたのに、身体表現においてはこうもちがうのかと感じいったものである。

日本の幽霊が宙に浮き、バレエの本場、ヨーロッパのそれが重いのも、幽霊・死霊が日常的なるものの反対の極みにある、すなわちその異常性を「さかしま」の原理によってあらわしたものとするならば、それまでのことである。しかしそれなら、たとえばインドの幽霊は、どのようなものなのであろうか。

インドには、ともすれば「神秘の国」などとイメージされるのに、意外にも日本のように陰惨怪奇な幽霊譚はあまりない。見たことがないから真疑は不明であるが、幽霊ブートの足は前後が逆についていて、カカトのほうから歩いてくるのだという話をベンガル地方で聞いた。まさに日常性を逆転した「さかしま」の世界であるが、実はインドの幽霊は、死霊プレータ、屍鬼《しき》ピシャーチャ、羅刹《らせつ》ラークシャサ、そして阿修羅《あしゅら》などのイメージと大きく重なりあっている。それらは芸能の多くにも登場して、大活躍をする。

東インドの仮面劇に「チョウ」というものがある。ベンガル州のプルリア地方のチョウでは、神々と阿修羅が大立ち回りをしてともに地を蹴り、宙を飛び、回転して地を踏むが、ここには「飛ぶ」と「踏む」とが共存している。しかも、結果としては神々がその敵を圧倒するが、神々と非神の阿修羅は、実は同一存在の両面である。

仮面を用いず、化粧および憑依《ひょうい》によって変身する典型例が、その名も文字どおり、幽霊もしくは鬼神をあらわす南インドの儀礼芸能の「ブータ」である。ここではぶるぶると絶えまなく体をふるわせるのが憑依のしるしであるが、それでも日常と非日常は、それほど乖離《かいり》しているわけでもない。芸能は異界・他界の表徴でありながら、同時にまさに、この世に展開する現実の一こまでもある。

ましてそれを明るい舞台にのせるなら、その演技性はあらわである。それを通じてアジア芸能文化の深奥を垣間見ることは、重要であるがなかなかにむずかしい。音楽は容易に紹介されえても、このような芸能が滅多に紹介されないのも無理なきことであろうが、まことに残念なことである。

さて、以下は主として、一九八〇年代半ばから九〇年代半ばのほぼ一〇年間にわたって書かれたインドの芸能に関する諸稿の一端をまとめたものである。演劇・舞踊・音楽に及ぶ論考の抜粋であるが、筆者の関心はより文化史的・人類学的な側面にあるため、とりあげたものにはいわゆる「古典」芸能がほとんど含まれていない。むしろその多くが生活に密接なかかわりをもつ「民俗」芸能であり、しかも「周縁」の芸能であるため、一般的な「インド民族芸能」のイメージからはかなり片寄ったものとなってしまっているが、いずれの場合も、筆者みずからのフィールドワークと実見に基づくものである。これまであまり知られることもなかった芸能を通じて、そこから発信されるメッセージと、従来筆者が強調してきた〈インド世界の多様性〉が垣間見られるならば幸甚である。

筆者にとっては——好きな世界ではあるが——やや専門外の「芸能」についてこのような書をまとめる決意をするきっかけとなったのは、インドの芸能をテーマとして話すよう、東京芸術大学音楽学部（一九九六年度冬期）と北海道大学文学部（一九九七年度夏期）から与えられた、ありがたい集中講義の機会であった。そこではむしろ、柘植元一教授、武田雅哉教授ほかのすぐれた教授陣や、院生を含む学生諸君から学ぶことが多かったが、そのご教示を活かしつつ、このような形でまとめるにはかなり時間がかかってしまったことをお詫びせねばならない（そのため本書では、所収の拙稿の範囲をほぼそのころまでにとどめることにした）。またかかわることができた多くの公演や講演、研究会を通じて、日本では国際交流基金、民主音楽協会、現代人形劇センター、インド考古研究会、インド音楽研究会ほか、またインドでは国立音楽芸能研究院、連邦政府人類学局ほかの多くの機関にもお世話になった。さらに、はじめてこの魅力的な世界に導いてくださった故・小泉文夫先生をはじめとする多くの先達・友人たち、ことに前著と同様、旧稿をまとめる労をとってくださった法政大学出版局の松永辰郎氏にも、この機会に心からお礼を申し上げたい。

I

音楽と芸能の亜大陸——インド

インド行政区分の概略（2001年現在）

インド世界の中心と周縁

「インド世界」とは

極寒のヒマーラヤから、べっとりと暑いアラビア海沿岸まで。もしくは、モンスーンに彩られた緑の熱帯降雨林から、からからに乾いた熱砂の沙漠地帯まで——。

極端から極端にいたる気候帯と、それぞれにまったく異なる数百の言語や文化・風習を五〇〇〇年にわたってかかえこんできたインド亜大陸。そこにはめくるめくばかりの、さまざまに異なった人びとの暮らしのあり方が詰まっている。その豊かな文化伝統は、時間を超えて現在に活きつづけ、人びとのうちに生き生きと息づいている。

とりわけ音楽は、その生活と切り離すことのできぬものとして、彼らとともにあった。ともすれば過酷すぎる自然や社会環境の中で、歌や芸能は、この大地に彼らが生きていく上での、欠くことのできぬ糧そのものであった。それは彼らに民族の誇りを与え、また生への限りない活力となった。彼らはどんなときにも、その喜びや悲しみ、また怒りをもすべてそこに託して、常に音楽をその伴侶としてきた。

かくて数百、いや千を越すともいわれるさまざまな民族集団が、誰のものでもない彼ら自身の芸能を、まさに各〝自民族〟の証として守りぬいてきている。その意味で、これほど力強い、かつ重みをもった、しかししばしば底抜けに明るい、かくも多種多様にわたる音楽がぎっしりと詰まった広大な地域の例を、われわれは他に知らない。

この亜大陸を、われわれは「インド世界」とか「南アジア」と総称する。しかし、本来それは、このような一語でもってくくることのできない世界である。西アジアや東南アジアにしてもそうであろうが、「南アジア」の語は、現インド共和国を（その地理上の）中心として、それに隣接する国々、すなわちパキスタン、バングラデシュ、ネパール、ブータン、スリランカ、モルディヴなどを便宜的に総称したものにすぎない。やや狭義には、初出の三国をもって「インド世界」をなすものとしてとらえ、その他の国々は、それとはやや異なる、それぞれに独自の文化をもつものと考えることもできる。しかし、これら周縁地域の国々も、広義のいわゆる「インド」文化の影響を大きく受けていることに疑いはなく、その意味で「南アジア世界」を、「インド世界」と同義ととらえる考え方もある。しかし文化史上はともかく、「インド」の語をそこに冠することには、周辺の諸国から政治上大きな抵抗と反発をよびかねない面もある。

このように、「インド世界」ないしは「南アジア」という概念自体にすでに問題が多々あるが、一応その概念を有効なものとし、かつ「国」にこだわらずに巨視的にとらええたにしても、その地理上・文化上の特質は、極端なまでに多様である。すなわちそこにはあまりに異なったさまざまな気候や地形的特質が見られ、当然それは、それぞれの地に展開した文化に、多少とも何らかの影響を及ぼさずにはおかない。そこにはさらに、各地域がそれぞれに積みあげてきた歴史の伝統がある。言語系統とも密接なかかわりをもつ民族上のちがいもあり、またその生活規範にまで大きな影響を及ぼす宗教上のちがいもある。それらをふまえて、なおこの広大な亜大陸といくつかの島々からなる世界をどのような文化領域として区分するかは、大変むずかしい問題であろう。しかしいま、ごく模式的に、この世界を一つの巨大な菱形としてとらえて考えてみることにしたい（挿図参照）。

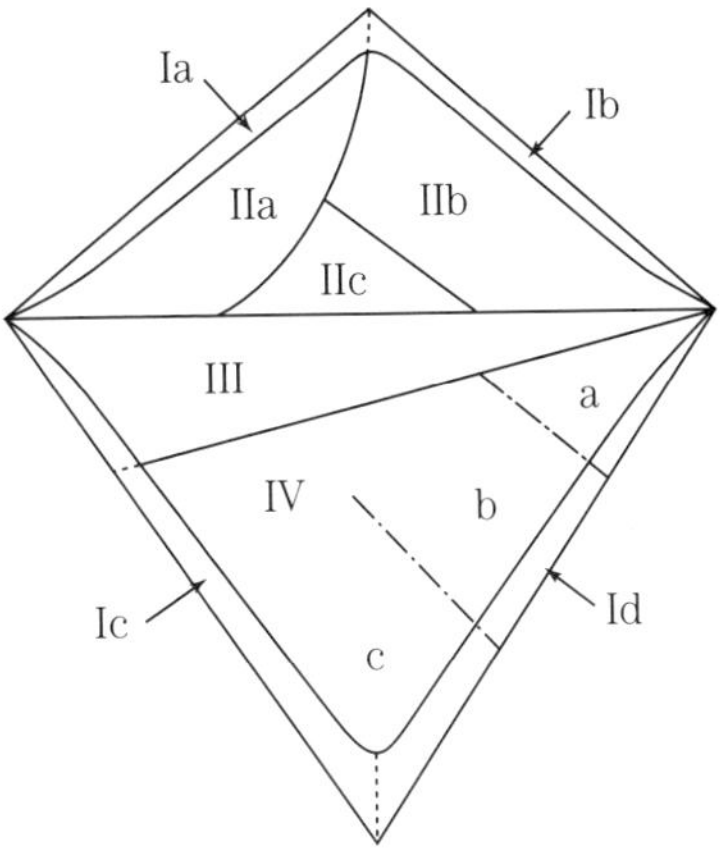

インド世界の構造模式図［小西 1986a］

Ⅰ：フロンティア
　a　北西 ｝大陸部
　b　北東
　c　南西 ｝半島部
　d　南東
Ⅱ：大陸部（北）インド
　a　インダス川系
　b　ガンガー川系
　c　内奥部
Ⅲ：中部インド
Ⅳ：半島部（南）インド
　a　マハーナディー川系
　b　クリシュナ＝ゴーダーヴァリー川系
　c　カーヴェーリ川系

まずその周縁部は、いずれもその隣接する世界と関連し、一方では中心部のもつ「インド」的な枠組みを保ちつつも、なおそれぞれの個性をよく保持しつづけてきた。すなわち北西部（Ia）は、古くはヘレニズム文化、のちにはイスラーム文化などのより西方文化の受入れ口として機能してきたし、ヒマーラヤに接する北―北東部（Ib）は一部は中央アジアに接し、またティベットの仏教文化や、さらに東部では、東南アジア内陸の山地文化との密接なかかわりをもっていた。

また海に突きだした半島部の沿岸および島嶼部一帯（Ic、Id）は、海路を通じて東西の文化の流れを受けとめ、かつそれを中継する役割を果たしてきた。そこに流入する文化の流れは、古くはインド内陸部からの仏教文化やヒンドゥー文化であって、それはさらに、より東方の東南アジアへと波及していくことになった。一方ではこの地はまた、やはり海路を通じておしよせるイスラーム文化や、ポルトガルを嚆矢とするヨーロッパ文化の受入れ口ともなった。

これらの様相をここに詳述するいとまはないが、これら「周縁部」諸地域が果たしてきた役割は大きい。より具体的には、パキスタンの西・北・北西部からカシュミール、そしてネパール、ブータン、アッサムからビルマ（ミャンマー）に境を接する山岳地帯にいたる、大きな弧を描く形での北半の周縁地帯一帯の文化のあり方に注目したい。また南半のIc、Idでは、アラビア海に面するマラバール海岸一帯とラカディヴ、モルディヴ、さらにはスリランカのような島々、そしてベンガル湾に沿うコロマンデル海岸部の文化のあり方を考えることが重要である。

すなわちこれらの地は、「周縁」「辺境」とはいえ、むしろ他世界の文化をまっ先に受けとめ、それを従来の伝統文化と融合させ、あるいはそれをさらに外界へ、あるいはより「中心」の地帯へと中継して、それぞれの文化伝統をいっそう豊かなものへと肉付けしていく重要な役割を果たしてきた。そして一方ではこれらの地はまた、このような進取の気性に富むダイナミックな側面とは逆に、かえってその「辺境」性のゆえに古い文化伝統をいっそうよく残し、他世界からの文化の移入以前から存在する最古の文化的諸相をも温存して、よくそれを他と共存、あるいは融合させてきたのである。そのことは、最北東部に伝わる舞踊「マニプリー」をはじめとするマニプル州の芸能、あるいはインド共和国をとり囲む他の諸国に伝わるさまざまな芸能のあり方のうちにも、具体的に見てとることができるであろう。

〈中心〉文化の諸相

さて、北半には山々の連なりを置き、南半は海に囲まれた南アジア亜大陸のさらに内部では、その外縁に、むしろフロンティアとでもよぶべきクッションを置いていたために、外からの大きな衝撃を直接受けることもなく、かつそれを有効なフィルターとして通ってきた外来の有益部分をかえって豊かな刺激としつつ、古来の伝統を、きわめてじっくりと醸成していくことができた。その風土と歴史によって、さまざまな地域がそれぞれに独自の文化を確立・展開していくが、ふたたび模式的に、大きくそれを、〈菱形〉

の北半と南半に分けて考えることにしたい。

　この〈北半〉をなす地域は、さらに大きく、東と西とに分けられるであろう。その西側の部分（IIa）は、ほぼ今日のパキスタン平野部と、インド側のラージャスターン、グジャラートなどの地方からなるものと考えてよい。おおむねそれは、比較的乾燥した地帯、生業でいえば農牧地帯・ムギ作地帯である。水系でいえば、広義のインダス流域ととらえてもよい。それはまた、今日のインド文明の源であるインダス文明がかつて栄え、広がった地域でもあった。

　ここには今日イスラームの影響が強く、グジャラートの一部にはジャイナ教の要素もあるが、この宗教と厳しい風土は、華やかで力強く、やや強烈なまでの個性をもった文化伝統を創出してきた。ラージャスターンの絵語り師ボーパの芸や人形操りの「カト・プトリ」にはいかにも「王族の地」（ラージャ＝スターナ）であったこの地の強い個性が見えるし、またパキスタンから北インドの一部にまで及ぶイスラーム歌謡の「カッワーリー」は、南アジアにおける独特のイスラーム文化伝統のあり方を、充分に伝えてくれるであろう。

　一方、この「北半」の東部（IIb）はやや複雑である。まずはそれを、西部に比してより湿潤な米作地帯、かつヒンドゥーにとっての心の拠りどころたる大ガンガー（ガンジス）の流域ととらえることができる。しかしガンガーの上流域から、ガンガー・ヤムナー両河がほぼ平行して走る両河《ドーアーブ》地帯、聖地バナーラス（ワーラーナスィー）から東流してビハール州を横切るガンガー中流域、そしてさらにはその下流域から、やがてはブラフマプトラの下流域をもあわせて巨大なデルタをなす今日のバングラデシュにいたる地域は、それぞれにまた別個の個性を確立してきたのである。

　すなわちガンガー上流域から両河地帯にかけては古代アーリヤ文化の中心地であったし、中流域は古くは仏教やジャイナ教を興し、最古・最大の帝国マウリヤ朝（前三世紀）を築きあげ、後四―六世紀にはグプタ朝下にインド全域の古典的伝統を確立した重要な地であった。そしてこれらの地は、やがて十三世紀以降は一転してムスリム権力の中心地となり、ムガル朝の座を担い、さらにはイギリス植民地支配の中心的舞台となるなど、常に北部一帯の歴史展開の中枢をなしてきた。このように、その歴史は常に激しい変転をとげているにもかかわらず、およそ「インド」の文化規範は、総じてこの地の文化伝統のみを念頭に置いて語られることすら多いのである。なお、この地の古典芸能としては、主としてムガル朝下に発達した舞踊の「カタック」、そして古典声楽の「ドゥルパド」や「カヤール」、ややポピュラーな声楽の「トゥムリ」や「ガザル」、そしてシタールやサロードなどによる多様かつ華麗な器楽の伝統がある。

それに比べると、より下流域のベンガル地方や、そのさらに北東方のアッサム、また南方に隣接するオリッサなどは、「東部」というまとまりとして、別個に扱われるべき個性をもっている。当然それは、それぞれに隣接する地方と相互に深いかかわりをもっており、アッサムはさらにその北東部と、オリッサは南部との強いかかわりを見せている。その文化層は、さまざまな文化の「吹きだまり」といってよいほどに深い。最北東部のマニプル地方もそうで、ここには本来メイテイ人の民俗舞踊としてうけつがれ、のちに東インドを代表する舞踊芸能として発展をとげた「マニプリー」がある。

IIaとIIbにはさまれた形のIIc地域も、「中心のうちなる周縁」として強い個性をもっている。不屈の精神に満ちたこのブンデールカンド地方の人びとの気質や文化の一端は、のちに「ラーイー」の章でふれよう。

さて、「北」と「南」の間にはさまる帯状ないしは西に広いクサビ形をなす中部インド（III）も、これまた別個の地域としてとらえられるべきであろう。西流するナルマダー、タープティー両河流域、ないしは西はヴィンディヤー山脈から東はチョーターナーグプル高地に連なるこの地域は、いまも先住の部族民がその最古の伝統を伝えている。彼らの文化と、それに隣接する南北のヒンドゥー文化との接触過程は、文化史上も重要な課題を多々提示している。

「南半」内陸部（Ⅳ）の諸文化領域も複雑である。概してこれも、各水系でとらえることもできようし、またそのそれぞれの下流域が各時代に展開した文化が、それぞれに強い文化伝統を確立していったことに注目してもよい。ただしここでは、かつてヒンドゥー文化の中心地であった「北半」部がイスラーム化するに伴って、かえって古典的なヒンドゥー文化が、ときにはそれぞれの土着の伝統と融合しつつも、よくその姿を残してきたという点が注目される。

比較的古くから伝えられてきたという意味での〝古典〟芸能でいえば、北から順に、オリッサ州（Ⅳa）の「オリッシー」、アーンドラ・プラデーシュ州（Ⅳb）の「クチプディ」、タミルナードゥ州（Ⅳc）の「バラタナーティヤム」がすぐに思い浮かぶ。ことにタミルナードゥ州の西に隣接する半島部最南西端を占めるケーララ州には古い芸能が数多くあり、なかでも日本の歌舞伎にも比せられる舞踊劇の「カタカリ」が有名であるが、古典的サンスクリット語でセリフの語られる「クーリヤーッタム」は、九世紀にもさかのぼる伝統をいまも保持しているとされる。また舞踊としては「モーヒニーアーッタム」や「クリシュナアーッタム」、さらに主として特定の寺院や祭礼との強いかかわりにおいて行われる、憑依をも伴ったやや土着的な数々の儀礼芸能がきわめて豊富に見られる［河野 一九八八］。また、やはりアラビア海に面した南西インドのカルナータカ州では、「カタカリ」のような入念な化粧と強い演劇性をもつ「ヤクシャガーナ」や、儀礼性の強い「テイヤム」、「ブータ」などが注目される。

半島部に見られるこれらの諸文化伝統は、さらに南方のスリランカにも大きな影響を及ぼしているが、スリランカに伝わる仮面儀礼の「トヴィル」や「コーラム」、仮面劇の「ソカリ」、また演劇の「ナーダガマ」などのあり方には、むしろ同地独自の土着的伝統の圧倒的強さを印象づけられるかもしれない。このことは、亜大陸の北に連なるネパールやブータンにおいても同様であり、また逆に、これら北方の諸地方が、ヒマーラヤを越えてティベットの文化をインドにもたらしていることをも忘れてはならない。

これらの芸能のあり方に見られる多様性は、各地の地理的条件のちがいや言語・民族・歴史・風習などの相違と同様に圧倒的である。「中心と周縁」といえば、この場合「中心」とみなされがちな狭義の「インド」があたかも一様な伝統で貫かれているかのようであるが、実態は決してそうではない。すなわち概して「周縁」世界に対して「中心」とみなされる地であるインド自体が、ふたたび極端なまでの多様性に満ちている。しかもそこでは、インド内部における、あるいは各地域との関係における「中心」と「周縁」があたかも入れ子のように入り組み、さらにそこには、さまざまな宗教的側面や民族性、あるいは階層性が複雑に影を落としているのである。

強い宗教儀礼性

このように、各地には各様の文化が展開したが、そこには風土性や民族性以上に、広義の宗教が大きな影響を及ぼしているように思われる。広義の、というのは、ことに南アジアにおいては、「宗教」は単に教義や信仰上のことにとどまらず、広く社会慣習一般、すなわち日常の生活規範にまで大きくかかわってきているからである。そしてその意味における宗教は、多様な民族文化の枠を越えて、しばしばそこに、宗教ごとの、ある種の統一性をも与えてきた。すなわちこの世界では、ヒンドゥー教、イスラーム、仏教、ジャイナ教、スィク教、キリスト教などの宗教は、細かくみれば宗派や社会階層によるちがいはあるものの、大枠において、それぞれ独自の規範や慣習を「インド世界」に規定してきたことが見てとれる。

南アジアにおいて最も古く、今日でも最多の人びとがうけいれ、かつその内容もこの世界に特徴的というべきヒンドゥー教は、インドを中心として、ネパール、そしてスリランカのタミル人のあいだでもうけつがれている。ただし、ひと言でヒンドゥー教といってもその内実はきわめて多岐にわたっており、そのやや高度な教義や高位とされる神々は、諸種の経典の記述やバラモン僧の説くところであるがゆえに広くヒンドゥー教の統一されたイメージを保っている一方、地方により、村により、あるいは個人によって祀られているローカルな神々は、文字どおり無数である。しかもそれは次々と生まれ、なかにはやがて忘れられていくものもある。そのうちでも比較的有力なもののいくつかは、それを祀る人びとによってか、あるいはバラモンの側から、より高位の〝正統的〟な神々のいずれかに因縁づけられ、ときにはそれを正当化する偽経すらつくられた。

ヒンドゥー教のこのような柔軟な構造は、本来異質なものをもその枠の中にとりこみ、変質させて、ついには融合させてしまう力を発揮する。より〝正統〟とされるいわば「大伝統」は、よりローカルで根の深い「小伝統」を押さえこむことをせず、かえってそれを次々とすくいあげてその枠中に収め、また後者もあえてそのような結果を志向する、いわゆる「サンスクリット化」の傾向を見せるのである。

この場合、儀礼やイコン、神話や風習をめぐって両「伝統」間には激しい相克・反発・融合が生じ、相互の影響による変容はときにきわめてダイナミックで流動的である。「伝統」とはいえ、決してそれぞれは固定的なものとしてとらえられるべきものではなく、ここではまったく便宜上、今日ではやや古色蒼然としてきたレッドフィールド流の二元的理論を仮借しているにすぎない。

ともあれ、このような力学によって、「大伝統」が「小伝統」を支配するのみならず、逆に後者が前者を変質させることもしばしばである。偏狭な教条主義者はそれを〝堕落〟とよぶかもしれないが、ヒンドゥー教の、あるいは南アジアの文化伝統は、このような限りないプロセスによって、かえって豊かな内容と広がりをもちつづけてきた。そしてこの柔軟な構造は、ヒンドゥー教とは異なって本来排他的傾向を示すはずの、イスラームやキリスト教のような一神教の世界にすら、南アジアでは大きな影響を及ぼした。それは、教義上はともかく、民衆の広く信仰する現実の諸相において、「神」とすることができなくとも実際にはさまざまな信仰対象を創出し、あるいはその共存を許容してきた。そしてそれを正当化するかのような神秘主義的思想も、ヒンドゥー、イスラームを問わず、南アジアでは独特の発達をとげたのである。

かくしてこの世界では、正統と異端、あるいは古典とされるものと民俗レベルのものとのあいだには大きな断絶がない。その両極のみを比較すれば大きな差が目立つようなものでも、その間の差異は、中間のいくつかの段階をへて、ゆるやかに連続しているのである。そしてこのことは、古典芸能と民俗芸能、あるいは古典・民俗音楽の世界にもいえることであろう。いわゆる古典は、民俗のうちから多くを吸いあげ、それをとりこんでその内容を豊かにしてきた一方で、民俗の側も、それを常に磨きあげ、古典的伝統としてそれを確立していくことに労を惜しまなかったからである。

〈文化〉としての音楽・芸能

本来、音楽や芸能そのものが、宗教や儀礼と強いかかわりをもっている。宗教が生活慣習そのものであることの多い南アジア世界においては、なおのことそれはそうであった。神々を讃える讃歌や祈りの歌は、しばしば芸能と結びついた形で、寺院や家庭内、もしくはまつりであれば公共の広場などにさまざまな形で繰り広げられ、伝えられてきた。形式上はまったくこのような宗教儀礼や寺院に関係のない世俗的なものであっても、その内容は、神々の物語や宗教教養にすら深くかかわるものなど、何らかの形で、やはりそれは広義の宗教と結びついているのである。

したがって、音楽においては歌詞に重きをおく声楽が重要視されて発達し、そして芸能においては強い演劇性をもつドラマか、意味性の強いマイムが発展することとなった。それを理解するためには、まずはその音楽や芸能の文化的背景、より具体的にはその言語・宗教・思想・歴史などをひととおり知り、その文化をある程度共有する必要がでてくる。そのために、海外公演などでは、これまではこのように意味性の強いものはえてして敬遠され、より〝純粋〟に「音楽」と考えられる器楽演奏などが中心に紹介される傾向があった。しかし実は、このような「純粋器楽」や「純粋舞踊」とされるものでさえ、その音楽や芸能をなす個々の構成要素そのものに、すでにそれを生みだした地域・文化独自の文化的・歴史的背景が、色濃く影を落としているのである。

音楽や芸能が本来特定の文化の所産であり、それを生みだした文化と大きなかかわりをもつことはいうまでもない。しかし、ことに南アジアにおいては、音楽や芸能は、文化のあらゆる側面がそこに凝縮しているという特異な性格をもつ。そこでは音楽は、歌詞を通じて文学や修辞学・文法学等の言語の文化にも通じ、演劇はさらにそこにいっそう強い宗教・思想・儀礼性を加え、舞踊はより高度に抽象化され、視覚と心理的感覚にも訴える表現形式を展開する。それらは各々、少しずつ異なった志向性と表現法をもちながらも、実は分けることのできない一つのジャンルをなしている。実際サンスクリット語にいう「サンギータ」saṃgīta とは、本来「美」を意味する「シルパ」śilpa が絵画・彫刻・建築を包摂するように、音楽・舞踊・演劇をすべて含みこんだ、一個の有機的な総合概念であった。

このように南アジア世界では、音楽であれ芸能であれ、あたかもそれが文化そのものとも解しうる総合性・統合性をもっているといえる。それと同時に、まさにそうであるがゆえに、「南アジア」ないしは

「インド世界」の語のうちに便宜的に含まれている、しかし実際にはそれぞれにまったく独自な文化的枠のうちに形成されてきた音楽・芸能は、やはりそれぞれの文化の枠のうちにとらえられねばならない、ということを、このことは示している。

むろんその一つ一つの文化の枠組みのうちにも、「大伝統」と「小伝統」、もしくは中心と周縁とのあいだの相克・葛藤・融合・反発のさまざまな位相と変容過程がダイナミックに見てとれる。それを具体的に、どのようなレベルにおいてではあれ、音楽や芸能の一つ一つの演目に即して見てとろうとすることは、南アジアの音楽や芸能に接するときの一つの大きな楽しみであろう。むしろこれまで「民族音楽」観賞者は、それを楽理上の問題として研究対象とするか、みずから音楽を演奏し作曲する目的で、あるいは単にそれを、特定の文化的枠組みからあえて切り離して鑑賞しようとする態度すらままあった。しかし、音楽や芸能をその本来の文化的位置に据えて理解しようとすることが、ことに南アジアの場合、大切なことのように思われるのである。

「古典」と「民俗芸能」のあいだ

ここで、インドの音楽伝統の歴史について簡単にふれておこう。

インドの音楽・芸能は、きわめてその起源が古く、かつその様式や技法がかなり古い時代にすでに理論上も確立し、古典として定着したために、かくも広大な亜大陸の多様な音楽・芸能文化に統一性を与え、かつ周辺地域にまで、広く多大な影響を与えてきた。それはインドにおける、バラモン教からヒンドゥー教への形成・確立・展開の過程ともよく似た様相を示すが、それは単なる類型上のアナロジーではない。インドにおいては、音楽・芸能が、ヒンドゥー教と密接な関係をもつどころか、まさにその一部として位置づけられる側面をもっていたことが思いおこされるべきであろう。

インドの音楽史は、よくアーリヤ民族の初期の所産の一つである、『サーマ・ヴェーダ』から語られる。これは彼らの神々に対する讃歌の儀礼的唱法や作法等を細かく規定したものであり、そこにはすでに、いまから三〇〇〇年も前に、専業としての「歌う祭司」がいたことをわれわれに伝えるものである。そしてこの儀礼的音楽の伝統は、その後もバラモン階層によって担われ、その強い伝統は、今日の概して非宗教的ともされるはずの古典音楽の伝統にまで、色濃く遺されている。音楽のジャンルのうちでも、ことに声楽が重要視されるのも、この『サーマ・ヴェーダ』の伝統からきているのであろう。

また、古典音楽が「古典」として権威をもつのは、一つにこのような音楽に関する諸規定や理論が、シャーストラ類すなわち経典の形で古来まとめられ、伝えられてきたことにもよる。なかでも代表的なものが、三世紀ころに成立したとされる『ナーティヤ・シャーストラ』*Nātya-śāstra* であるが、このように確立した理論やその実際、またそれを担う階層は、アーリヤ的伝統やバラモン文化を頂点とした枠組みを備えながらも、次々と民衆の音楽・芸能文化をとり入れていった。そして民俗音楽や芸能のほうも、単にそのための豊かな源泉をなしていたのみならず、みずからもまた「サンスクリット化」をとげ、それ自体があらたな「古典的」伝統と化していった。

その過程は、ちょうどヒンドゥー教の神々の体系が、幾多の変遷をとげながら、このような「古典」と「民俗」の二つの伝統をふまえつつ形成されていった過程を思わせる。どちらもその最も古典的かつ正統的とされているものと、民俗レベルのものとの差を、両極端においては歴然と示しながらも、それはいまも共存するさまざまな中間的レベルを経て、ほとんど切れ目なく、かつジャンルを区切ることがむずかしいほどにつながっているのである。

いま一つだけ、そのような典型例をあげてみよう。インド古典音楽といえば、その理論上、ラーガ rāga とよばれる一定の音列が決まった旋律型と、ターラ tāla とよばれる拍子ないしは拍節周期が、最も重要なものとして必ず語られる［デーヴァ 一九九四］。ラーガといえば、これも理論上数百種はある一つ一つがきわめて精緻な構造をなしているかのように解説されるが、たとえばその一つであるラーガ・バイラヴィー bhairavī が、大道で芸を売るあの蛇つかいシャペーラーあるいはカルベーリヤーの吹く笛プーンギーにも、きちんと踏襲されているのである。またどの村にも芸達者な人がいて、誰かが歌いだせば、別の誰かが手をのばし、かたわらにある素焼の壺を手にとって、それで実に複雑なリズムを叩きだすことであろう。そしてこの壺は、北西部パンジャーブの民謡の伴奏に不可欠のマルカとして、あるいは南インドの古典楽器のガタムとして、立派にその地位を確立しているのである。

たしかにインド古典音楽におけるラーガやターラをはじめとする楽理、もしくはそのひきおこすべき情調・情感・情緒・感興などと訳されるラサやバーヴァに関する理論は、古くからきわめて精緻なものとして発達し、かつ確立してきた［上村 一九九〇］。しかしそれは、民衆の手にとどかぬ、難解な古典的伝統として雲の上にあるものでは決してなかった。インドの古典音楽の演奏会は、ごくふつうの人たちの自由に出入りする場であり、逆にごくポピュラーな民俗芸能の場にも、社会的特定性はほとんどない。

おそらくそこには、古典音楽においてもむしろ重要な要素とされている、演奏の即興性もかかわっているのであろう。ラーガやターラの厳しい制約にもかかわらず、それだけにかえってスリリングな演奏法を可能にするこの即興性は、まさに観客のラサを大きく高めるものである。あえて平たくいえば、客をのらせる大道芸のくすぐりにも通ずる世界である、といっては言いすぎであろうか。

そしてこれらのことは、古典・民俗を問わず、しかも音楽・舞踊・演劇・文学その他、一切の芸術や宗教、思想の別を問わず、あたかもインド音楽に一貫して流れる通奏低音ドローンのように、それらをすべて「インド文化」として結びつけ、あの「カースト」（ヴァルナ＝ジャーティ）制の厳しいとされる、インドの社会的諸階層をも結びつけているもののように思われるのである。

なおインドの古典音楽は、十三世紀にイスラーム王朝がデリーに成立したころから、イスラーム音楽の影響の色濃い北インドのヒンドゥスターニー音楽と、インド古来の伝統をより強く保持する南インドのカルナータカ音楽の二流派に分岐することになる［デーヴァ 一九九四］。そしてこのことは、彼らの準拠するラーガやターラ、ひいてはラサに及び、用いる楽器の相違もあいまって、南北の音楽家集団にそれぞれ強いアイデンティティを与えてきた。しかし実際には、名称こそ異なるが両者に共通のラーガやターラも多く、昨今ではそれぞれの楽器を持ちよっての合同演奏の機会も増えてきた。このことは、「インド音楽と西洋音楽の共演」などというイベントがしばしば行われるようになってきたことからすれば当然の帰結であるが、言い換えれば、南北の両伝統、あるいは地域的な音楽芸能が脱皮して、いまや「全インド」の芸能となりつつあることを示しているのかもしれない。それはまた、「民俗音楽」から「民族音楽」への変容の過程でもあるといえよう。

南アジア音楽・芸能の性格

すでに述べてきたように、南アジア世界の音楽・芸能には、地域的多様性のみならず、儀礼性・社会性・階層性の強弱による相違が、そこによりいっそうの多様性を増し加えている。その一方で、本来南アジアの音楽・芸能世界にあっては、いわゆる古典とポピュラー、儀礼的なものと世俗的なもの、いわゆる上流と下層階級のもの、などのそれぞれにおける二極のあいだに、段階を追って移行するゆるやかな連続性があって、各性格の両極端を結ぶものとしてのさまざまな諸形態をなす音楽や芸能が、それらを担う各階層のうちに展開しているのを見てとることができる。それによって南アジアの音楽・芸能はさらに多様性を増すことにもなり、いわゆる大衆音楽家たちさえもが、どこかで古典に通ずる音楽理論の枠や技量をも備えている点が看取できるのである。

しかし昨今では、その両者のあいだがさらに縮まりつつあるような傾向が出てきたように思われる。ことに映画などによって顕著にその影響を受けることが多くなってきた農村部の音楽・芸能も、一種の〝都市化〟をとげつつある。いわゆる古典音楽においてさえ、ときに意識的に大衆のウケをねらう民衆化・ポピュラー化の傾向が見すごせない。本来古典性も儀礼性も強くなく、大衆歌謡として昨今いっそうの発達をとげた「ガザル」のような歌物においては、その傾向はさらに顕著である。

それでも、概していえば、南アジア世界のなかでも地域的〝周縁〟に位置しているところほど、芸能が本来保持する強い儀礼性、あるいは芸能というより儀礼そのもの、ともいうべきものが残っている場合が多い。このことは、シャマニスティックなまでの匂いの強いケーララの諸儀礼芸能やブータンの悪霊払い、新築儀礼などに典型的に見てとることができよう。地域的には〝周縁〟であっても、それだけにこれらの地は、その伝統的な社会・宗教構造や生業構造が堅固に保持されていることもあって、文化上もかえって伝統的な形態を強く残し、それなりの〝中心性〟を固持しているからである。

とはいえ、いうまでもなく、これらの地におもむけば常にこのような芸能にふれることができるかといえば、それはまったくのあやまりである。これらの地にあってさえ、当然これらの芸能は、彼なりの非日常的な、まつりのような特定の時空におけるやや特殊な表徴なのであって、例えばケーララの代表的古典芸能といえる「カタカリ」でさえ、同地に行けば常にどこかで見られるかといえば、そのような機会は意外に限られていることに気がつくであろう。

ただし逆に、観光地や大都会の高級ホテルなどでは、英語の解説付きの短いサワリだけのショーを観光客向けに見せるようにもなってきた。そこでは本来公開しないはずの楽屋に人を入れることすら拒まず、その長時間にわたる化粧と変身の儀礼的過程をもむき出しにする。観光化とグローバル化の問題は、いわゆる「伝統芸能」においても大きな研究課題である。

このことはまた、他の「古典」音楽や舞踊の場合にも同様である。それでも一般的には、まして良質のものを鑑賞しようとするならば、概して冬の時期、かつ特定の場所などに設定される機会を、充分な情報のもとに選んでおもむく必要があるのが常である。民衆のあいだにより広く伝わる音楽・芸能の場合もそうで、これらもやはり、春まつりのホーリーのような特定の年中行事や結婚式のような人生儀礼、あるいはこれも特定の時期や社会階層とも大きくかかわった、聖地巡礼のような宗教行事と、概して密接に結びついているのが本来のあり方である。

南アジア音楽・芸能の変容

その意味では、南アジアの音楽・芸能は、その強い儀礼性や特定の社会階層との結びつきにこそ、その特徴があるとも言えそうである。しかし一方、昨今では前述のように、一種の脱儀礼化・脱階層化とでもいうべき様相、すなわち一般化・ポピュラー化の傾向も著しい。このことは、都市に生みだされ、広く農村部のすみずみにまでいたる、各階層を含みこんだ映画やカセット産業、またラジカセやビデオの普及とも大きくかかわっている。音楽や舞踊、あるいは衣装やメイク、ドラマトゥルギーにいたるまで、本来は各地方や村の伝統に深く根ざした諸形態が、すっかりボンベイないしはマドラス映画ふうに変容していくさまを、如実に見てとることができよう。農村の素人歌手や芸人たちですら、その従来の社会・生業基盤を捨ててさえラジオやテレビでの放送を志向し、カセットやビデオに収録されることを期待し、かくてその技量は必然的に、映画やテレビを見慣れた大衆ウケのする方向へと向かわざるをえない。そしてその傾向は、いわゆる古典音楽や芸能の場合ですら無縁ではない。大衆のウケなくしては、生業としての彼らの技芸すらが存続することができないのが現実だからである。

このことは、南アジアに見られる昨今の社会的変化とも大きく関連している。すなわち、いわゆる中産階級の顕著な台頭である。彼らが各国における今後を、その〝近代化〟の過程のなかで、社会・経済・文化の諸側面をさまざまな形で担うべき存在であることはいうまでもないが、音楽・芸能の面においても、彼らがいまは、その重要かつ不可欠なあらたなパトロン、もしくは少なくともその享受者となっていきつつあることが見すごせない。

ことに南アジア社会にあっては、古典芸能のみならず、放浪芸・大道芸の場合でさえ、それぞれに対応した社会的パトロンの存在が本来不可欠であり、彼らの庇護が、その存続や芸の形態にも大きな影響を及ぼしてきたことを忘れてはならない。しかし、古典音楽や芸能を含む文化的パトロンとして、かつて大きな力を保持していた藩王や首長の宮廷はもはやなく、また村の伝統に根ざした地域的芸能のパトロンであり、指導者であった大地主もまた、社会的・政治的変化に伴って、その経済的力を失うか、文化的関心を失ってしまっている。

そしていま、社会的に力をもつものは、伝統的首長・大地主にかわって政治・経済上も実力をつけだした中産階層と、新興の都市住民である。しかし彼らの文化的伝統基盤は、実はまったく脆弱である。彼らは従来その基盤としていた村の文化を意識的にも棄て去り、かつ一方では、高度な伝統文化をバックアップするだけの社会・経済的基盤も、また知識・関心ももちえない。この意味で、彼らは洗練された古典からも、また、真の意味での伝統的民衆文化からも切り離されてしまった根無し草的存在であるが、それではいったい、彼らは今後、みずからの担うべきあらたな文化創出にかかわりうるのであろうか。

その未来は、必ずしも絶望的とばかりはいいきれない。たとえば、〝古典〟や〝伝統〟に対し、ことごとに悪者扱いされる映画産業であるが、あたかもミュージカルのようにふんだんに歌や踊りで彩られたこれら映画の音楽・舞踊監督たちが、常に世界のあらたな傾向に鋭い感覚を働かせ、ディスコでもラップでも、最新のものを積極的にとり入れていることを見てとることができる。かつてひと握りの吹き替え歌手によって牛耳られていた映画音楽にかわって実力のある歌手たちも出現しだし、結構斬新なハウスミュージックのたぐいも試みられつつある。そのインドふうのフュージョンは、それでもどこかで本来の芸能伝統を思わせるものを枠組みとして残し、あるいは発展・展開させており、その意味で、異論はあるかもしれないが、かつての伝統からの断絶をただに嘆くこともない。ともすれば百年一日のようにいわれる南アジアであるが、その文化・社会は確実に、世界ともどもの同時代性をもって変転しているのである。

南アジアのまつりと音楽

「まつり」の範囲

近くの神社がまつりらしい。祭囃子が風にのってきこえてくる。あの太鼓のリズムは「昇殿」だろうか、「鎌倉」だろうか。

囃子にさそわれて、行ってみたくなる。カルカッタ（コルカタ）に住んでいたときもそうであった。秋のヒンドゥー大祭ドゥルガー・プージャーの祭壇《パンダル》が近くの広場《モイダン》にしつらえられ、そこに大きくてきらびやかな女神像が据えられると、朝から夜おそくまでドンバラと太鼓が鳴り、すでにもう幾度も足を運んでいるのにじっとしておれず、また祭壇のイルミネーションのあたりをうろついてみる。

まちの通りのタバコ屋や茶店でも、夜の明ける前から深夜まで、ボリュームいっぱいに雑音まじりのカセットをかけている。宗教とはまったく無関係の、いま流行《はやり》の映画音楽であるが、これもまつり気分を高めるためであろう。

実際、音楽のないまつりはない。まつりと音楽、というテーマでこれを書きだしたときも、その結びつきは、魚と水のように不可分のもののように単純に考えていた。しかし、まつりとは何かを少しまじめに考えると、話は必ずしもそう簡単ではないことに気づく。まつりの性格や種類によって、その音楽も性格を異にするのは当然ながら、ときにはそれを、実際「まつり」ととらえうるのか、もしくはそれに伴う音の世界を「音楽」ととらえうるのかどうか、はなはだ大きな問題に立ち向かわざるをえなくなるのである。

まつりといえば、広義には家族や学校、会社単位の祝いごとのような社会行事も含みうるであろうし、昨今では「大売り出し」のような商行為にすら「祭《まつ》り」の言葉がつかわれる。政治も古くは政事《まつりごと》であった。しかし狭義の「祀《まつ》り」は、やはり伝統的な宗教行事と限定せざるをえないであろう。むろん、日本語にいうマツリの語源からも明らかなように、そこには不可視のものの到来と接触を喜ぶふうのあることからすれば、マレビトたる客人《まろうど》や多くの人びとの集まる結婚式や学校の体育祭、会社の創業祭、また定期市やその規模を小さくした商店単位の大売り出しもまた、まつりといっておかしくない。そしてそこには、やはり必ずといってよいほど、何らかの形での音楽が伴っている。

英語にいう「フェスティバル」（フランス語のフェート、ドイツ語のフェスト、スペイン語のフィエスタも）は、本来「神聖な饗宴」を意味するラテン語のフェストゥムからきているが、それはさらに宴会の「フィースト」にもつながり、一方ではまた、商業的な「フェア」ともつながりうるものである。実際ヒンディー語では、それをウツサウ、ボージ、メーラーなどとそれぞれよびかえているが、古代サンスクリット語では、そのいずれをも、総じてウトゥサヴァ、もしくはパルヴァンとよんでいた。そのため今日のヒンディー語でも、ボージやメーラーをも、概してウツサウないしはパルヴァとよぶことができる。

そこに共通するのは、人の集合とにぎやかな饗宴・共食、そしてまつりの感興《ラサ》を高める音楽や芸能である。音楽も比較的気楽に楽しめるものが好まれ、旅芸人や各地各様の民謡集団、ポピュラー歌手たちなどがその場によばれたり、もしくは参会者たち自身のうちから、民謡・民舞が自律的に繰り広げられるのである。

いまここに、南アジア各地の民謡や芸能集団のすべてをくわしく紹介することはできないが、日本でも比較的知られた音楽集団としては、擦弦楽器のサーランギーをかかえたネパールのガンダルヴァ（通称ガイネ）、小型フィドルのラーヴァナハッタを用いるラージャスターンの絵語り師ボーパ、同じくラージャスターンや南インド、ベンガルにもある人形劇の「カト・プトリ」もしくは「プトゥル・ナーチ」の人形師、南インドやオリッサの一部にのこる影絵芝居の一座、ベンガルやオリッサの吟遊詩人バウルやジョギ、激しい踊りで知られる中部インドの「ラーイー」の芸人、また両性具有者ともみなされる女装の芸伎ヒジュラーなどがあげられる。

また北インド一帯のヒンドゥーの結婚式のさいには、リード楽器のシャーナーイを奏するムスリムの音楽家集団が欠かせない。さらにこのような社会的つどいにおいて、ムスリムのあいだでは、抒情詩の「ガザル」も好んで歌われるであろう。しかしこれらの集団とても、実は多少ともその本来の宗教的性格を帯びており、その演ずる内容も、ときにはいまだに、きわめて宗教的なものであることが多い。

儀礼としての音楽

はからずも「まつり」としてはやや周縁的な側面から先に立ち入ってしまったが、まつりといえば、やはりそれは、何らかの超自然的な世界観を背景とした、非日常的な社会行為とされねばなるまい。この場において人びとは、神々や聖なる過去の英雄たちと交流し、その共有する一定の儀礼様式を通じて、ふだんは顕在化することのない理念・観念をともにする喜びにひたるとともに、その社会的結束を強めるのである。

人びとの実際に身を置く現実社会の秩序は、神々や聖なる過去への祈りによって正当化され、また活性化される。このような宗教的な祭儀としてのまつりには、軽妙な音楽・芸能はそぐわず、まして職業的な芸人集団の参与は忌避される。せいぜいが、先述のようなプージャーのさいの、まつりの気分を盛りあげるための太鼓やシンバル程度であるが、彼らの社会・宗教的な地位は、ことに浄・不浄を重視するヒンドゥー社会においては、概して低いものとされている。

祭儀すなわちプージャー自体においては、その中心を占めるのは、当然祭司である。ヒンドゥー教のバラモン僧の唱えるマントラ（真言）やヴェーダの吟唱は、いかにわれわれの耳に美しく「音楽的」に聞こえたとしても、それは彼らにとっては音楽ではない。彼らの唱えるヴェーダの吟唱法は、古代聖典の『サーマ・ヴェーダ』に詳しく厳しく規定されているとおりであり、この『サーマ・ヴェーダ』こそ、のちのインド音楽（サンギータ）とその理論の根源であるとされている。したがって、ヴェーダの吟唱はいまなお神の言そのものなのである。ゆえにそこには、楽器の伴奏はない。

この点は、イスラームにおける『クルアーン』（コーラン）の吟唱においてもまったく同様である。ことに朝のしじまや冬の闇に聞く、礼拝（サラート）の時刻《とき》を告げるアザーンの美声は、われわれの耳には芸術的音楽としていかにも魅力的に響くが、それは彼らにとっての信仰の証であり、一方アッラーは、人の心をまどわすものとして、歌舞音曲を嘉《よみ》し給わぬのである。事実、スーフィズム（イスラーム神秘主義）における聖者廟《ダルガー》の命日《ウルス》などでの祈り（さきのサラートとは異なり、ドゥアーすなわちやや世俗的な祈りとして区別される）のさいに人びとの唱えるズィクル（唱名）は、単純なうちにもそれだけで人を陶酔させるものがあり、やがて身ぶりや踊りを伴うメヘフィレ・サマー（集会）における無我状態のうちに、人は神と合一せんばかりの神秘的恍惚境（ファナー）にひたるのである。

ジャイナ教やスィク教の読経もまた、単なる音楽とすべきものではない。その点で、ラダークやブータンにおけるティベット密教系の儀礼は、楽器をも使用するその豊富な音要素において儀礼音楽を大きく発展させ、さらに仮面舞踊をも伴いつつ、それ自体が儀礼の中心であるとしていることで、南アジアその他の宗教儀礼とは性格をやや異にしている。

そのかわり、儀礼そのものの中核とはならないが、それに伴う神（々）の讃歌としての音楽は、ヒンドゥー、イスラームともに、大きな発展をとげた。ヒンドゥー教の数多くの「バジャン」や「ギート」、またイスラームの多彩な「カッワーリー」がそれである。ジャイナ教やスィク教にも類似の讃歌があって、人びとはそこに、神への思慕を存分に歌いあげるのである［V章参照］。

神々との祝祭

右のようなやや固苦しいおもむきのある儀礼の反対の極に、祝祭的なまつりがある。祭儀が非日常的なうちにも既存の社会・宗教的な秩序の尊重を強調するのに対し、祝祭では逆にそのような秩序を破壊し、逆転し、混沌の世界を現出させる。

人が神に合一し、神が人に依り憑くようなオルギー状態は、さきのスーフィズムのサマーにも見てとれるし、またムハッラムのさいの棒術や歌を伴った行進にも見てとれるが、ベンガル地方ヴァイシュナヴァ派ヒンドゥーの「キールタン」（キルトン）もまた、神の名を歌うように反復しつつ踊るうちに、同様の境地に入る。またヒンドゥーの春のまつりホーリー祭にも、性的な放縦をすら伴うこのような混沌状態がきまって噴出し、太鼓やラッパの音楽がそれに拍車をかける。まさに祝祭の典型例といえるであろう。

しかし、ヒンドゥー教の多くのまつりは、多くの芸能（舞踊や舞踊劇）の形をとって、神々と邪神、善と悪、光と闇、生と死、男と女などの対立と競合を演じてみせる。前者は後者をやがて圧倒しつくし、あるいは両者が実は同じ実体の両側面にすぎぬことを示しつつ、ついには神も人と合一する境地に、観る人をもひきこむ。

そのパフォーマンスには、激しい音楽とともに、深く荘重な音楽も常に重要な装置をなす。東インドの晩春の大祭、チャイトラ・パルヴァに演じられる仮面舞踊劇の「チョウ」において、ベンガル西部のプルリア地方の「チョウ」は善神による邪神の調伏がその主題であるが、そのさいの音楽は激しいドラム（ダムシャ）の響きが主である一方、ジャールカンド州内のセライケラのそれは、リード楽器のシャーナーイを用いた、いかにも雅びの音楽であることに、このことが見てとれるであろう（Ⅳ章参照）。

このような主題と音楽のあり方は、ふんだんな歌と踊りを伴った、八―九月のジャンマ・アシュタミー（クリシュナ生誕祭）の「クリシュナ・リーラー」や、九―一〇月のダシャハラー（ラーマ王子凱旋祭）の「ラーム・リーラー」などにおいても繰り返される。そしてそれは、神話的秩序の再編成のみならず、現実の王権を再確認する社会的秩序の再編をも意図していた。仏教儀礼の枠組みにありつつ、かつ悪霊払いの意味をも保持するものとして、七―八月のウェサク月にスリランカのキャンディで行われる大祭ペラヘラもその例といえるし、またこの文脈においては、一月二六日のインド共和国記念日に首都を埋めつくす、音楽の大パレードをも想いおこしてよかろう。

そして音楽や演技を通してのこの非日常的な交歓は、夜の闇こそがふさわしい。忌籠《こもり》の意義を説くまでもなく、眠りの夜は祖霊や神霊の訪れる混沌のときであり、より大きな生への可能性を秘めた契機である。したがってこれらのまつりも、その最も大切な部分は概して深夜から早朝に及ぶ。よく知られているように、インド古典音楽のコンサートもまた夜を徹して行われるが、その伝統は、もしかすると、そこにこそ根ざしているのかもしれない。

II　周縁からのメッセージ

バヴァーイー——西インド・グジャラート地方の村芝居

「暗闇のむこうから、こっちをみているのは誰だ。したり顔して、何がわかっているというんだ。」

映画「おとぎ話」

後手に縛られて首を首切台の上に置き、いままさに王の兵に首をはねられようとしている〝不可触民《アチュート》〟の青年の顔がスクリーン一杯に広がり、こちらを凝視してつぶやく。演者と観客をへだてているスクリーンの壁が一瞬のうちに消滅し、昔話の世界が、差別という問題を通じて、いっぺんに現実と結びあわされる。

暗闇のこちら側、つまり安楽に椅子にすわって「おとぎ話」を楽しんでいたはずの観客は、瞬時にとまどう。話の流れを急に中断され、決して愉快ではない現実に戻されてみずからを糾弾される観客は、居心地の悪い違和感にたじろぐ。

正直にいって、趣味のよい演出とは思えなかった。ことにインドでは、映画とは本質的に娯楽のためのメディアであり、瞬時とはいえ、そこに強烈な社会批判を盛り込み、観客に説教をするのはややルール違反のように、そのときには思われた。

しかしあれから歳月がたち、この映画のことを思いだすとき浮かびあがってくるのは、あの一瞬のシーンである。いまにして思えば、一〇〇分の「おとぎ話」をみていたつもりのあとの九九分は、この一分のためにあったようにすら思えてくる。「趣味」の問題ではないことはむろんであるが、あらたまってインド社会の封建制や差別の問題を真っ向から説教するよりも、あのような形で一瞬観客に与えた違和感の効果は、やはり絶妙なものであった。

一九八〇年、西インド・グジャラート州出身の若手映画監督、ケータン・メーヘターが製作した「おとぎ話」（原題「バヴニ・バヴァーイー」Bhavni Bhavāi）は、同地方に伝わる伝統演劇の「バヴァーイー」の様式を借りつつ、やはり同地方の民話を題材とした作品である。インドで使われている言語は主要な言語だけでも数十を越すことはよく知られているが、最大の映画産業都市、ボンベイで量産されるおびただしい数の映画がヒンディー語によるものであるのに対し、みずからグジャラーティー（グジャラート人）であるメーヘターは、グジャラートの伝統的主題とその表現様式にこだわり（ヒンディー語版もつくってはいるが）、これをグジャラーティー語で仕立てあげて、州都アムダーバードで製作した。

興味深いのは、頼りないがそれだけに強権を発揮するチャクラセーン王を演ずるナースィルッディーン・シャーをはじめ、ふだんはヒンディー映画で最も人気のある俳優たちが、ここではそろって、みなグジャラーティー語を（おそらくはみごとに）話していることである。海外版では字幕スーパーがあるから何語であっても同じことであるが、インドでは、グジャラート州の外でも理解されるように、やはりヒンディー語版をもつくらざるをえなかったと聞く。

しかし、グジャラートの言語と文化にこだわればこだわるほど、逆にその主題が、地域を越え、国まで越えて、深く人びとの心につきささってくるのは不思議である。いやむしろ、「地域」というものが社会的不正義や差別というような普遍的主題を担うとき、いっそうそれは、地理学上の一定範囲を越え、より大きな現実性と具体性、迫真性をもってせまってくることになるのであろう。昨今ではむしろ「地域」の語は、「地域主義」の標榜や、市民運動の一部においても、このようなあらたな概念を帯びつつある。

たとえば沖縄という強烈な個性をもった地域の文化は、その属性を共有する、あるいは共有したい、せねばならないとする人びとにとって、もはや狭義の一定空間に限定されたものにとどまらない。そして逆に、それだけにその属性を共有する（したいと希《ねが》う）人びとにとっては、あらたな「われわれ」の創出のために、本来地域的《ローカル》なものであった、当該社会に凝縮したものにこだわらざるをえなくなるのである。

昨今沖縄の音楽は、日本《ヤマトゥ》のミュージシャンのみならず、海外のアーティストたちによっても共有されるようになってきた。これが、せっかくみずからの文化・民族上のアイデンティティを築きあげつつある本来の沖縄人《ウチナンチュ》から、再度その拠りどころを奪い、盗みとるものでなければよいがという心配もなくはないが、彼ら自身のほうは、意外にカラリとしている。自信をつけだしたということもあるのだろうが、本来の他所者も、ただそれに甘えていてよいものかどうか。

ただし、一九八九年に製作された、はじめから終わりまで沖縄語《ウチナーグチ》と沖縄の音楽でつづられた日本映画「うんたまぎるー」（高嶺剛監督）は、興味深い所産であった。ここでも主演の小林薫は、（おそらくはみごとな）沖縄語を話し、そこには「日本語」の字幕スーパーがついていた。――しかし、グジャラーティー語でつづられるバヴァーイー映画に、ここで再び話を戻さねばなるまい。

〝不可触民〟のジーヴォ

話は、情けない顔をした王様が、王宮中にただよういやな臭いにうんざりしているところからはじまる。(1)掃除人たちが仲間の結婚式に出るため、ほんの数日、皆いなくなってしまったので、便所の汚物も生ごみもたまりにたまってしまったのである。ふだんは彼らをいやしめ、汚《けが》れるからといって、彼らの首には痰壺を下げさせ、その足あとの汚れを清めるために、尻からは箒まで尻尾のように下げさせて掃いて歩かせているのに、彼らの不在は、ただちに王宮や司祭《バラモン》の汚れとして跳ねかえってくるのである（むろん映画は、このような余計な解説はしない）。

この王には型どおり、第二王妃を抱きこむ悪臣がいて、ことごとに気弱な王を手玉にとっている。彼は第一王妃に玉のような王子が生まれたとき、バラモンの占星術師にひそかに金をにぎらせて、この子が長ずれば必ず王の命をねらうだろう、と警告させる。王はただちに兵に命じ、森へ行って赤子を殺すように指示するが、兵たちはそのあまりの可愛さに、彼を木箱に入れて川に流す。それを拾ったのは、子供がなくて、ちょうど願かけをしていた夫婦であった――というところまでは、インドの他地方はいうまでもなく、世界の多くの地の昔話に類例のみられる、共通のパターンである。

ところで、この育ての親マーロー夫婦は〝不可触民《アチュート》〟であった。彼らはジーヴァ（生命）と名づけたこの赤子のために、彼らには使用を禁じられていた井戸に決死の覚悟で水を汲みに行くが、運悪く見つかってしまい、ついに彼らの村は焼き払われてしまう。これは決して「昔話」ではなく、いまもインドのどの地方でも起こりかねない事態である（実は後述するように、この場面は現代と切り結ぶ、重要な伏線となっている）。

やがて別の村に移り住んだマーローたちのもとで、ジーヴァは立派な青年に成長する。しかし、ふとしたことから、その足のあざによって実は彼が王子であることが発覚してしまい、それを知った悪臣と手下の者たちは、一計を案ずる。このころ国に猛威をふるっていた旱魃を収め、王宮の井戸に水を満たすにはジーヴァを生けにえにするよりない、と(2)。

再び買収された占星術師は、もったいぶって、「水を得るには三二の徳を備えた人を生けにえに捧げればよいとでている。それは貴方自身でないとすれば、ジーヴォという若者だ」とつげる。王はジーヴォの出頭を命ずるが、彼はジプシーの少女とともに山に逃げる。しかし、ついに彼は、ある条件をもとに、王の前に姿を現した。それは、今後は彼ら〝不可触民〟とされる人びとも、痰壷や箒を付けず、袖無しではない普通の服装のままで、村の中に住んでよいことにしてほしい、というものであった。

ジーヴォは歌う——

　この腕とあなたの腕はおんなじだ
　なのになぜ　この服は袖無しだ
　この足とあなたの足は同じ足
　なのになぜ　尻には箒が下がってる

インド映画では、おそらくは伝統演劇の様式にならい、またその娯楽性のために歌や踊りがふんだんに入るが、それはバヴァーイーにおいても同様である。ともかく王はその条件をのんで、ジーヴォは生けにえになるため、断頭台に首をのせる。

まさに首が飛ぼうとするとき、それまで牢にとじこめられていた忠臣がその場にかけつけ、この若者こそほかならぬ王子様である、と告げる。王は思いもかけぬ再会を喜び、井戸からも水がふきだし、かくてめでたし、めでたし——となるところの寸前まで映画は見せておいて、ジーヴォ（実は現代に生きる〝不可触民〟の青年）が激しくそれに抗議する。「こんなハッピーエンドはもうたくさんだ。ウソの話で怒りや悲しみをまぎらわすな。」

昔話は現実と交錯する。そのためにジーヴォ（役）は、みずから王子たることを拒否し、差別され、命を奪われるまでに虐げられる〝不可触民〟に、みずからをアイデンティファイする。カメラは少し前の情景に話を戻さざるをえなくなる。

打首になる寸前のジーヴァ。暗闇のむこうの観客（われわれ）にも訴えかけるが、何の助けもない。ついに刃がふりおろされ、首がころがる。それをみた養父のマーローは、豪華に彫刻を施したグジャラート地方独特の階段井戸のてっぺんから身をひるがえして投げ、井戸の只中に消える。

その瞬間、井戸からは噴水のように水が吹きあがる。怒濤のように沸きあがる水は、怒りをこめてすべてを押し流し、宮殿を呑みこんでゆく。

バヴァーイーの「場」

バヴァーイーの中でも、その範疇上「アチュート＝ノ＝ヴェーシャ（Acūt-no-veša, 〝不可触民〟の段）」とよばれるものに入るのであろうこの物語が、原型においてどのようなものであったかはつまびらかでない。おそらく昔話・おとぎ話としては、まさにいわゆる「ハッピーエンド」型のものであったろう。すなわち、映画終末部分の「テイク2」のほうは、メーヘター監督の解釈・創作であることが明らかであるが、だからといって、これが伝統的なものを改作した新作とることは必ずしも現実的ではない。

あえてはじめには断わっておかなかったが、この映画は「枠物語」の形式をとっている。映画は実は、差別から村を焼き払われてテントぐらしを強いられている〝不可触民〟たちが集まり、このようなことは昔からあったのだ、という老人の語りからはじまっている。この語りの老人自身が、劇中劇でのジーヴァの養父マーロー役をも兼ねて演じており（名優オーム・プリー）、ジーヴァを演ずる青年も、じっと語りに耳をすませて聞きいったすえ、最後の段で、あの激しい異議を唱えるのである。実はこのような枠物語の構成も、また語り《カター》が重要な役割を果たすのも、古来インド演劇の強い伝統形式であった。

他方バヴァーイー自体が、古くから、インドのみならず民衆演劇の多くがそうであったように、鋭い社会批判を含むものであった。正面きっての社会批判や、まして批判のための批判は、本質的に大衆娯楽芸能である以上、バヴァーイーとてもそれを本旨とするものではなかったであろうが、必然的に多くの〝下層〟民たちを観客にもつこのような芸能は、彼らに（おもねるのではなく）多くの共感をもたらすものでもあったにちがいない。

そうであれば、必然的にそれは〝上層〟紳士たちの拒否するものとなり、いわゆる洗練された古典へと発展する契機は、良くも悪くももたなかった。しかし、それだけにこの種の芸能は、一定の地域が共有するものというよりも、むしろ一定の社会階層を通じて、地域を超えて広がる契機をもつものであったといえよう。いわばそれは、貴族階層の両班《ヤンバン》や堕落した破戒僧を徹底して揶揄・批判する韓国の仮面劇《タルチュム》のように、国をも越えて、人びとの共感をよびうるものだったのである。

ちょうど韓国の大衆芸能が広場《マダン》を舞台とし、そこを拠点として、時の権力におもねることのない芸能文化を発展・展開していったように、バヴァーイーもまた、簡素な村廻りのステージをその場としていた。広場はその地域を「地域」として凝縮すると同時に、さらにそれを、共有する社会・文化上の問題を通じたあらたな「地域」として解放する役割を大きく果たしたのである。(3)

チャーチャラ cācara ないしはパウド paudh とよばれる演技の場そのものは、直径六メートルほどの円形の空間で、簡素そのものである。楽屋はそこから三〇メートルほど離れた土壁づくりの狭い一角で、ここにはアンバー Aṁbā 母神が祀られている。概してインドでは、芸能はしばしば宗教儀礼と密接に結びついており、その場はまず演技に先立って、清められねばならなかった。

座長のナーヤク nāyaka は、ひまし油を垂らすか剣先でもってこの円形を隈どり、その場から悪霊を追い出す。また楽屋の壁には朱粉で三叉《みつまた》の矛を描き、素焼の灯明を置いて、壺《ガラピー》 garabī の形をとったアンバー母神を讃える。かつてバヴァーイーは夜にのみ演じられたため、周囲には布を固く巻いて油にひたした松明《たいまつ》のマシャール maśāl を並べた。その油は、バラモンではなく、低階層とされた床屋《ハジャーム》 Hajām が用意せねばならなかった。

実際バラモンは、しばしばバヴァーイーの中で虚仮《こけ》にされる。社会諷刺は、日常を扱うテーマで、しかもわずかに松明によって照らされる闇、また辻（チャーチャラの本義）という非日常的時空において展開されることにより、可能となった。しかもそれは、儀礼としての演技を展開する祭司としての座長ナーヤクの筋書きによって、ある程度の枠の制約はあるとはいえ、ことに道化のラングロー raṅgḷo の口などを通じて、いかようにも発展しうるものであった。

メーヘター監督は、映画という新しいメディアを用いつつも、古来のバヴァーイーの形式を借りることによって、みずからあえてナーヤクのもつ、古典的かつ常に同時代的な役割を果たした。繰り返し再創造される演目は、常にその意味で、バヴァーイーの「古典」である。そして数ある演目とその内包する問題意識は、ここでは映画という、最もポピュラーかつ広く開かれたメディアをあらたなチャーチャラとなし、「地域」を一気に押し広げることに成功したのである。

バヴァーイー前史

インドでは各地に、それぞれ特徴ある地方演劇もしくは舞踊劇が発達し、いまなお盛んに行われている。そのあるものは語りやせりふを中心とした演劇に近く、舞踊劇に近いものであっても、そのうちにはやや物語性の強いものもあり、純粋舞踊というべきもののもある。ことに南インドのものは宗教儀礼性が強く、寺院やその祭礼と深く結びついている。紀元後三世紀ころの成立かといわれる古典的演劇理論書『ナーティヤ・シャーストラ』などは、その性格に従って、古来の舞踊や演劇をさまざまに分類し、整理しているが、中・近世、もしくはそれ以降に大きな発達をとげたこれらの諸地方演劇が、本来古典演劇を祖にして分かれ、やがて各地方に展開してきたものなのか、あるいはもっと以前よりあった古い地方的伝統が、古典的枠組みを借りつつさらに発展をとげたものかは、一概に言いえない。

それでもそこには、前にも少しふれたように、枠物語の設定や、座長・語り手・道化の果たす重要な役割、また程度の差こそあれ宗教儀礼とのかかわりなどが、古代から現代を通じて、ある程度一貫して見られることが注目される。いわばそこには、古典的伝統と地方的伝統の、長期にわたる絶え間ない相互関係が複雑にあったにちがいない。その把握には、一般論よりもやはり特定の場合に限定して、その背景をも含めた展開を具体的に追うよりなかろう。ただし当然、そこにはインド史一般の弱点でもある「史料の欠如」という問題もあり、また当然綿密な手続きが要求されることにもなるが、バヴァーイー研究の段階は、まだそのレベルには必ずしもいたっていない。

バヴァーイーが、近隣諸地方の演劇、たとえば南のマハーラーシュトラ地方の「タマーシャー」Tamāśā、あるいは北—北東に隣接する諸州の「ナウタンキー」Nautaṅkī や「スワーング」Svāṅg などの場合と同様、古典伝統とはまったく無関係の地方民衆演劇であるわけでも、もしくは単純に、アンバーやシータラー（疱瘡）女神への儀礼から発達してきたわけでもないことがわかってきたのは、ほんのこの二、三十年ほどのことである［注(3)の諸文献参照］。バヴァーイーの場合は、およそ十五、六世紀ころより盛んになってくるが、その起源を探るには、十三、四世紀ころの同地の思想・文学・言語の状況を垣間見ておく必要がある。

グジャラート地方自体は、つとに紀元前二千年紀初頭からその地域的特徴を強くもった文化を展開してきたことが考古学上も明らかであるが、より明確にその言語・文化上の個性を強めたのは、十―十三世紀のソーランキー（チャールキヤ）朝下のことであったといえよう。同地方ではすでに九―十世紀以来、ラーサカ rāsaka とよばれる広義の演劇形態が出現していたが、十一―十二世紀ころにはさらにそれが発展して、舞いの手を強調するナーティヤラーサカ、拍手によって拍節を強調するターララーサカ、互いに手にした棒を打ちあうダンダ（もしくはラークター）ラーサカ、蔓草のように身をくねらせるラターラーサカなどの区別が生じていた。今日のグジャラートの民俗舞踊としてよく知られている「ダンディヤ＝ラース」Daṇḍiya-rās などは、いうまでもなく、このダンダラーサカに直接つらなるものである。

また十一―十二世紀には、この地方ではジャイナ教文化の興隆をみた。はじめはジャイナ教徒たちも、北部のアナヒルワード・パータンにあった当時の宮廷を中心として、エリート言語のサンスクリット語で戯曲や文学作品を書き、そのいくつかは、宮廷や寺院で盛んに上演された。しかし十二世紀に入ると、作品はグジャラーティー（の古語）でも書かれるようになり、それはまた、ジャイナ教典のコメンタリーという形で、民衆の中に同教が広く深く浸透していく過程と軌を一にしていた。

ふつう韻律詩の形をとるこのような作品は、ラーサとかラーサウ（ラーソー）とよばれ、古グジャラーティー語で書かれた最古のものは、一一八五年のシャイラバドラ・スーリによる『バーラテーシュヴァラ・バーフバリー・ラーサウ』*Bhārateśvara Bāhubalī Rāsau* であるとされている。そしてさらにその韻律詩は、より民衆に親しみやすいチャンダ chaṅda の形式をとり、デーシー deśī とよばれる当時流行の節をつけて、まつりのさいなどに寺院の境内で盛んに上演されるようになった。ナルタカ／ナルタキーとよばれる男女の演者集団の名もあがっていることから、すでに彼らは、ほとんど専業化していたことがうかがえる。

追放されたバラモン

バヴァーイーの祖とされるアサーイタ・ターカル（Asāita Ṭhākar, アシター・タークル Asitā Ṭhākur とも）は十四世紀中葉の人であるが、その出身地のシッダプルはソーランキー朝の首都アナヒルワード・パータン（現パータン）の東方三〇キロ弱のところにあり、彼はそのころまでに、この地方に展開していた民衆文学や芸能を熟知していたはずである。またシッダプルの南東には古都アーナルタプラ（現ヴァルナガル）があり、そこは以前から、すぐれたラワージ ravāj（小型の擦弦楽器）やパカーワジ pakhāwaj（両面太鼓）の奏者たちを輩出してきた地であった。アサーイタの出現する背景には、このような事情もあったことを考慮せねばならない。

さてラージャスターンの南部、メーワール地方に接するグジャラート地方北西部のこの一帯（マヘサーナーからサーバルカーンター、バナースカーンターにかけて）は、より北でアラーワリー山脈に連なるやや山がちな地方であり、山脈を北に越えたマールワール地方を含めて、これ以前も以後も、ラージャスターンの各地、もしくはラージプート諸族と密接な関係をもっていたところである。当然この一帯は、総じて進取の気性に富む一方、逆に宗教倫理上は、きわめて保守的な様相を示すところであった。

アサーイタは学識のあるヒンドゥー・バラモンで、一三六一年に『ハンサーウリ』*Haṁsāuli* という、バラード形式（パワダ pavada）による作品を残したともされているが、実はそのようなイメージとはやや異なった背景をもつ人だったのではないかと考えられる。すなわち彼は、バラモンの出であったとしても、グジャラートに八四もあるバラモン・サブカーストの一つのアウディチヤ＝ジャーティ Audicya-jāti に属

現グジャラート州とその周辺

しており、伝統的に語りを専門とする、カターカル kaṭhākar の家系の出身であった。彼は寺院の境内などで、集まってきた人びとの面前で経典を唱え、その意味や解釈などを、歌語りをも交ぜた説教でやさしく説くのが常であった。

しかし、ここに一つの事件がおこる。伝承によれば、あるとき隣村の村長（農民ジャーティ＝カーストのカナビー Kaṇabī であったとされる）の美しい娘ガンガーが、当地を治めていたムスリム首長にさらわれてしまった（以下、主として［Gargi 1966］）。デリーのトゥグルク朝下のことであるから、村びとたちには手がだせず、怒りと悲しみに動揺するばかりであったが、アサーイタはそれをみて単身首長のもとに行き、得意の歌で彼を喜ばせる。アサーイタはその褒美としてガンガーを戻してくれるよう頼んだが、容易に首肯せぬ首長に、実はガンガーは自分の娘なのだと主張する。ヒンドゥーの保守的な倫理社会観を熟知し、またアサーイタがバラモンであることを知っている首長は、それならガンガーと一つ皿で食事をともにせよ、とせまった。アサーイタはガンガーと同じ皿から食事をする。かくてガンガーを取り戻すことはできたが、農民カーストと共食し、しかもムスリムの家でその料理を食べたアサーイタは、バラモン社会から追放されてしまった。ヒンドゥー法は、実はそれほど頑迷で常に融通のきかぬものでは必ずしもなく、バラモンの贖罪規定をいくつも用意することによってこのような事態を避けることもできたはずであるが［山崎 一九九四：六―八章］、それでもアサーイタをこのような状況へと導く伝承は、その後の彼の反バラモン、ないしは鋭い社会諷刺を含む不正義追及の姿勢をかえって正当化するものであったろう。たとえ彼の作とされるこれらの演目が、後世別人の手によるものであったにせよ、アサーイタのバラモン社会からの追放は、必要にして不可欠な、バヴァーイー起源にまつわる伝承であった。

さてアサーイタは、三人の息子のラーム・ラール、ラッタン・ラール、マダン・ラールを連れて、村を出なければならなくなった。彼はバラモンを頂点とする社会への批判を歌や舞踊劇ふうの寸劇に託し、村々を放浪した。一方でガンガーの父の村長は、アサーイタへの恩返しに、村外の上演であろうともアサーイタと三人の息子たちの演技には必ず支援を怠らないし、また彼らの廻る村々もそうするであろうこと、さらに彼らのみならず、その子孫たちもまた、そのような支援を得るであろうことを約束した。

実際この三人の息子たちの子孫は、タルガラー（Targaḷā＜tri-gaḷā,「三氏族」）とよばれるバヴァーイーを担うカースト（ジャーティ）として、いまも各地を放浪し、村長もしくは村の有力者たちからの庇護を得ている。この伝承は、放浪芸としてのバヴァーイーの性格と、その庇護者との関係を説明するものともなっている。実際この二つの側面は、バヴァーイーのみならず、インドの数多くの芸能にきわめて重要な特徴であり、見すごすことができない。

演者と観客

興味深いことに、これとよく似た伝承を、隣接するラージャスターンにも見いだすことができる［Vatsyayan 1980］。ただしここでは、追放されるのはバラモンではなく、主要《ドミナント》農民カーストのジャート Jāṭ である。時代は不詳であるが、ナーガージー Nāgājī とよばれるあるジャート出身の男は、音楽や舞踊にあまりに熱中したため、ついにラージプートやジャート社会から追放されてしまった。しかし一方では、彼らは彼に、ブンガル bhuṅgaḷ（細長いラッパ）、ナガーラー nagārā（ティンパニ状のケトル・ドラム）、ジャーンジ jhāñjh（小形シンバル）などの楽器を与え、ラージプートやジャートのために、村々を廻って楽しませるバーンド＝バヴァーイー bhāṇḍ-bhavāī、すなわち放浪のバヴァーイー演者たるべく要請している。

カースト規制の身勝手な論理であるが、放浪が、村々をより広く廻って実入りをよくしようとする芸人側の必要のみならず、彼らを村に定着させたくない事情もあるとはいえ、かえってともすれば閉ざされがちな村に風穴をあけ、より広いネットワークを結ぶ芸人たちの役割に期待する、村びとの側の要請もあることに注意したい。芸人たちは、行商人と同様に、その芸や商品のみならず、そのもたらす他村の情報をも期待されたのである。

彼らは村と村とを結びつけ、人びとにその共有する文化の内実を確認させつつ、それを通じて一定の地域を形成し、またそれを拡大していった。ナーガージーの子孫もアサーイタの子孫も、ともにバヴァーイヤー（Bhavāiyā, バヴァーヤー Bhavāyā とも）とよばれたが、彼らはまた、アンバー女神もしくはシータラー女神の崇拝者であった。彼らの活動は、古くからあったこれらの地方的女神信仰を再編し、かつそのあらたな装いをおびた女神＝シャクティ信仰を、さらに普及する役割を果たしていったともいえる。

バヴァーイーの名そのものが、ブー＝アーイ bhū-āyi すなわち「シータラーの憑依」の意からきたとする説があるが、それには異説もある。たとえば bhāva＋vahī すなわち古典芸術理論に強調される「情感《バーヴァ》の伝承者」ととる説が有力であるが、これにはやや古典的立場からの潤色もあろう。より単純に、感情表現、生命の担い手、人生の記録などとその語を解釈する人もいるが、演者の一人は、「舞台に上がるとシャクティ（力の源泉たる女神）が顔に留まり、サラスヴァティー（弁才天）が舌に乗られる」とも語っている［Gargi 1966］。いずれにせよ、それは女神信仰と深くかかわっており、グジャラートではバヴァーイーは、本来秋の大祭ナヴラートリーの夜、アンバー女神に捧げられるものであった。

しかし、実際その演目を見てみると、少なくとも現行のものを見るかぎり、社会的・世俗的、もしくは歴史的主題のものが圧倒的に数多い。詳しくは後述するが、この点において、バヴァーイーは、マハーラーシュトラの「タマーシャー」や北部一帯の「ナウタンキー」、あるいはベンガル地方の「ジャットラ」Yātrā などと性格をある程度共にしており、その他の地方の他の多くの演劇形態とは異なって、古代叙事詩や神話古譚類《プラーナ》から必ずしもその主題を得ていない点が特徴的である。そうであれば、そのような社会的主題を共有する演者は、観客とともに、一定の社会集団もしくは階層に限定される傾向を、当然もつことになるであろう。

すでに見てきたように、バヴァーイヤーは、自集団を追われ、それだけに自由に社会を批判、あるいは客観視できる集団であった。時代とともに、グジャラートのタルガラー・ジャーティは、さらにボージャカ Bhojaka やナーヤカ Nāyaka、あるいは曲芸を得意とするケルボー Kerbo などのサブ・ジャーティに分かれていったが、それぞれは各自、自集団の特徴を発展させ、それに見あった観客層を確保していった。(4)

各集団は座長・演者・楽師を含み、総勢一〇―一五人からなるマンダリー maṇḍalī とよばれる一座をなし、村から村へと廻っていった。いわゆる「放浪芸」の特質として、地域上のひろがりはあれ、一面でその観客は、階層上の限定をやむなくされる場合もあったことであろう。それでもいくつかの資料によると、前世紀初頭まで、演者すらがタルガラー・バヴァーイヤーに限定されることなく、ときにはバラモンや王侯貴族、あるいは職人諸ジャーティ、またビール Bhil やトゥリー Turī のようないわゆる「部族民」たちまでが、それぞれにバヴァーイーを演じて楽しむことがあったらしい。当然その観客は、演者とその社会階層をほぼ同じくする人びとであったろうが、いずれにせよバヴァーイーは、人びとにとって、彼らの考えやイメージの恰好の表現手段であったことがうかがえる。

それでも一方で専業集団であるボージャカなどは、バヴァーイーにつきまとう賤業感に反発し、昨今ではより古典的な響きのある「ヴィヤース」Vyās(a) を名のるようになってきている。いうまでもなくヴィヤーサとは、古代叙事詩『マハーバーラタ』の編者とされる人物（もしくはその称号）であるが、近年ではバヴァーイヤーという呼称そのものが、蔑称に近いものとうけとられているという。伝統芸能が、村や地域を越える放浪芸の形をとるとき、否応なしにゆれ動かざるをえない状況がここにもある。

主題と表現

再び伝承によれば、アサーイタ・ターカルは三六〇もの演目（ヴェーシャ）を残したという。そのうちの多くがいまも上演されているというが、そのうちどれのどこまでがアサーイタ本来のものかは、当然ながら判定しがたい。まったくの後世の作ということでなくとも、そこには各時代や地域、観客の階層やその関心に見あった主題や挿話、あるいは解釈がもちこまれ、セリフや歌にも、グジャラーティー語のみならず、ヒンディーやマラーティー、ウルドゥーなどの諸語や英語までが、意図的かつ部分的にせよ、どんどんと混入しているのが現状である。

本質的にバヴァーイーは融通無碍であり、常にその時代を担う民衆とともにあった。アサーイタはマールギー mārgī という古典音楽形式を排し、当該地方に当時流行のデーシー＝ラーガ deśī-rāga を含む民謡のローカ＝ダーラ loka-dhāḷa を導入した。語りやセリフも、古典的な定型韻律詩によらず、型はあるがわかりやすい、即興詩のローカ＝ダルミー loka-dharmī をもってそれにあて、その即興の妙で観客をわかせた。この傾向は、バヴァーイーのみならず、このころから十六世紀にかけて発達をとげた他地方の他のほとんどの伝統演劇においても見られるところである。

上演の場も、宮殿や寺院内の閉じられた空間ではなく、前述のように、人の集散する辻、チャーチャラであった。この点で、他地方の演劇でも、辻や大道が、芸そのものの名となっているのが興味深い。南インド・カルナータカ州の「バヤラータ」(bayalu〔道〕＋ āṭa〔舞踊〕)、タミルナードゥ州の「テルクーットゥ」(theru〔道〕＋ kūṭṭu〔舞踊〕) などがその例である。

「バヴァーイー・ヴェーシャ」は、グジャラート地方内外の一八の社会を描くといわれる。地方や階層によって異なった、特独のアクセントや言い回しを模し、アサーイタの当初から、「プラビア＝ノ＝ヴェーシャ」Purabia-no-veśa ではヒンディー語ふうの、また「ヴィコー＝シソーディオ」Viko-śisodio ではマールワーリーふうのグジャラーティー語を話す人物が登場した。同様に他のヴェーシャでも、ムスリムならばウルドゥー語を、マハーラーシュトラ人ならばマラーティー語を織りまぜ、またグジャラート内でもさまざまな地方・階層の人びとをその言語や服装であらわして異化し、笑いのうちに自他を峻別して、自集団・自地域への帰属を確認した。

「ジュータン・ミヤーン」の一場面［Vatsayan］

その主題も多岐にわたり、おそらくは最初期のものの一つとされる哲学的史劇の「ラーマデーヴァ」Rāmadeva は、本来その上演には三日半がかかったともいわれる大作である。おそらくはそこには、先行のジャイナ教義や文学・戯曲からの影響もあったことであろうが、半神話・半史実上の王や英雄たちの行伝が、哲学的解釈をこめて、延々と展開される。

　神話を主題としたものも皆無ではない。『ラーマーヤナ』に基づく「ラーマ＝ラクシュマン」、シヴァ神が主題の「マハーデーヴァ」、神々とその神妃を描く「シャンカル＝パールヴァティー」や「カーン＝ゴーピー」などがそれであるが、女神が主題でも、より現実の世界に近づけたものはバヴァーイーに独特のものである。すなわち「パターイ＝ラーワル」Patāi-rāvaḷ では、アンバー女神が人の姿をとって王都パーヴァーガルに降臨し、ナヴラートリーのまつりに王女たちと踊るが、王の無礼によって呪いがかかり、王城の砦が破壊される。

　そもそも歴史物語と神話との区別があいまいであるのは、バヴァーイーの場合に限らない。「サダラー＝ジャサンガ」

Sadharā-jasanga（＝Siddharāja Jaisiṁha）のように王や英雄が神と同一視されるのは、ラージプートのあいだに伝わる芸能とまったく同様である。しかしよく演じられるものは、年老いた男に嫁した陽気な若妻に恋するムスリム太守の話「ジャンダー・ジュラン」Jhaṇḍā Jhulaṇ、大ぼら吹きのムスリム貴族「ジュータン・ミヤーン」Jhūṭhan Miā̃、ごくふつうのムスリム夫婦のくらしを描いた「ミヤーン・ビービー」Miā̃ Bibī など、かえってムスリムのものばかりである。

十三世紀末のアラーウッディーン・ハルジーによるグジャラート進攻以来、強いイスラーム影響下にあった同地の様相を垣間見せるものであるが、アサーイタの作品には本来ムスリムの影は薄く、このような演目は、むしろ時期がやや降るものといわれる。また、かえって時期の降ることの明らかな「ジャスマー・オーラン」Jasmā Oḍan のようなヴェーシャに古型がよく残っているともされ、単に内容によって新旧を議論できぬ複雑さがある。

むしろ、アサーイタのものであるかどうかは別として、強烈な社会諷刺がバヴァーイーの一つの本領であることはすでに述べてきた。冒頭にも紹介した「アチュート＝ノ＝ヴェーシャ」（ただしその古型は不詳）は、バラモンや王の不正義を〝不可触民《アチュート》〟の眼を通じて告発し、「カジョラー（不釣合い）＝ノ＝ヴェーシャ」Kajorā-no-veśa では太った中年女性が少年を「幼な夫」に迎えて、幼児婚の慣習をさかしまに読みかえ、痛烈に笑いとばす。

そのような力には欠けるが、純粋に娯楽としての奇術や曲芸技「ケルバノ＝ヴェーシャ」Kerbano-veśa も、のちに発達した。しかし技術面のむずかしさもあって、今日かえってこれは衰退し、これを担うサブ・ジャーティのケルボーの演者は、現在ではほんの数名となってしまっている。一九八九年に来日して公演を行ったケルボーの青年ラージェーンドラ・ラーワルは、そのわずかな一人であった［小西 一九八九

d」。

演技の構造

先にもふれた「ラーマデーヴァ」を別として、ほとんどのヴェーシャは、それぞれ三〇分から長くて一時間ほどのものである。各ヴェーシャの登場人物は、座長のナーヤクを除いてせいぜい三、四人であるが、そのうちの一人は、必ず道化のラングロー（マシュカラー maśkarā とも。古典劇の道化ヴィドゥーシャカ vidūṣaka の系統をひく）であった。彼らは演者と観客、あるいは男女、聖俗、日常と非日常、過去と現在、神話と現実を結びつける役割を果たし、単なる「わざおぎ」を身近なものへと置換させた。

それがかちすぎればこれも単なる村芝居に留まるが、バヴァーイーはやはり、実際の内容はともかくとして、基本的にそのヒンドゥー文化の枠組みを保ってきた。その場（チャーチャラ）がどのような儀礼を伴って設定されるかはすでに述べたし、またそれが上演されるのは、秋のナヴラートリーのまつり、すなわち戦いののちに女神ドゥルガーが悪を滅ぼす、九夜にわたる一連の儀礼にさいして行われるのが本来の形である。

バヴァーイーの上演される辻には四本の柱が立てられ、そこからはビーズを連ねた飾り幕やパッチワーク、アプリケワーク、花や葉などがにぎやかに下げられ、まつりの気分が盛りあげられる。演技の場そのものは前述のように簡素であるが、楽屋の一角には必ずアンバー女神を象る壺（ガラビー）が置かれ、かつ壁には三叉の矛が朱粉で描かれて、演者は必ず、演技に先立ってこれらを拝む。

彼らはそこに、香や果物、ココナツの実などを供えたうえ、三叉の矛の前に灯したカラシ種油の火に手をかざしてそれを眼と額に当てる。次いで指先を油に漬け、それを顔に塗ってから、化粧をはじめるのである。灯はアンバー女神をその場に呼びよせることであり、その光は闇を払い、人に知と希望を与えるものとされる。

化粧が調うと、人びとは座長《ナーヤク》が設定した演技の場に座し、女神への讃歌（これも壺同様に、ガラビーとよばれる）をうたう。楽器は両面太鼓のパカーワジ、腰につけた一対の太鼓のナルガン、擦弦楽器のラワージかサーランギー（ただし昨今では、おおむね小形オルガンのハルモニアムに置きかえられている）、小形シンバル状のジャーンジが各一人、そして二人のブンガル、すなわち長さ一・五メートルほどの細長いラッパが不可欠である。ブンガルは役者の入・退場、場面のクライマックスには必ず鳴らされ、またリズムのテンポを決め、かつそこにアクセントをつける。ことに最初に女神を呼びよせる讃歌のさいは、ブンガルのほか、他の楽器は一切用いない。

演目は、常に象頭神ガネーシャの入場からはじまる。邪を払うガネーシャに対する礼拝は、他の芸能の場合にも必ず見られるところである。ガネーシャ役は真鍮の盆を手にし、それを顔の前に水平に動かして、顔全体をあらわさない。人間はガネーシャ神にはなりきれぬ、ということを示すものといい、この点は、より自由な他の芸能の場合とは異なる。

次いで（役者ではない真の）村の床屋《ハジャーム》が、油にひたした綿の実をつめた大きな真鍮製の松明をもって登場する。彼は芝居の進行中、常にチャーチャラの一角にすわって、重要な場面になると主役のそばに駆け寄り、その顔を照らしたりするが、彼は単なる照明係ではなく、女神に対する儀礼の執行役としての役割をこの場で果たしているものと考えられている。すなわち光は、女神の隠れたわざをこの世にあらわにする、という意味をもっているからである。

実際グジャラートの村の床屋は、必ずしもバラモンの関与しない、より民衆レベルの女神信仰の祭司役を果たしており、この点においても、やはり他の地方における、民間信仰に果たす床屋《ナーイー》の重要な儀礼的役割に比すことができよう。演技はほぼ夜の九時ごろよりはじまり、翌朝までつづくものであるから、物理的にも、床屋（照明）の果たす役割は大きい。

次いでバラモン（役）（「ブラーフマン＝ヴェーシャ」Brāhman-veṣa）が登場し、型どおりの儀礼《プージャー》を行うが、これにはやや「高次」のヒンドゥー教的潤色のあとも見てとれる。しかし、彼がきちんとしたバラモンのやり方を模すほどに、それはこのような場では、ややパロディーめいて見えてくる。実際、その後につづく演目《ヴェーシャ》のいくつかでは、バラモンが痛烈に批判されたり、虚仮《こけ》にされたりする場も散見され、バヴァーイーのもつ民衆演劇としての性格が、そこにはいっそうあらわになる。そこにこそまた、バヴァーイーは、地域上の拡大の契機をもつものであった。

いくつものヴェーシャがこのあとを追い、上演は朝までつづく。大まかにいって、それは短い笑劇にはじまり、やがて長劇へと移り、夜半すぎか明け方になって、本格劇の上演に入ると考えてよかろう。そして各ヴェーシャの前後には、語り手をかねた座長のナーヤクが、あらすじや結末をめぐる教訓めいたことを歌い、語るが、しばしばそれは、そのさいかあるいは途中で、道化のラングローによってまぜっかえされる。観客のほうも、表があれば裏もあることをすでに知っている。またナーヤクも、長い台詞がつづいたあとや、ことに場面が転換するときには、みずから「タタ・タイタ、タタ・タイタ、タタ・タイタ、ター！」などといったボール bol（口で誦える拍節型）によって演者を踊らせ、単調を破る。途中に歌や踊りが挿入されるこの型式は、今日のボンベイ産の娯楽映画にもうけつがれ、ほとんどミュージカルの態をなしているほどといえよう。

なお登場人物は、登場のたびに、まずは小幕で隠される。小幕をやがて払うことによって、場面転換の印象はいっそう強められる。この効果的な小幕の使用は、南インドのカタカリやヤクシャガーナでも見られるところであり、日本の山伏神楽の場合をも思わせる。また女形の登場時には、みずからカーカダーkākaḍāという灯を手にして現れる。主役の登場のさいは、前述の、床屋が手にする松明がその顔を照らしだす。

演目の展開

演目は、笑劇であれ長劇であれ、ほとんどその性格に変わりはない。笑いと、必然的にそれに伴う社会諷刺、そしていかにもインド的なある種の哲学的背景が、そこには一貫して見てとれる。たとえば愚かな商人《バニヤー》の登場する「アラワー＝ノ＝ヴェーシャ」Aḍavā-no-veṣaは、観客自身の批判的反映でもある。ありとあらゆる大ぼらを吹いて笑わせる「ジューターン・ミヤーン」のムスリム貴族も、実は生と死の秘密、アッラーの真を求める聖者の、この世の仮の姿であった。

つばなしの小さな帽子をかぶり、白・赤・黒で奇妙な化粧をした道化ふうのジュータン（「うそつき」）は、実はウズベキスタンのブハーラーの王であったといわれる。あるとき彼は、大軍を率いてアフガニスタンのガズニーを攻めたが、その途中で、荷の重みに倒れたラクダが死んでしまった。王は大臣に命じてラクダを立たせようとするが、大臣は、ラクダがすでに死んでおり、魂は離れ、屍が残っているのみであるという。みずからもいつかは倒れ、屍のみとなるのか。生とは何か。死とは、魂とは何か。深く思いに沈んだ王は軍を解散し、王位もすてて愚者に身をやつし、インドにおもむいて、人びとにこの世の仮構を説くため、大ぼらをふいてまわっているのであると。

笑いの裏には冷めた眼がある。しかし観客が身をゆだねるのは、表面的であれ、その笑いそのものである。社会諷刺に貫かれているとはいえ、「幼な夫」と太った年増妻のミスマッチを描く前述の「カジョラー」にも、ひとはそのきわどい、やや倒錯した性的表現や動作に笑いころげる。バヴァーイーには伝統的に女性の演者はおらず、すべてカーンチャリヤー kāñcaḷiyā とよばれる美しい女形が女性を演ずるが、ここではあえてむくつけき男性が女装をして、欲求不満に嘆き悲しみ、身をよじるのである。むろんかつては、性的表現は女神信仰にもつらなる豊饒儀礼としての性格の一端を担っていたのであろうが、ここではすっかりそれは世俗＝卑俗化し、逆にその倒錯したさかしまの世界に、あらたな意味を付加している。

深夜になると、やや深刻な社会劇や歴史劇が演じられる。「チャイル・バターウ」Chail Batāu では、愛人のモーハナ・ラーニーを探し求める武人バターウに、ナーヤクが次々と質問をあびせかけつつ、人生の目的、愛と出奔、ひいては神への愛と神からの離脱、戦争、騎士道、忠誠と裏切りなどが明らかにされてゆく。今世紀に入っての作であるがいまでは最も盛んに演じられる「ジャンダー・ジュラン」も、表面上は、けちで年老いた夫に愛想をつかして若いムスリム太守のもとへと走る陽気な若妻の話であるが、結局は妻が夫のもとに戻り、ムスリムの若者は村びとに追われて乞食僧《ファキール》となる結末を通じて、妻の道徳、また神の真理を求めるべき一方の倫理が説かれているものと読みとれよう。

史劇としては、「ジャスマー・オーラン」や「アマル・スィンフ・ラートード」Amar Singh Rāthoḍ などがある。後者はラージプートのあいだにも伝わる伝承であるが、前者は北部グジャラート独自の伝承である。これは本来は天女《アプサラス》であったとされるジャスマーの物語で、彼女は天帝インドラの命により、聖者《リシ》ナラの苦行を妨げに人界に降り、聖者を誘惑する。かくて苦行の効を失った聖者は彼女との結婚をせまるが、聖者は老いた上に醜いので、彼女はそれを拒否する。怒った聖者は彼女に呪いをかけ、彼女が土木作業にたずさわるオード Oḍ 社会に生まれかわり、そこで最も醜い男と結ばれるよう宣言した。彼女のほうも負けてはおらず、それなら誘惑に負けるような聖者もまた、オード社会に再生するよう呪いをかけた。

再生した聖者は、オードのあいだでも、やはり最も醜い男であった。かくて前世の縁で再び結ばれた二人は、王都パータンでサハスラリンガ＝ターラウ Sahasraliṅga-tāḷav（千のリンガの貯水池）の掘削に従事するが、元は天女であった妻の美貌に王が懸想する。しかし、ジャスマーの拒否に怒り猛った王はオードの男性を皆殺しにし、夫も殺されてしまったジャスマーは自殺する。その呪いによって王都は壊滅し、人びとも蔓延した伝染病によって全滅する。しかし、やがてその地にいたったムスリム聖者がすべてを元に復し、王宮址には大きなモスクを建てたという。

結局はムスリム聖者が最もその力を発揮したことになっている結末をのぞき、ここには伝統的なヒンドゥーの輪廻転生や業に関する観念、また夫に貞節な妻の倫理が強く説かれている。しかし興味深いのは、王の誘惑をはねつけるジャスマーと王とのあいだの対話で、彼女が強調していることは、夫への貞節もさることながら、彼女ら二人の従事している労働の尊さである。自集団に課せられた労働や境遇に徹することは、一面では伝統的・保守的なヒンドゥーのカースト観を補強することにもなるが、王の権威と富すらも、土木工事とはいえ課せられた労働への誇りに勝りえないとするジャスマーの堂々たる論理は、バヴァーイー一流のもののみならず、現代になお強く訴えかけるものをもっている。のちに女流演出家シャーンタ・ガーンディーが「ジャスマー・オーラン」を現代劇にしたてあげたのも、この点にひかれてのことであった [Gandhi 1969]。

やがて空が白みはじめるころ、眠気に勝てぬ観客のため、次々と、さまざまな人物が登場する短いヴェーシャが演じられる。役者の早替りと踊りが見もので、再び演者と観客の関係が密になったところで、早朝の本格劇、「ラーマデーヴァ」が演じられる。これはアサーイタ以来の古典で、文芸・音楽・舞踊上も最もすぐれた演目である。必ずしもドラマティックな筋立てではないが、王妃が王に、人生・自然・超自然のあらゆる事象について問いかける形で進行し、王の答えは、道化のラングローによってわかりやすく解釈され、注釈がつけられてゆく。ここにはインド、もしくはグジャラート古来の、サンスクリット古典およびジャイナ教文化の集積が、百科事典をひもとくように、人びとの手のとどくところに繰り広げられるのを見てとることができる。

長い演技が終わると、祈りの歌がうたわれる。王妃役とガネーシャが、リズミカルな歩調でチャーチャラを一巡する。ブンガルが鳴り、太鼓がいっそう激しく打たれて、役者たちも列をなして楽屋にむかう。楽屋では一同が女神への讃歌をうたい、足につけた鈴をはずす。演技のあいだ中、楽屋で燃えていた灯は消され、アンバー女神は、かくてその場を去る。

バヴァーイーの変容

独立運動が激しさを増す一九三〇年代後半から四〇年代を通じて、バヴァーイーのみならず、北インド一帯の演劇には大きな変化が生じていた。それまで低級なもの、卑俗であまりに地方的なものとして、無視されるか、あるいは侮蔑の対象でしかなかったいくつかの伝統的地方演劇が、独立運動の中で、再び見なおされるようになってきた。イギリス文化とは異なる自国の文化、あるいはさらに、自地域そのものの文化に拠りどころを求めなおし、それをあらたなバネとして、みずからをとらえ返そうとする気運が生じてきたのである。(5)

それはまた、M・K・ガーンディーがスワラージ（自治）とともに説く、スワデーシー（自国産品生産を通じての自力更生）の理念とも当然結びつくものであった。ベンガル地方の伝統演劇「ジャットラ」が、演劇として見なおされるばかりでなく、まさにスワデーシー理想を農村民衆に鼓舞・喧伝するためのメディアとしても、すでに今世紀初頭の一〇年間以来、村廻りの演劇として積極的に演じられた事実は注目すべきことである［臼田 一九八一］。そしてベンガル地方とはちょうど反対側の、しかもしばしばその気質上よく似ているとされる西インドのマハーラーシュトラ州でも、その伝統演劇の「タマーシャー」は、民族の独立や被差別階層の解放を訴え、また左翼思想の宣伝にも用いられだした。一方ではまた、政府のほうでも、五か年計画や教育の普及、社会改善などを訴えるために、タマーシャーが用いられだしているのも興味深い。

このような「社会劇」化した伝統演劇は、かくてかつての「卑俗」な部分、「猥褻」な要素を理念や教訓によって置きかえていく傾向を見せたが、それが常に、あらたな地平、あらたな「地域」の創出に成功してきたかは議論のあるところである。一方逆に、まさに「猥褻」と決めつけられた北部の伝統芸能「ナウタンキー」などが、厳しい法の規制をすらうけつつも、その猥雑性によって、細々ながら、かえって従来の姿を大きく変えることなく生き残っているような面もある。

バヴァーイーの場合は、その中間を行っているようなところがある。本来そのうちに鋭い社会批判性を擁していたバヴァーイーは、かえって必ずしもそれをバネとして、極端に「政治化」することも、「卑猥に堕す」こともなかったように思われる。むしろバヴァーイーにとっての、ある種の危機ともいえる転機は、前世紀末以来、すぐれた演者が次々と西欧風の新劇へと吸収され、再編されていったことであろう。それによって、都市の教育ある中産階級をあらたにパトロンとした演者たちは、名声をえて、グジャラートの伝統演劇、ひいては伝統文化の存在を人びとに意識させるとともに、バヴァーイー演者の社会的地位の上昇をも、ある程度なしとげた。

新作「ミーナー・グルジャリー」 女優が参加している［Varadpande］

それでも彼らは、バヴァーイーの伝統的型式を、大きく変えてしまったわけではない。ことに彼らは女性の登場に抵抗を示し、かえってすぐれた女形の型を発展させた。一三歳から舞台に立ち、女形として成功したジャヤシャンカル・ボージャクは、むしろその異名である〝スンダリー〟（美女）としてよく知られ、老齢にもかかわらず、近年まで精力的に後進の指導にあたってきた。

しかし時代の趨勢は、女性の登場や型の変化をも余儀なくする。タマーシャーの場合のように、やはり演劇を通じての左翼活動に専念していた女優のディーナー・ガーンディーは、独立直前の一九四五年に「人民劇場」People's Theatre を結成、「ローク・バヴァーイー」Lok Bhavāī（民衆のバヴァーイー）という新作で、女道化のラングリー raṅglī を導入してみずからそれを演じ、社会批判役を担った。この芝居は、田舎から出てきた夫婦が出あう、大都会ボンベイ（ムンバイー）の矛盾に満ちた人びとの生活を徹底的に笑いとばそうとするものである。

また一九五四年には、ラースィクラール・パリク作の「ミーナー・グルジャリー」Mīnā Gurjarī が、老優の〝スンダリー〟とディーナーの共同演出によって上演され、ことにディーナーの演ずる、王にさらわれてきた乳搾りの女が王と交わす歌や対話中、被り物のオールニー oḍhnī を伝統的かつきわめて効果的・象徴的に用いたのが評判となった。しかし一方ではこの劇は、はじめに登場すべきガネーシャを、ランガデーヴァター（舞台神）というやや抽象的な神格に置きかえ、また母神のかわりにインドラ神の旗印を礼拝し、よりサンスクリット古典劇ふうのスートラダーラ sūtradhāra（座長）ほかの出を演出するなど、グジャラートという一地方を越えた、より古く、深くて広い〝古典〟インドの伝統にあえて近づけようとする試みもみえる。

実際、バヴァーイーの伝統的演目の「ジャスマー・オーラン」その他の復活を試みたシャーンタ・ガーンディーなどは、バヴァーイーの型式や内容があまりに融通無碍すぎて、どれが「本来」の「伝統的型式」であったのかが不明の悩みを縷々《るる》述べている [Gandhi 1969]。その過程の中で、やはりサンスクリット古典劇の型式や、一方では、昨今のバヴァーイーに色あせている、グジャラート地方本来の地域性に根ざした匂いをどのように盛りこんで整理するかが、一つのポイントとなっているように見うけられる。

しかしそのような動きをよそに、昔ながらに世襲の放浪芸人集団をなす、本来の村廻りのバヴァーイヤーたちは、文字どおり気息奄々《えんえん》たる状態に陥っているといっても言いすぎではない。一つにはそれは、バヴァーイー新劇にとってすら脅威である、圧倒的な映画産業の攻勢によるものである。ことにそのようなあらたな大衆的なメディアが、バヴァーイーを吸収・発展させて、冒頭に述べた「おとぎ話」のような映画に成功し、あらたな可能性を開発するとき、その脅威が二重となる厳しい状況であることはおのずから明らかであろう。すなわちここでは、演者・観客層の拡大ではなく、そのそれぞれの分断・孤立化が、かえって「近代化」のうちに行われているのである。

時代による芸能の変容に従い、その受皿たろうとする「地域」の内実も変化するのは、当然であろう。その「地域」の拡大も歓迎さるべきことであろうが、逆に、最もひなびた、土臭い本来の地域性からそれが切り離され、その力を失うことは、危惧される一方の事態である。

より広い「地域」を獲得した新形式の芸能と、なお凝縮した地域に根ざし、展開するそれと、そのどちらのほうが大きな力たりうるのであろうか。そしてその力とは、社会にとってのものであろうか、個々人にとってのものなのであろうか。社会といっても、それはどのレベルにおけるものであろうか。まさにそれが、状況によって伸縮する多重的な「地域」と、そこに属する個人のかかわり、すなわちアイデンティティのあり方の問題なのであろう。

グジャラート地方に生まれ、その村落に育まれてきたバヴァーイーのような「村芝居」は、一見いかにもその地域の人びとにしかかかわりをもたぬ、ローカルなものにすぎぬように思われる。たしかにそれは、村やその当該地域の人びとに強い帰属意識を与え、みずからのあるべき位置を強く再確認させるものとして機能してきた。しかしその一方で、しばしばそれは、その「ローカル」な力によってこそ、かえって他地域の人びとに強く訴えかけるものとしてあった。その演技の場のチャーチャラは、韓国民衆劇の広場マダンのように、その地域を確たる「地域」として凝縮させる強力な磁場をなすと同時に、その「地域」を、ときには当該地域や国をも越えて拡大する機能をも果たしうるものだったのである。

その場合、「地域」拡大の契機として、二つの点が問題となるであろう。一つはバヴァーイーやマダン劇の場合のように、そこに鋭い社会・体制批判が込められているとき、それは問題意識を共有する一定の階層を通じて横の連帯を生み、あらたな「地域」を形成する。ここでは芸術性よりも、その内包する問題意識が優位性をもつ。一方、ちょうどそれとは逆に、その芸能のもつすぐれた芸術性が他の人びとの共感を生み、あらたな受容による「地域」性の拡大を見ることもある。ここにもある種の階層性を見てとることが不可能ではないが、それはむしろ二次的な問題である。

しかししばしば、前者はある種の地方演劇の場合のように、社会活動や政治的宣伝の道具にまでその性格を変えかねなかった。後者は逆に、芸術至上主義に陥って、凝縮された本来の「地域」的特色とその魅力を失った。

大切なのは、数百年にもわたってそれを育んできた、本来の「地域」の磁力を失わないことではなかろうか。それを横どりした形での、人為的に拡大された「地域」でのあり方にはその従来の魅力はもはや見られず、まやかしに堕することもしばしばである。

矛盾に聞こえるかもしれないが、最も広く受け入れられるものは、最も狭く深いものである。この逆理は、芸能に限らず、現代文学や美術においても真に追求さるべき課題であろう。ここにこそ、インドやグジャラート地方というよりも、アジア文化、アジア芸能のむずかしさと、面白さがある。

ラーイー――中部インド・ブンデールカンド地方の旋舞

遊行芸の系譜

ラームサハーイは、腰をかがめ、「ラーム・ラーム」と言いながら、やや媚びをふくんだ笑みを満面に浮かべて近づいてきた。いかつい口髭も、こぼれかけた歯の上ではかえって愛敬があった。この初老の男のどこから、あのようなエネルギーとバイタリティがあふれ出てくるのかと、ややいぶかしく思えるほどであった。

重さ十数キロもある両面太鼓のムリダング mr̥daṅg をかかえて、ときには数時間も回転し、とびはね、はては逆立ちやトンボ返りまでやってのけるラームサハーイの姿は、文字どおり「芸人」そのものであった。その迫力に驚嘆しつつ、小沢昭一氏は彼を評して、「エノケンに似ている」とつぶやいた。顔立ちもさることながら、その芸人としての力と気迫に感応してのことであろう。

彼の打つ激しいムリダングの響きや、さまざまな打楽器による耳を聾するリズムにあわせて、負けじとばかりに踊る踊り手のベーリニー beḍinī たちも、魅力的な女性たちであった。官能的でありながら野卑ではなく、金銀ラメ入りの衣装もあいまって、きらびやかな美しさがあった。ことにまだ若いアニターバーイー（当時一六歳）のやや上眼づかいの表情や、出の合い間に菓子をつまむ姿は、女性の魅力と少女の愛らしさを兼ねそなえていた。

中部インド、ブンデールカンドの大地に生まれた遊行芸「ラーイー」Rāī は、インドでもあまり知られていない。ラーイーを含め、西インド・ラージャスターン地方の絵語り師ボーパの芸能、また韓国の男寺党《ナムサダン》、北東タイ（イサーン）の歌芸モーラムをあわせ、「旅芸人の世界」と銘打って、一九八四年一一月—一二月にかけて一か月近くも日本各地で行われた公演と、それに関連する四日にわたる国際セミナーは、画期的な企画であったといってよい。

これは、一九七六年以来数年ごとに国際交流基金が行ってきた、「アジア伝統芸能の交流（ＡＴＰＡ）」の第四回目の企画としてたてられたものである。その第三回目までは、関連諸国の研究者からの寄稿論文とあわせて、公演とセミナーの全記録を詳しい英文報告書として出版し、国際的にも高い評価をうけてきた［Koizumi *et al.* 1977; 1980; 1984］。にもかかわらず、この第四回および一九八七年の第五回ＡＴＰＡの公演とセミナーに関しては、同様の出版はついになされず、文庫本［朝日新聞社編 一九八五］が一冊出されたのみに終わったのは最大の痛恨事である。

あまり知られていない、そして問題の大きさからももっと知られ、理解が深められるべきであるこれらの遊行芸については、ただ公演があった、ということで終わらせてはならないものである。企画の末端に加わり、セミナーでも発表の機会の与えられた筆者は、これまでも個人的にいくつかの小論を発表して、せめてその責の一部を果たそうとした［小西 一九八五、ほか］しかしそこでは、ラージャスターンのボーパとその絵語りについては多少紹介しえたものの、ラーイーについては、当時収集した資料もあるのに、未整理のままとなっていた。そこでこの機会に、ラーイーについても、改めてやや詳しく紹介する義務を果たそうとするものである。

それに加えて、ラーイーの特徴は、かなり世俗的な特徴をもち、その演技がほぼ純粋にエンターテインメントに徹している、ということが注目される。むろんインドの芸能の常として、その歌詞や寸劇の内容にヒンドゥーの神々の名が登場することはあるが、ラーイーの担い手たちは、司祭や儀礼執行者というよりもいっそう「芸人」たることに徹しており、しかも固定的なパトロンを得て定期的な公演を行うというよりも、むしろ半ば「流し」のような大道芸人として、彼らなりに芸を磨かねばならなかったことが特徴的である。

いわばこのような専業的職能としての大道芸の系譜は、古くは仏典や『アルタシャーストラ（実利論）』［カウティリヤ 一九八四］のようなヒンドゥー古文献以来たどることができるが、それがいまだにどのような形で生きているのか、その将来はどのようなものとなるのかをさぐる必要があった。そのためには、インドでさえ近年少なくなってきた遊行の専業的大道芸人たるラーイーの担い手たちのあり方は、一つの重要な示唆を与えることになるであろう。

なお、よく「放浪芸」とか「漂泊の芸人」などという言葉が、その文学的響きのゆえか好んで用いられるが、少なくともラーイーの場合、前述のように、固定的なパトロンや定期的公演の場は必ずしも保障されていなくとも、彼らが常にあてどなく客を求めて漂泊するように考えるなら、それはあたっていない。たしかにその公演の場は大道か露天の広場《チョウク》であるが、そのグループに対する評価・名声によって、彼らは招かれて公演を行う場合が圧倒的に多く、その限りにおいて、彼らは（やや限定された地域内を）遊動するのである。ここでは仮にそのような芸を「大道芸」ないしは「遊行芸」とよぶこととするが、それはあくまで、彼らの公演が、一種の〝出前〟であることが多いことを意味するにとどまる。

ブンデールカンドの歴史と風土

まずここで、この特徴ある芸能ラーイーを生んだブンデールカンドBundelkhandとよばれる地に読者をいざなおう。「ブンデールカンド」とはやや古名に近い地域名であって、おそらく地図上にその名を見つけることはむずかしかろう。やや概念的にいうならば、北はヒマーラヤ、南はインド洋に囲まれた広大なインド亜大陸の只中、どの辺境の山や海からも遠い広漠たる内陸の大地が、ブンデールカンドである。その意味でもこの地方は、最もインド的なところといえるかもしれない。さらにその古名を問えば、古文献に「ジェージャカブクティ」Jejakabukti、もしくは別名「ジャジョーティ」Jajhotiとして言及されてきたところがそれにあたる。

今日の行政区でいえば、ウッタル・プラデーシュすなわち北部州に属する北東部のヤムナー川下流域をのぞき、同地方のほとんどが、今日の中部州マッディヤ・ブラデーシュに含まれている。より具体的にはこの地方は、北西はチャンバル川、南は亜大陸を横に切るヴィンディヤー山脈にまでいたる。したがってその北半は、貧弱な叢林をもつ荒れた平野であるが、南半は部族民も住む山がちな地方となる。複雑な谷あいには片麻岩や石英の岩脈が露出しているが、人びとはそのようなところにも、豆や雑穀をつくって暮らしを営んでいる。ブンデーリー、すなわちブンデールカンドの人や言語に、何か荒々しい、しかし不屈な気風を見いだすのも、このような地理的景観がかかわっているのであろう。

ブンデールカンドの名になじみのない人も、カジュラーホー寺院群のことなら知っているかもしれない。十―十一世紀に建てられた、現存するものだけでも二〇を越すこの壮大な寺院群は、九世紀初頭の北インドに強大な勢力をふるっていたブラティーハーラ朝より独立をとげた、チャンデッラ朝の遺産である。昨今ではインド政府も観光資源として大きな力を入れており、ここを訪れる観光客の数も、近年では大幅に

ブンデールカンド地方とその周辺

数を増してきた。

しかしこのチャンデッラ朝に関しては不詳な点が多く、歴史学者の頭を悩ましている。インド史上、やや唐突に出現するかにすらみえるこのチャンデッラ一族は、ラージプートすなわちラージャスターンの王族の流れを標榜しているが、その起源は、実はよくわからない。しかし一部の研究者によれば、おそらく彼らは、山地原住民のゴンド Gond もしくはバール Bhar の出身ではなかったかとすら考えられている [Nigam 1983; S. Bhattacharya 1972; *et al.*]。いずれにせよ、その首長が王権を確立して以降、王族階層《クシャトリヤ》としての地位をみずから主張するようになったのであろう。そして彼らは、カジュラーホーの寺院群のほかにも、強大なカランジャルの砦、アジャイガルの宮殿、マホーバーの寺や宮殿を擁した美しいたたずまいを、その文化所産として誇っていた。

チャンデッラ朝にはおよそ二〇人の王が立ったといわれ、その祖は九世紀のはじめ、強大なプラティーハーラ朝に反旗を翻してジェージャカブクティの南半を手にした、旧封臣のナンヌカ・チャンデッラ Nannuka Chandella である。その後、第七代の王ヤショーヴァルマン Yaśovarman はカランジャルの砦を占拠して勢力をのばしたが、チャンデッラ朝の真の栄光を発揮したのが、その息子である、第八代の王ダンガ Dhaṅga（九五〇—一〇〇八年ころ）であった。彼は全ジェージャカブクティ、すなわち後のブンデールカンドの地全域に覇権を確立し、その後も数世代にわたり、より北西のパンジャーブ地方にまで及ぶ勢力と同盟を結んで、このころからすでにはじまっていた北西部からのムスリム勢力と対峙した。

第一二代の王キールティヴァルマン Kīrtivarman（一〇六〇—一一〇〇年ころ）は、その繁栄を背景に、みずから神秘主義的な戯曲『プラボーダ・チャンドローダヤ』*Prabodha-candrodaya* をつくったといわれている。カジュラーホー寺院群の造営もこのころからのことであるが、このような文化活動を背景として、民衆のあいだでも多くの詩歌が流布し、芸能も盛んになっていったようすがうかがわれる。

しかし北西からのムスリム勢力はいっそうの力を得て、近隣のラージプート諸侯との抗争によっても、チャンデッラ朝は力を弱められた。そしてついに、十三世紀初頭にはアジメールのラージプート、プリティヴィーラージャ・チョウハーンに敗れ、またデリーのクトゥブッディーン・アイバクによって、堅固なカランジャルの砦もおとされた。以降、十四世紀初頭まで、同朝は一地方領主として存在するが、最後の王ハンミーラヴァルマン Hammiravarman をもって幕を閉じた。

しかし十四世紀半ばには、それに代わって、この地方の名称のもとともなったブンデッラ朝が立つ。彼らはチャンデッラ一族にもまして「好戦的」であったといわれ、ジェージャカブクティをブンデールカンドと改名したうえ、ジャーンシー、ラリトプル、サーガル、ダモーフ、チャタルプル、カジュラーホー、パンナーなど、ラーイーの舞台をもなしている一三の地域をあわせて、およそ十七世紀にいたるまでその繁栄を誇った。

彼らもまた、チャンデッラ朝と同様、近隣のラージプト諸侯やムスリム勢力との争いに、多大なエネルギーを注がねばならなかった。しかしブンデッラ諸王は、初期のムガル朝にも対抗し、また一時ムガル朝皇帝をデリーの王座より逐ったアフガン王シェールシャーをカランジャルの砦に倒したほど、その抵抗は根強く、激しかった。その後ブンデッラは、ムガル朝のアクバル大帝のもとに一時期屈するが、それでも再び、のちのアウラングゼーブ帝のときには、ブンデッラ朝の王チャトラサール Chatrasāl はマールワー地方東部を奪還し、パンナーを都として、独立君主国をたてなおしたという。

抵抗としてのラーイー

ブンデーリーのあいだに脈うつこの不屈の精神は、一八五七—九年の「インド大反乱」のヒロイン、ジャーンシーの王妃《ラーニー》ラクシュミーバーイー Lakṣmībāī に、最も典型的に見てとることができる。夫の死にさいし、領土をイギリス帝国に併合されてしまったことに憤った彼女は、男装して馬上より大軍を率い、きわめて激しい抵抗を試みた。最終的には空しい結果に終わったとはいえ、二三歳にして戦場に散った彼女の思い出は、ブンデーリーのみならず、インド人の、インドの女性たちの血のうちにいまも生きている。火の粉散る広場に激しく踊るラーイーの舞姫たちの姿にも、ふとそのおもかげを垣間見ることができるような気がしてならない。

すなわちこの「大反乱」に先立つ一八四二年、ジャーンシーとサーガルのあいだにあるナールハト Nāṛhat でおきた民衆蜂起に、ラーイーがからんでいたことは注目すべきことである。(1) ラーイーは王侯や貴族の庇護のもとに、宴や祈願成就、結婚式や誕生祝などの席で演じられるのが常であり、その伝統は、王侯のようなパトロンのいなくなったいまも篤志家たちの出資によって生きつづけているが、その日も彼らは、ナールハットの領主マドゥカルシャー・ブンデッラ Madhukarshāh Bundella/Bundelī の前でラーイーを演じていた。

そこへ突然、イギリス軍兵士が乱入し、踊り子ベーリニーたちを無理やり連れさった。マドゥカルシャーはベーリニーの釈放と謝罪をイギリス軍当局に要求したが、その答えは「ベーリニーは今後われわれの前でのみ踊ること、慰みがほしければ妃に舞わせよ」というものであった。マドゥカルシャーは起《た》ち、民衆もともに決起して、イギリス軍に対する反抗ののろしをあげた。結果は無惨な鎮圧に終わったが、サーガルの近くには、スーフィズム（イスラーム神秘主義）の聖者と化したマドゥカルシャーの廟がたてられ、ベーリニーたちの信仰を集めたという。

ベーリニーに対するイギリス官憲の横暴はその後も続き、クライー Khurai 地区でも、あるとき大事件が起こった。そこにはジュンディヤー Jhundyā というたいそう美しいベーリニーがいたが、あるとき夫が用事で出かけているときにイギリス軍兵士がのりこみ、彼女に踊りを強要した。彼女は夫の不在を理由に固辞したが、兵士は無理やり彼女を連れさり、酒盛りに夜通し彼女を踊らせ、また恥辱を加えた。

翌日帰宅した夫はそれを聞き、激怒のあまり、その夜ふけ、彼は斧をとって、眠り込んでいる兵士たちの頭を一つずつぶち割った。彼はただちに絞首刑に処せられたが、ジュンディヤーは生涯夫を思って泣きくらし、秋の灯明祭、ディーワーリーの日には、毎年夫のために、マドゥカルシャーの聖廟に灯明をささげたという。

逆にラーイーが、ある男の命を救った話もある。やはりイギリス統治下のことであるが、デーヴリー Devrī のラドゥヴィール・チョウドリー Radhuvīr Chaudhurī というすぐれたムリダング（両面太鼓）奏者がイギリス官憲に捕えられ、絞首台に送られることになったとき、その最後の願いとして、ベーリニーと踊りたいと申しでた。願いはききとどけられ、彼は刑務所にベーリニーをよび、いまわのきわとばかり、腰にムリダングを結びつけて、思う存分に踊りまくった。そのすばらしさに感じいった看守夫人は、ラドゥヴィールの恩赦のために奔走し、ついに彼は自由の身になったという。しかし恩情をたれ給うたこの看守夫人は、彼がのちのちまで、イギリス人の横暴と尊大さを訴えつづける象徴となろうとは、ついぞ気づかなかった。

人を熱狂させるラーイーのみならず、その合い間にはさまれる寸劇の「スワーング」もまた、笑いという武器によって、さらに直截かつ痛烈に、時の政治や社会を批判するメディアであった。民衆の芸能や娯楽が、多くこのような特質をもっていることは時代や地域を問わないが、スワーングとラーイーの抱きあわせは、本質的に権力者にとって危険なものであったにもかかわらず、彼らはただ鼻の下をのばして、その妙技や笑い、またベーリニーの蠱惑《こわく》的美しさに手を打っていたのである。

ラーイーの伝統

文献上はっきりとその名は出てこないが、おそらくはチャンデッラ朝以来、ラーイーは、時の宮廷で、また民衆のあいだで、熱狂的に受け入れられてきたように思われる [Manoj n.d.]。すなわち折しも十二世紀、チャンデッラ朝が最盛期をむかえていたころ、ブンデールカンドにはジャガニカ Jaganika という詩人が『アールハーカンド』*Ālhākhaṇḍ* という民謡集を編み、またやや時代が降って十五世紀の作者不明の『パールマールラースィー』*Pārmālrāsī* という叙事詩にも、アールハー・ウーダル Ālhā-ūdal 王誕生祝賀のさいに闊達な民衆舞踊が繰り広げられたという記述が見える。ただし、それが当時から、「ラーイー」の名でよばれるものであったかどうかの確証はない。その後も十五―十七世紀にわたる数々の文学作品(2)の中で、ムリダングの響きのうちに、麗しい舞姫が憑かれたように歌い踊り、人の心を奪うさまがしばしば描きだされているが、これらの記述のうちには、当時のラーイーのようすが充分にうかがえる。とはいえ、そこにもやはり、「ラーイー」の名は、具体的には必ずしも出てこない。

したがって、この芸能がいつごろから「ラーイー」とよばれるようになったのかはいまだに不詳のままであるが、この「ラーイー」という語自体の語源にも諸説があって、よくわからない。たとえばサンスクリット語のラーギン rāgin（「愛と情熱、彩りに満ちた」）がプラークリット語形のラーギー rāgī を経てラーイーとなったとする説、あるいはクリシュナ神の愛妃ラーダーの指小辞形ラーディカー Rādhikā（プラークリット語形 Rāiā）の転訛とする説、もしくはラーイーが王の庇護を得たことから、ラージャスィーrājasī（「王に属する、あるいは天賦の情熱を備えた」）に由来するという説などがある。しかしこれらは、語の内容上ラーイーに通ずるところもあるとはいえ、あえてサンスクリット語形に語源を求めるところにかえって無理があろう。

もし「ラーイー」の語自体に類似した、たとえば現代ヒンディー語のうちに例を求めるならば、ラーヒー rāhī（「旅人、行きずりの人」）の語にいきあたる。ところによっては、この芸能を「ラーヒー＝ヌリッティヤ」rāhī-nṛtya とよんでいるところがあるというが、これは文字どおり「大道芸」の意となって、そのイメージにもよく合致する。別説に、「攪拌棒」ライー raī との関連を説く人もあり、激しく回転することでのアナロジーを求めているようであるが、いかがなものであろうか。

むしろそれよりも、語形も同じラーイー rāī そのものの語源に注目すべきであろう。この語は、名詞としては「辛子種、微量、王、王権」など、また形容詞としては「著名な、目立つ、抜きんでた」などの意をもつかなり多義的な語であるが、微量でもその力を存分に発揮する辛子種のイメージは、大道芸のラーイーにも通ずるものかもしれない。実際ラーイーの愛好者たちも、熱い鍋の上ではじけ散り、音をたてながら跳ねまわる辛子種がラーイーの動きを思わせるから、と解釈しているようであるが、それに加えて、悪霊を払うとされる辛子種の、宗教儀礼などに占める位置をも勘案することができるかもしれない。

一方、ラーイーの踊り手であるベーリニーの起源、およびその語源もまた、同様に不詳である。古典的サンスクリット語による「踊り子」は、ふつうナタ naṭa もしくはナティー naṭī とよばれるものであって、ベーリニーの名はでてこないように思う。ナタ、ナティーはまた、古来しばしば（舞台で踊る）売春婦と同義のようにも用いられ、ラーイーのベーリニーもまた、そのような「相手選ばぬ」存在であるかのように考えられることがある。しかし庇護者《パトロン》の妾となるようなことはあったとしても、その実態は、後述するように、必ずしもあてはまらない。

なお、ベーリニーの語をヴェーダ veda すなわち聖なる知識と結びつけるバラモン的解釈もあるようであるが、ここでも民衆の解釈は、より直截的で明快である。すなわち、木や畑が柵（バーリー bāḍī）で囲い込まれているように、観衆は踊り子をとりまいて釘づけ（ベルニー beḍnī）となっているから、というのである。その当否はともかく、ベーリニーの踊るラーイーのようすや、それをとりまく観衆の姿が目に浮かんでくるようで興味深い。

実際、十数種に及ぶさまざまな踊りの型を次々と激しく展開し、またそれを挑発するかのようなムリダング奏者や、ソウバット saubat（男衆）とよばれる鼓手たちとの技法のせめぎあいは、見る者を興奮のるつぼに叩きこむ。激しいリズムに踊りの型がくずれれば、男たちはいっそう激しくその太鼓を叩いてベーリニーを揶揄し、逆に鼓手にリズムのくずれでもあれば、ベーリニーは激しく腰を振って男たちを非難する。最も厳しい審判たる観客の熱気は、これによって、いやがうえにも高まるのである。

踊りのみではない。この競争は歌のかけあいによっても展開していく。その内容は、基本的には古代の叙事詩や神々の逸話・讃歌などであるが、それに託して、ときに即興的に、互いにここでも挑発的な問答がはさみこまれる。とっさに気のきいた、しかもきちんと韻律をふんだ四行詩《チョウボーラー》 chaubolā でもって答えが返ってこないならば、一方は勝ちほこり、一方は恥をかく。この種のやりとりは観客のあいだからもベーリニーに対してなされるが、不作法な問いやさそいかけに対しては、ことさらに厳しい反応がベーリニーからなされ、それに返す答えのないときは、問い手はただその場から退散するよりないであろう。

しばしば妾か遊女のようにしか思われない彼女らの本領は、本来ここにある。古典的性典『カーマスートラ』は遊女の身につけるべき六四種の技芸を厳しく規定しているが［Ganguly 1962］、歌や踊りはもとより、故事や文学、詩や韻律の造詣が問われ、一方では夫や主人ときめた男性にはことのほか貞淑や忠誠を示す彼女らの姿には、サンスクリット古典劇『土の小車』のヒロイン、ウッジェニーのヴァサンタセーナーのような遊女の姿も重なってくる［シュードラカ 一九五九］。

事実ラーイーは、このような芸能の質によって、民衆からも圧倒的な支持を得たが、王侯貴族たちからも手厚い保護をうけた。彼らはよく宮廷によばれて貴人たちの目を楽しませたし、またときには王妃がベーリニーを後宮で舞わせて、多大な褒美を与えることもあった。また戦場でも、戦いに疲れた兵士たちの士気を高めるために、ラーイーが招かれることもあったという。このようなパトロンの庇護を得るためにも、ラーイーは、常に一定以上の芸の質を保持する必要があった。

しかしラーイーの演目は、型にはまった古典的なものにとどまらない。民衆の中に生き、人びとの愛顧によってのみ生きつづけるラーイーは、その踊りの手や風習に、イスラーム的なものや、昨今では西欧的なものをも自由にとり入れている。そして彼らは、民衆の喝采に応えつつ、家や劇場にとどまることもなく、かがり火をたいて、星空のもとの大道や広場を、そのしたたかなたつきの場と仕立てあげるのである。

ラーイーの実際

ラーイーの演者たちは、ラーイヤー rāiyā とも総称されるが、この集団は、楽器を演奏するいわば「囃し方」のソウバットという男衆と、ベーリニーすなわち女性の踊り手たちからなる。[3] のちにも再びやや詳しくみるように、ベーリニーよりもソウバットのほうが出自階層《ジャーティ》も上とみられており、実際の演技においても、ソウバット、ことにその中心となる両面太鼓のムリダングを叩くムリダンギヤー mṛdaṅgiyā が、ベーリニーをリードする形をとる。したがってラーイーの公演を行うときは、主催者は、しばしばムリダンギヤーがその立場にある、ソウバットの座長を通じて交渉することとなる。

前述のようにラーイーは、かつてはその主要な庇護者である王侯貴族たちの館に招かれることがあったが、このような場合ですら、彼らはただ呼びつけられるのではなく、一定の社会儀礼的慣習を伴い、いわば礼をもって招かれた。いまでもラーイーの主催者（呼び手の側）は、前もって双方の都合を調整のうえ、公演の一週間前に、仕度金として謝礼の一部と、キンマ、ビンロウジ、チョウジなどの香辛料をソウバットに贈る。それに従い、ソウバットは、ベーリニーの何人かとわたりをつけ、仕度金のさらに一部を手付金として手渡すのである。

公演の日、ソウバットとは別処に住んでいるベーリニーのところへは牛車か馬車がつかわされ、ソウバットのところへか公演の場にベーリニーがやってきて、ラーイーがはじまる。ことにソウバットには、この日、謝礼金のほかに主催者側から大麻煙草が配られて、公演のあいだ中、しばしば彼らはこれを吸う。公演のノリと活力のためには、大麻が必須であるらしい。

このような公演は、結婚式のさいや男子出生のような特別な願かけ、またその達成時に家に招かれて行われることが普通であるが、そのほかにも、最近では企業や団体が、祝いの席上にラーイーを呼ぶことが多い。時期は収穫後、もしくは農閑期であり結婚の季節でもある冬の夜が多く、大道や広場が舞台であるため、満月の夜も好まれる。ただし、必ずしもヒンドゥーの大祭などに、まつりの儀礼の一環として行われるわけではない。

ソウバットはふつう六種の楽器を演奏し、それに寸劇「スワーング」の要員等も必要とされるため、一〇人から一五、六人が参加する。ベーリニーは二、三人から六、七人。群舞の形式ではないから独りでも踊れるが、当然ソウバットとともに、人数が多いほど賑やかに盛りあがってよい。顔ぶれは、双方の技量に従ってほぼ固定する傾向もあるが、そのつど編成され、適当な数や顔ぶれのベーリニーを、ソウバットが選出する形となる。

ソウバットの用いる楽器は、S字状をした長い金属製の管楽器のラムトゥーラー ramtūlā を除いて、すべて打楽器である（双管のたて笛アルゴーザが用いられることも、まれにはある）。ラムトゥーラーは真鍮製の三つの部分からなり、北インド諸地方の管楽器トゥーリー tūrhī/tūrī や西インドのブンガル bhuṅgal とほぼ同類のもので、インドの気鳴楽器 suśir-vādya 中でも最も起源の古い、やや単純な構造のものである。このラムトゥーラーのかん高いピッチは、本来儀礼的性格をもつものであったようにも思われるが、いまは景気づけに鳴らされるのみで、旋律を奏するものでもない。旋律はもっぱら、ソウバットとベーリニー双方の歌によって担われる。したがってラーイーの音楽は、打楽器のリズムと演者によるコーラスからなることとなる。

打楽器中最も重要なものは、ベーリニーと絡んで舞う役割を果たす、ムリダンギヤーの叩く樽型両面太鼓のムリダングである。これもインドの膜鳴楽器 avanaddha-vādya 中最も古く、かつラーイーでも用いられる筒型両面太鼓のドーラク dholak、もしくはドール dhol やマダル madal 等とともに、最も広く用いられるものである。地方によってその名称は多少異なるが[4]、いずれも概して、ヤギ皮を張った両側面のうち、やや小ぶりの右側面には米と鉄粉の練りものをあらかじめ塗っており、左側面には小麦粉の練りものを演奏前に塗る。

筒型両面太鼓のドーラクは、木（ふつうはマンゴーの木）をくりぬいた胴部の両面にヤギ皮を張り、左側面に黒い練りものを塗るほか、膜面を締める皮紐をさらに締めたりゆるめたりする駒をはめて、音高《ピッチ》を調節する。ドーラクは、ムリダングと同様に水平に持ち、両手で奏する点において、撥で打ち、やや大ぶりで皮も厚いドールとは異なる。なおジャーンシーからはやや東方の、ティーカムガル、チャタルプル、パンナーの諸地方ではムリダングは用いず、ドール系のドールキー ḍholkī が好んで用いられる。いずれにせよ、演奏のみでなく演者として参加する場合のムリダングないしはドールキーは、ビーズや派手な色の毛玉で美しく飾りたてられている。

リズム型をより複雑にし、雰囲気を盛りあげる他の打楽器は、筒型片面太鼓のダプラー ḍhaplā と、枠型八角鼓のティムキー、そして小型シンバル状のタール tār/tāl もしくはマンジーラー mañjīrā、ジャーンジ jhāñj などとよばれるものである。ヤギ皮もしくは若い水牛の皮を片面に張ったダプラーも美しく飾りたてられており、腰からやや下に吊るして、二本の竹製の撥でもって、速いテンポで「タングダ・グッタン、タングダ・グッタン」tān-guḍa-guḍ-tān のような軽快なリズムを刻む、ティムキーは西方起源のダフ daph 型の太鼓で、左肩から縦に吊るし、二本の細い撥で、軽い小刻みのアクセントをつける。体鳴楽器 ghana-vādya たるタールは説明を要すまいが、これに加えて、観客の手拍子や囃し声もまた、ラーイーに不可欠の大きな要素である。

ラーイーの歌と舞

ラーイーは「流し」として門付けすることもあり、その場合は演奏の順や次第にこだわることは必ずしもできないが、ややきちんとした公演においては、それは常に、ヒンドゥー教の三大神やブンデールカンドの地方的神々の称名からなる、スムラニー Sumranī という歌によって始められる。その中には、他の多くの芸能の場合のように、芸能の庇護神たるガネーシャ神やサラスヴァティー

ベーリニーたちの輪舞［国際交流基金／小高達郎氏撮影］

女神を拝む言葉も必ず入っている。次いでベーリニーが登場し、楽器の奏者たち一人一人にていねいにあいさつをしたのち、曲調がややかわって、民謡そのものか、民謡調の歌にあわせて踊りはじめる。

ここで用いられる民謡調の音階は、たとえば「ミー、ミドレ・ミミミ、レー、レシド・レレレ」、といったやや単純で明るいものが基調であり、リズムも二拍子、ないしは四、八拍子が基本である。当然そこにはインド古典音楽に特徴のラーガ（旋律型）やターラ（拍節型）に関する規制はなく、それに即した命名もない。ただし歌の内容に従って、ある種のカテゴリカルな名がついている。すなわち歌の上では、歌詞の内容が、その節《ふし》よりもやや重要性をもっているといってよい。ただしその歌詞は、多くの場合、ヒンドゥーの神々の古譚《プラーナ》や叙事詩中のエピソードに基づいているとはいえ、インドの民謡のほとんどがそうであるように、いわゆる「宗教歌」というイメージのものではまったくない。これは、カテゴリカルには宗教歌そのものとされるべき「バジャン」Bhajan の場合にすらいえることである。

さて、ラーイーの歌は、総称してラーイー・ギート Rāī-gīt とよばれるが、狭義にはそれは、ときに神々どうしの愛のエピソードに仮託しつつも、切々たる、かつしばしば官能的な恋情を歌う一連のものをさす。内容上も観客に最も喜ばれるものであり、ベーリニーとムリダンギヤーが激しくからむ踊りも含めて、最も長く、かつ中心的に演じられるものである。

春のまつり、ファーグン月のホーリーのときに歌われるのがファーグ Phāg である。互いに色粉や色水をかけあって祝ううきうきとした気分や、ホーリーにちなんだ、クリシュナ神とその愛妃ラーダーの恋の物語などが好んで歌われる。またそのほかに、カヤール Khyāl というものもあるが、同名の準古典歌曲とは異なり、村人の、家族を思う気持ちを表現した歌である。

しかし、何といってもラーイーの中心となるものは、ベーリニーによる舞である。古典舞踊とは異なり、特定の情感《ラサ》を劇的に表現しようとするものではないため、その身体表現は、顔や眼の微妙な動きmukha-abhinayaよりも、四肢や体全体による多様な表現aṅgika-abhinayaに大きく頼ることになる。実際、ラーイーの舞の手には、その足運びや手のしぐさ、体の動きなどによって、以下のようないくつかの名がついている。

まず、ラーイーの舞に特徴的なやや官能的な動きとして、「トゥムキー」ṭhumkīがあげられる。これはベーリニーが、ムリダングの響きにあわせてスカート状のガーグラーの裾の両端を手に採り、ときには肩の高さまでもちあげて踊るもの。むろん下半身にはズボン状のシャルワールを身につけており、フランスの「カンカン」のように足を高くあげるようなこともしないが、首や腰のひねりとともに、かなり蠱惑《こわく》的な舞踊の要素である。足はむしろ地につけ、グングルーghuṅghrūすなわち足首に巻いた多量の鈴を結びつけた帯を激しく打ち鳴らして、リズムをとる。

これは「ジャトカー」jhaṭkāにおいても同様で、前後にスキップしながらグングルーを鳴らし、首と腰をしなやかに揺らしつつ、手にはハンカチrūmālを持ってそれを振る。

跳躍は必ずしも顕著ではないが、回転はラーイーの舞に最も重要な要素の一つである。「チャクリー」cakrīは文字どおりチャクラ（輪）のように回転する型であるが、両手を上にあげて、一か所で激しく体を回転させる。「ギルディー」girdīの型においては、手を振って回転しながらすべるように舞い、そのさいガーグラーの裾が円形に舞いあがるのが見ものである。

逆に、優美さを強調するため、クジャクの姿になぞらえる型もいくつかある。これは、たとえば古典舞踊のカタックの場合をも含めて、インドの他の芸能にもよく見られるものであるが、上半身を反らして腰をやや後方に落とし、特徴的で優美なクジャクの歩き方を模す「モールチャール」morcāl、またクジャクが長い首をのばし、まわりを見回すように、首と体をねじるようにする「モールグサン」morghusan などがある。「ウラーン」uḍān は、やや速い太鼓の拍子にあわせて手をクジャクの羽のようにひらひらさせ、ガーグラーの両端を手にして首を回し、クジャクのように激しく小刻みに体をゆするものである。

しかしラーイーの最大の魅力は、ソウバットの叩きだすリズムとベーリニーの踊りとのかけあい tālmel にある。ムリダンギヤーがベーリニーを挑発したり、踊りのリードをとったりすることが多いが、その反対のこともある。ダプラーやティムキー、ドーラクの叩き手たちが踊りに加わることもある。興にのればムリダンギヤーは逆立ちをしたりトンボを切ったりして、観客を大いに沸かす。

このように競演は、ことに「バイタキー」baiṭhakī、「コーン」koṇ、「ダルカチカー」daḍkackā の三つの手によく見てとれる。「バイタキー」では、ムリダンギヤーとベーリニーはともにしゃがみ、体を激しく前後にゆすったり、その姿勢から急に跳躍したりする。「コーン」では、ベーリニーはガーグラーの裾を手にして、広場をすばやく駆けまわる。ムリダンギヤーはそのあとを追い、ときには追い抜いて競走となる。「ダルカチカー」では、双方はともに地面にすわり、やがてゆっくりと足をのばして横たわる。その姿勢のままに、彼らは手も使わずに体の向きを西方に変え、急に立ちあがったりする。

ラーイーは体力の要る演目である。一時の休憩をとり、大麻煙草で一服するためにも、また演技が単調にならぬようにするためにも、ラーイーの合い間には、男たちによる「スワーング」という寸劇が挿入される。芝居と歌、踊りの要素をあわせもったこの寸劇には道化が活躍し、そのときどきの社会や宗教、政治のさまを面白おかしく諷刺する。当然、当夜のパトロンに対しては多少の遠慮もあって、日本でいえば「与太郎もの」のようなあたりさわりのない笑劇《ファールス》が演じられるが、大道の公演であれば、バラモンや有力者たち、ときには神々までもが、揶揄の対象からまぬがれえない。これが大道芸の本質であり、真の魅力であり、また活力なのである。

芸人たちの社会

演技がいかにぴったりと息のあったものであったとしても、ソウバットとベーリニーの出自集団《ジャーティ》は、実はまったく別である。しかも後者の社会的地位は、きわめて低いものと考えられている。(5) ソウバットはそれ自体、特定ジャーティをなしてはおらず、概して中―下層の農民か、床屋《ナーイー》、洗濯屋《ドービー》などの「サービス・ジャーティ」の者のうち、器楽に長《た》けた者からなっているのが実情ではないかと思われる。来日したムリダンギヤーのラームサハーイ自身は「パーンデー」を名のっており、その名からは上層のバラモン階層の出であるかのように見えるが、そうであったとしても、実情はやや「下層」とされる人びとに対する祭司職であって、ラームサハーイの長兄が祭司職についていることから、彼らは本来ならかなり高位のバラモンのみをさすはずの「パーンデー」を名のっているのではないかと想像される。実際、彼自身は、ラーイーの公演による収入のほかは、小形の葉巻ビーリー biḍī の出荷と、畑作および家畜の飼養を生業としており(6)、祭司職ではない。したがって、概して下層の売春婦のように考えられがちなベーリニーと踊る大道芸のバラモン、というイメージのギャップに当惑させられる必要は、必ずしもなさそうである。

さて、ベーリニーの場合も、「舞い手」という職能名ではあっても、これ自体が出自集団《ジャーティ》をなすものでは必ずしもないように思われる。すなわちベーリニーには、概して下層のサービス・ジャーティや、ラングレーズ Raṅgrez（捺染師）のような手工芸ジャーティの人びとも実際に加わっている。(7) しかし彼らは、本来ベーリヤー Beḍiyā・ジャーティに属する者であると自他ともに主張する場合もあって、問題がやや錯綜している。逆に、ベーリヤー・ジャーティのうちでも、捺染に従事する者が「ラングレーズ」とよばれることもあるので、それが職能《カーム》としての名であるか、出自集団《ジャーティ》としてのそれであるかを、場合によって注意深く見わけねばなるまい。

実際、「カースト制」が強いといわれるインドでも、その職能と出自が常に重なるというわけではない。ジャーティを、あたかも両者が重なりあった集団と考えて、それを無批判に「カースト」とよぶようなことには反省が必要であろう。このことは、芸人集団の場合、ことに注意せねばならないことのように思われる。芸人はただその特定の出自集団に生まれ育ち、属しているのみでは成り立たず、その個人的な素質や、手工芸やサービス業の場合よりもさらに特殊な技能の修得と展開、また機会にも恵まれなければならないからである。

一方、逆に、そのような要件を満たしている人が、出自のいかんにかかわらず、ある特定の芸能を修得・参加し、名手とうたわれるにまでいたるようなケースも当然ある。事実このような例は、近年では伝統芸能の場合でも、少しずつ見られるようになってきているようだ。すなわち、このような芸の修得の機会が他ジャーティのメンバーにも少しずつ開かれつつあること、それとも無関係ではないが、ことにその修得がむずかしく、素質にも恵まれていない者の場合、ジャーティとして継承されてきた本来の芸に従事しにくくなってきていること、そしてそれは、マス・メディアの発達してきた昨今においては観客の眼が高くなってきていることと、芸人に対するかつてのような偏見や差別が、少しずつなりとも、大道芸においてすら薄れてきつつあることにも関連している。

このような状況を「近代化」とよぶことには筆者自身抵抗があるが、たとえばかつて、寺院つきの売春婦であるかのようにすら考えられていた南インドのデーヴァダーシー devadāsī が伝えてきたという古い儀礼的舞踊の「バラタナーティヤム」Bharatanāṭyam が、やがて「インドの誇る」古典舞踊として国際的評価を得るようになるにしたがって、むしろ上流家庭の子女が競って修得するような「芸術」に変貌したことを考えてもよい。そして大道芸の場合ですら、たとえばニューデリーの国立音楽芸能研究院 Saṃgīt Nāṭak Akādemī の注目・庇護・指導を受けて首都での公演を行い(8)、インド各地のみならず、海外公演までを行う機会を得つつある集団が増えつつある。このことは、演者にも観客にもその質の向上をうながすことになり、必然的にその修得の機会を、本来の特定ジャーティ外の人びとにも開く（もしくは開かざるをえない）方向に向かいつつあるように思われる。

ベーリニーとベーリヤー

しかしブンデールカンドのラーイーの場合、彼らがはじめて日本で海外公演を行ったこと自体、彼ら自身や彼らをとりまく社会に大きな衝撃であったとはいえ、いまだインドの人びとにもほとんど知られていない、一地方的大道芸にとどまっているという現状がある。(9) ことにベーリニーに対する偏見はいまだ根強く、彼女らの大半が属するベーリヤー・ジャーティは、ラージャスターン地方のカルベーリヤー Kalbeliyā、ベンガル地方のベデ Bede（女性形はベデニ Bedeni）という蛇つかい(10)にも通ずる存在として、概して社会的な差別を受けている。

この問題は、これ自体が綿密な考察を要する大きな課題であるが、ここではブンデールカンド、ことに来日公演を行ったサーガル市近郊の、ベーリヤー・ジャーティに属するベーリニーの場合を、より具体的に見ておこう。

彼らの場合、男たちの主たる生業は、零細な畑作やビーリー（巻煙草）つくり、酒つくりなどであって、必然、女性たちのベーリニーとしての収入に大きく依存せざるをえない。ほとんどの家ではその家族のうちからベーリニーを一人出しており、彼女による収入は、大きな期待のよせられるところである。しかし、男たちの収入源は、概してヒンドゥー社会ではあまり芳しいこととは考えられていない飲酒や喫煙とかかわることであり[11]、また人前で派手に踊り回るベーリニーを生みだし、彼女らを主たる収入源としているベーリヤー社会は、貧しさのゆえもあるとはいえ、差別の対象からまぬがれてはいない。ことに、女性が人前に姿を現すことすら嫌うパルダー pardā（英語にいう "purdah"）制度の価値観からすれば、素面で媚びを売るようなラーイーの踊りは、決して良家の子女の行うものではありえない。

　このこととも関連して、ラーイーの演者とともに来日し、同時に公演を行ったラージャスターン地方の大道の絵語り芸においては、女性の語り手たるボーピー Bhopī が決して顔を現さず、深くサリーの裾を頭から被ったままで、踊りどころか身動きすらほとんどしなかったのが印象的である[12]。この芸で踊りがつくときは、常に女装の男性によるのであり、各地に伝わる伝統的村芝居や芸能においても、女形が出演するのが常である。ラーイーですら、寸劇の「スワーング」には女形が登場する。

　さて、当然のことながら、ベーリヤー・ジャーティの女性たちのすべてが、常にベーリニーになるわけではない。すなわち、芸人ではない家筋の普通の主婦となったり、またベーリニーの場合でも、芸人やそうでない家に嫁して、その妻として身を持すこともある。しかし、それでも多くの場合、ベーリニーは、裕福な男性を庇護者《パトロン》として、その妾のような存在となっている。ことに未婚のベーリニーを囲う者は、かつては彼女の頭の先から爪先までを金銀の装身具で飾りたて、自分の土地や財産も、ベーリニーの名義にしたものだと伝えられている。

　ベーリニーの夫は、ときにはその妻までをも他者の囲い者とすることを容認する場合がある。ひとえにそれは、ベーリニーの稼ぎが彼らにとって重要な意味をもつからであるが、一方ベーリニーは夫によくつくし、ラーイーを演ずるときや、他の男性と関係をもつときも、必ず夫の許可を得、その〝要請〟に従ってそうするという。また夫の死後は、未亡人としてすごすともいわれているが、ことさらベーリニーを貞女にしたてあげる神話を増幅する必要はない。

ともかくベーリニーをかかえるベーリヤー社会にあっては、娘や妹、あるいはときにはその妻までもが多くの収入を得るためには、裕福な庇護者に囲われることはかえって都合のよいことである。しかし、自社会のうちに恰好の結婚相手を見つけようとしても、かえってそれはむずかしい。嫁に高額の持参金《ダウリー》を要求するのが普通であるヒンドゥー社会の通例とは異なり、彼らの場合は聟側のほうで、かなりの額の婚資金 jahez/dahez を用意せねばならないからである。

このように、ベーリニーは経済上も優位にあるために、その名や財産を、母系制のように、母方を通じて継承させることも多い。ことにベーリニーの家に女児が出生すると、芸を継ぎ、稼ぎ手となる子供が生まれたとしてそれを喜び、たいして役にも立たない男児が生まれてもあまり喜ばないというのも、一般的なヒンドゥー社会の常とは異なっている。しかし彼女らは、体型がくずれ、美貌が損われることを嫌って、一人か二人しか子供を生まないともいう。

このようなことから、えてしてベーリニーは売春婦のようなイメージで見られ、その夫や父兄はヒモのような存在と考えられがちであるが、一方では、彼女らに対するきわめてロマンティックなイメージもある。差別される一方で、一種の畏怖やあこがれのようなものがつきまとうのも、大道芸の一つの特質かもしれないが、ベーリニーに関する一つの伝説を、ここで紹介しておこう(13)。

これは歴史学上も興味深いものであるが、サーガル市の北方約一〇キロ、ジャーンシー・ロード沿いに、ラージ・ゴンド民族出身のダーンギー一族の王、ジャヤシンハの建てた宮殿の廃墟がいまも遺っている。

ガルパハラー（城山）とよばれるこの地は、やがて十六世紀に王族がサーガルに都を移す以前の都であったところであるが、かつて王国が栄えていたころ、王は寵愛する一人のベーリニーに、谷へ渡した一本の綱を無事に渡りきったならば、妃にしてやると約束した。

喜んだベーリニーは、籠を吊り、谷を渡りはじめた。いまも谷を見下ろす位置にあるシーシュ・マハル（鏡の間）から、王はその一部始終を好ましげに見ていた。ところが彼女が谷を渡りきろうとしたちょうどそのとき、嫉妬に駆られた正妻の王妃はその命綱を切り、ベーリニーは深い谷底に落ちていった。

目前で最愛のベーリニーを失った王は、怒りのあまり、王妃を生き埋めにしてしまった（――それでもこうした民間伝承の常として、殺された王妃のほうに同情する者は誰もいない）。

この谷底には、モーティーターールという名の小さな湖があって、その傍らには、いまも一つの古い墓が遺されている。それは、人びとによれば、そのときのベーリニーの墓であるという。

ラーイーの今後

かつてラーイーは、全ブンデールカンドの地に広く行われていた。差別されつつも、それでもブンデーリーの心の拠りどころであり、不可欠の娯楽であったラーイーは、当然ジャーンシーやチャタルプルのような、かつてのブンデールカンドの中心地にも盛んであったはずであるが、これらのガンガー＝ヤムナー平原部により近い地方一帯は、かえってその地域的文化の影を薄め、むしろ荒涼とした、標高四〇〇―五〇〇メートルの不毛な中部インドの山地に連なる、かつてのブンデールカンドからすればやや辺境の南縁に遺るのみとなっている。

すなわちラーイーは、ダモーフにも見られるが今日その中心地はもっぱらサーガルとその周辺であり、ムリダング奏者として、あるいはベーリニーとして名を知られる者のうち、ほとんどがサーガル県内の出身者である。ラームサハーイ・パーンデーも、サーガルの南東二〇キロあまりのところにあるカネーラー・デーオ村の出であり、そのほかカマリヤー村のカプーレー・セート、モーカルマウー村のグルザール・スィンフ、ベートワーラー村のプラフラード・スィンフなどの名がよく知られている。彼らはサーガルのほか、ティーカムガル、チャタルプル、サトナー、もしくはより南方のホーシャンガーバード、ヴィディシャー、ナルシンフプル、ジャバルプルなどにもよく呼ばれて公演を行っており、近年ではデリー、ボンベイ（ムンバイー）、あるいはグジャラート州などでも公演を行うようになってきた。

彼らの伴うベーリニーの出身地としては、ハウラー、ファテープルなどの村の名も知られているが、やはりサーガル市の西南西、サーガル＝ボーパール道に面しているパタリヤー村のベーリニーが最も正統的な芸を伝えており、上手であるとの評が確立している。来日公演を行った二人のベーリニーも、このパタリヤー村の出身であった。

同村は人口六〇〇―七〇〇人程度の小村であるが、その多くがベーリヤー・ジャーティに属していることもあって、人口の一割近い六〇人ものベーリニーがいるといわれている。しかしその現役は、近年では四〇人を割っているともされており、老齢化による引退のみならず、若手のベーリニーが数少なくなっているのが実情である。来日したベーリニー、チャンドラーワティー（当時二九歳）も、その一〇歳になる娘は、もうベーリニーにはしたくないと語っていた。理由は、やはり彼女らの受けてきた差別である。

ラーイーが次第に注目を集めるようになり、公演の数が増えるにしたがって、一方ではこのような、実際の担い手が急速に減少しているという実情がある。マッディヤ・プラデーシュ州政府、あるいはサーガル市の原住民族芸術協会 Ādivāsī Lok Kalā Pariṣad などが熱心にその保護につとめ、また対外的なＰＲを行おうとするほどに、かえってそのむずかしさが露呈しているようでもある。ある意味で、芸能に「保護」や「保存」が叫ばれるようになるならば、すでにそれは手遅れの時期にいたっていることを意味するのかもしれない。

ともかく、このようなPRの言には、常にラーイーの芸の伝統的正統性と、その品位ある美しい力強さが強調されている。ラーイーにとっての最大の脅威は当然、映画やビデオ産業を典型とする新しい娯楽の形式や、何よりもこのような古い芸に関心をもたなくなってきた近年の急激な社会経済的変化であろうが、関係者たちは、むしろラーイーまがいの〝品のない〟芸人たちの歌や踊りを、より直接的な〝敵〟として警戒しているようである［Manoj n.d.］。

すなわちマノージュは、本来は北インド一帯の村芝居の一形式であった「ナウタンキー」［Gargi 1966；*et al.*］の女性の踊り手、ナチナーリー nacnārī の「でたらめな踊り方、腰を振ったり好き勝手に体を動かす、当世ふうのいかがわしい媚態」、そしてまた、結婚式やまつりのさいによくよばれる半陰陽の芸人集団ヒジュラー hijṛā［Nanda 1990；大谷 一九八四、石川 一九九五］がラーイーにとっての大きな脅威であり、打撃であることを、ことさらに強調している。一方のラーイーの真の魅力は、「不躾な観衆の不作法にも感情を抑え、やさしい声でラーイーの歌のうちにそれを皮肉り、彼を恥じいらせるような、はにかみをもった品位」にこそあるというが、ラーイーに対する弁護の言はともかく、非難されている側の大道諸芸の魅力にも、少々は弁護されてよいような側面があるような気もする。

なぜなら、その非難されている資質こそが、実は常に、真に生き生きとした力強い民衆芸の特質だったのであり、あまりにそこに「正統性」や「品位」、もしくは歴史的・伝統的な理論の枠における整合性を与えるならば、それは、本来民衆芸のもつ本質的な魅力を殺《そ》ぐことになるだろうからである。

もしかすると、筆者自身、ラーイーについてこのように多言をつらねすぎたこと自体が、せっかくのラーイーをつまらないものにしてしまったのではないかと恐れる。それでも筆者は、一部の（日本の識者の）意見にもあるように、大道芸の理解には知識や学問的考究は不要であり、かえって邪魔になるとは、必ずしも考えていない。むろん「学問的」見地のみがその魅力を明らかにするものではありえないのと同様、きわめて感覚的な接近のみを可とする「正しい見方」の限定は、おそらくは「学者の立場」とともに、やはり問題があるといわねばならない。

このような問題は、民衆文化を対象とするかぎり、今後も頭を悩ましつづける課題となるにちがいないが、それでも彼らのほうは、まったく意にも介さず、ちゃっかりと、かつしたたかに、たくましく生きつづけていくに相違ない。それこそが、大道芸の生命なのであろう。ラームサハーイにはじめて会ったときの、筆者に対するやや媚びをふくんだ満面の「笑み」の意味が、いま少し、わかりかけてきたように思う。

チトラカティー――南西インド・最後の絵語り

異界の音・世俗の声

何ともふしぎな音であった。蚊のなくようなかぼそい音でありながら、宇宙のすみずみにまで浸みとおるような音である。ワーンとも、ズーンとも、形容しがたい。ピッチもあるようでいてなく、まったくつかみどころがない。

マハーラーシュトラ州とはいえもうゴアとの境に近い南西端の小村、ピングリー Piṅgulī から来たという影絵人形師の老人の手には、ワーティー vātī もしくはスワラ svara、ワータワーディヤ vātavādia などともよばれる見慣れない楽器があった。ひざの上には逆さに置いた径二五センチほどの真鍮の盆があり、その一点に、七〇センチほどの長さの細い葦の茎が蜜蠟で固定されている。それを彼が右手で上から下になで廻すようにすると、あのふしぎな音が、通奏低音《ドローン》のように持続して鳴りわたるのである。

むろん真鍮の盆が、一種の共鳴箱の役割を果たしているのはわかる。しかし単なる一本の葦が、これほどの音をだすのはやや信じがたいほどであった。

楽器ワーティーは、その特異な絵の様式から最近は比較的よく知られるようになってきた絵語り、すなわち「チトラカティー」Citrakaṭhī にも使われることがあるが、より特徴的にそれが用いられるのは、マハーラーシュトラの影絵芝居でのことであるという。「チャムディヤーチャ・バフリヤー」

Camdyāca-bahulyā とよばれる、いまではやはりピングリーのみに伝わるこの影絵芝居については、七〇年代まではその存在すらがほとんど知られていなかったが、そのころバンガロール市で行われた影絵芝居の競演に、ラクシュマン・マースゲー Lakṣman Māsge という一人の老人が、二、三百年はたっているという古い影絵人形をもちだして『ラーマーヤナ』の中の「シーター・ハラナ」、すなわちシーターの誘拐の場を演じたことが人形芝居研究家のメヘル・コントラクター女史らの目にとまり、反響を呼んだのである [Contractor 1984 ; Pani 1986 ; コントラクター 一九八九]。

国際人形劇連盟「ウニマ」の総会がはじめて日本で——すなわちアジアではじめて開かれた一九八八年夏、セミナーの講演の中でも、女史はこのことについてふれた。スライドとテープを通してではあれ、あのワーティーのふしぎな形状と音を伴う影絵芝居に接した私は、ラージャスターンの糸操り人形「カト・プトリ」Kath-putlī に用いられるピープリー pīplī という小さなリード楽器のことを思い出していた。カト・プトリには、テンポの速い音楽のほかは人形のセリフはなく、操り手が口にくわえたピープリーがピイピイと鳴るばかりであった。そのさい、このピープリーの音は、神々や古代の英雄が活躍する場における異界の音であるとの説明をうけたが、このワーティーの音も、まさにこのような異界の音ではなかったろうか。

ワーティーを奏でる老人 [Pani]

コントラクター女史は質疑応答の中で、基本的に私の意見に賛同しながらも、ピープリーの場合はより音声に近く、セリフのかわりをもなすものであったろうと指摘した。人形師がセリフそのものを語らぬ伝統は、おそらくはその文言が、ムガル朝下にあって、統治者や役人に聞きとられないように、とのことであったろうという。たしかに、ピーココ、キーココとせわしなく鳴るピープリーの音は、本来のセリフのシラブルに一致したものであったかもしれない。人はその音によって、本来のセリフをある程度復元しながら筋を追ったかもしれないのである。

民衆社会に基盤を置く放浪芸の本質の一つとして、そこには反権力という社会的特徴もあった。笑いという武器によって、みずからとははるかに遠い雲の上のもう一つの異界を茶化し、みずからの次元にひきずり降ろし、あるいはかえって異化する形とする術を、彼らはよく知っていた。

しかし一方では彼らは、その放浪という性格において、権力自体と結びつくという二面性をももっていた。ピングリーの芸人集団タッカル Thakkar が、まさにそのような一例である。村から村へと巡る彼らは、さまざまな情報を収集し、またオルグして廻ることもできる一種のスパイ（ときには二重スパイ）としても、その役割を果たしえた。このようなスパイの重要な役割は古来カウティリヤの『アルタシャーストラ（実利論）』［カウティリヤ　一九八四］などにもしばしば説かれるところであったし、四—五世紀グプタ朝期の成立と考えられる戯曲、ヴィシャーカダッタの『ムドラーラークシャサ（羅刹と印章）』*Mudrārākṣasa*［Kare (tr.) 1965］にも、放浪の絵師がマウリヤ朝の宰相チャーナキヤのもとに、各地の情報を秘かに報告するようすが見てとれる。

そして実際、マハーラーシュトラの絵語り師の集団であるタッカルは、その絵語りチトラカティーや操り人形芝居、影絵芝居をかかえて村々を巡りつつ、さまざまな情報を十八世紀のマラータ諸侯に提供していたという。むしろ彼らが諸侯からうけていた庇護には、このようなやや〃不純〃な要素も含まれていたのかもしれない。

たつきとは、そのようなものでもあろう。しかし彼らは、お上と民衆、この世とあの世、現実界と異界、聖と俗あるいは穢れ、などというさまざまな境界にまたがる者として、待ちこがれられると同時に恐れられた存在、という両面を合わせもっていた。それでも彼らの芸は、かえってこのような両界にまたがる周縁性においてこそ、真の力をもつものであったろう。

絵語りの伝統

インドには古くから絵語り《チトラカター》 citrakaṭhā の伝統があった。どのような形のものであれ、絵を見せながらその内容を歌によって語るもので、初期の段階では布教の一手段でもあったろうが、主として『ラーマーヤナ』や『マハーバーラタ』のような叙事詩、また古譚集プラーナ類に基づくヒンドゥー神話を主題としつつ、人びとを楽しませるための芸能の一形態として発達をとげた［小西 一九八五 f、Mair 1988；Sharma 1994］。そのいくつかは、たとえばベンガル地方の絵師ポトゥア Paṭuā がみずから描き、歌によって絵語りをするポト paṭ、ラージャスターン地方の絵語り師ボーパ Bhopa とその絵パド phaḍ、そして先にもふれたマハーラーシュトラのタッカルによるチトラカティーなどのような形で、今日に伝わっている。

上記の三つはまた、その語り絵《カターチトラ》 kaṭhācitra の形式において、それぞれ特徴的に異なっている。ベンガルのポトは通常縦長の絵巻形式であり、ラージャスターンのパドは大形の横巻式絵巻形式、そしてチトラカティーに用いる絵は紙芝居形式、すなわち物語りの各場面を絵に描き、それを裏表に貼りあわせたものをセットにして、次々と繰っていく形をとる。このうち、縦長の絵巻形式のものは、後述するようにグジャラートやアーンドラ・プラデーシュなど、他地にもあることが最近になってわかってきた。

さて、ポトゥアのポトとチトラカティーの絵は紙に描いたものであるが、ラージャスターンのパドは布

ピングリーのチトラカティー［Varadpande］

に絵を描いており、儀礼性が強い点からしても、その起源がとりわけ古いことがうかがえる。インドにおいて紙は、十四—十五世紀以前は決して一般的なものではなかったからである［小西 一九八五ｈ］。ポトのような絵巻形式であれば、紙の導入以前にも布に描いた可能性もあるが、紙芝居形式となると、板に描く可能性もあるにしても、紙が用いられるようになってから、と考えるほうが自然であろう(1)。

その点からすると、各場面が別絵仕立てという形式の上で紙芝居には近いが、木の箱にいくつもの絵扉がついていて、それを開けたり閉めたりしていくことで絵語りが展開していくというラージャスターンのカヴァドKavadは、おそらくは起源もより古いだろうし、そもそもその発想が面白い。その主題は当然神話で、どの扉を開ければ次の絵が、そしてどの扉を閉めてまた開ければ次の絵が出てくるかというからくり状の意外性が、見る人を飽きさせないのである。

絵とその語りが、物理的にも次第に箱の中心部にせまり、いよいよ最後になると、救済神ないしは因縁譚の中心をなすべき神像《ムールティ》が、箱の最奥に出現する。双六でいえばこれが一種の「上り」であるが、宗教的内容のものであるからには、話と絵とからくりのいっぱいに詰まったこの箱全体が、持ち運びのできる寺院《マンディル》、すなわち厨子であることを確認することとなる。人びとは、いやが上にも金品を、絵語り師を通じて、神々に寄進することになる――むろんそれは、芸人たる絵語り師のふところに収まるのであるが。

カヴァドを操る彼らもまた、パドを絵語りする一群の人びとと同様に、ボーパとよばれている。ボーパにはさまざまなグループがあって、なかには絵語りのみならず、悪魔払いをしたり、神の託宣をきくシャーマニスティックな性格をもつ者もいて複雑であるが［三尾 一九九五］、カヴァドで絵語りをするボーパは、一段と格が高いように考えられている。それもまた、カヴァドのもつ宗教性によるのであろうか。

しかし音楽の面からみると、パドのボーパのほうが、ラーヴァナハッタ rāvanahatta とよばれる一種のフィドルにあわせた交唱歌形式においてよりすぐれたものをもっており、カヴァドのボーパは、両面太鼓のドーラクにあわせて歌語りをするのみ、と比較的単純である。それでもその服装をみると、パドのボーパはいかにも芸人ふうのいでたちであるのに対し、カヴァドのボーパは、一種行者ふうのようすでもある［Smithsonian Inst. 1986］。実際オリッサやアーンドラ・ブラデーシュなどでも、このようなイラスト付きの厨子をもち歩き、神話を語ってまわる僧がいて、彼らは必ずしも〝芸人〟とは考えられていない。

昨今インドの教育者たちや行政官は、このからくりに満ちたカヴァドの魅力に目をつけ、教育的な物語りや、村の生活向上を訴えるメディアとして、それを用いることを試みだした［Parmar 1975］。このような目的のために、日本でもよく紙芝居が用いられるが、これはそれと同じ発想である。ただし、形式上も、カヴァドのほうが単純な紙芝居よりすぐれている。この点に関し、やはり「ウニマ」（国際人形劇連盟）の総会の関連行事として、一九八八年夏、日本の人形劇団が新宿のデパートでカヴァド形式の「モモタロウ」を見せていたのには一驚した。

このように、伝統的な絵語りの世界も変転が激しいが、本来それは密接に宗教とかかわり、教義や神話を民衆のあいだに広め、かつ思いおこさせるために、民画を用い、歌や楽器を用い、やさしい語りを交ぜて、より娯楽的な要素を盛りこんでいったのである。すなわちそれは、宗教・文学・美術・音楽・舞踊・芸能などのあらゆるジャンルにもまたがり、それらが混然一体となった民衆世界のうちに成りたってきた。

その一つ一つのジャンルのスタンダードからすれば、その水準は決して高いものではなかったかもしれない。しかしこの絵語りの魅力は、どのジャンルからもはみ出し、逆にどのジャンルにもかかわる、その周縁的な混沌にこそあったといえるであろう。

ピングリーの絵語り

もう一方のジャンルの混淆は、絵語り師たちの伝える芸能の様態そのものにも見られる。先にもふれたように、ピングリーのタッカル集団《ジャーティ》は、絵語りのチトラカティーのほかに、影絵芝居や操り人形をもそのたつきとしていた。そのいずれをも演ずることのできる人びとが、かつてはここにいた。

影絵芝居の「チャムディヤーチャ・バフリヤー」は、四本の竹を立て、三方を布で覆っただけの簡単なステージで演じられる［Contractor 1984：コントラクター 一九八九］。前面の地上から一メートル弱のところから上だけが薄い綿布（腰布《ドーティ》を用いる）となっていて、うしろから油を入れたランプで影絵人形を照らした。演者は、独りでこの二平方メートルもない場に座り、下から人形を支えて動かしながら筋を歌語りするのである。伴奏は先述のワーティーのほか、ドーラク（太鼓）とマンジーラー（一組となった小型の鉦）のみで、(2) 彼らは舞台の外に座る。

皮製の人形は彩色されており、その外形や穿孔による細かなデザインもみごとなものであるが、高さは二〇センチ前後と小さく、手足も動かない。支柱は当然一本で、動きや情景は、ひとえに操り手の微妙な手の動きや歌語りにかかっている。

その点、木製操り人形芝居の「カラースートリー・バフリヤー」Kalāsūtrī-bahulyā の場合は、別糸で操られる人形の手も二本あって、上下左右にリズミカルにゆれる分だけ、動きも大きい。それでも、本体を吊る頭のところの糸とあわせて三本の糸は、操り手の指にからませているのみで支えのプロップは用いず、胴部も長い衣装のみで足がない点も、ラージャスターンの「カト・プトリ」や、オリッサの「サーキー・クンデイ」Sākhī-kundei のような比較的古式のものと同類である。ただし音楽はより単純で、ピングリーの影絵の場合にほぼ等しい。

とはいえこれらの影絵も操りも、今日ではほとんどやる人がいなくなってしまった。一九七〇年代の調査では、ピングリーでは影絵人形つかいが二戸、操り人形つかいが四戸、そしてチトラカティー絵語り師が二〇戸ほども居たようであるが [Stache-Rosen 1985]、今日では影絵・操りとも各一戸、チトラカティーのほうも数戸、という現状となってしまっているようである。

それでもまだ、絵語りのほうがこのマス・メディアの時代にもかかわらず多少とも遺っているのは、本来は絵師でもあった彼らタッカル集団《ジャーティ》において、かつて各戸は必ず絵を描きつづけることが義務づけられており、そうしない者はカースト規制の違反者として罰金が課せられるほどであった[3]ことによるのであろう。

一九〇一年の時点では、ナースィクに七五七戸、ターナー(ターネー)、プーナ(プネー)、サターラーにそれぞれ数戸のチトラカティーがいたといわれる [Enthoven 1920]。しかしこれらの地には、もはや絵を描いたり絵語りを行う者はいまでは誰もおらず、それよりはるか南西の、ラトナギリ県クダール郡《タールカ》のピングリー村に数戸の芸人を遺すのみである。彼らは現在、このような絵を七一組伝えているというが、大半は保存状態が悪く、絵語り上演に用いるにたえうるものは、そのうちの二八組ほどであるという。古いものは二五〇年はたっているといわれ、比較的新しいものでも六〇―七〇年も前のものである。その様式が、大別しても四種ほどが見わけられることから、絵師が同一地方、同一ジャーティに属するものであったとは思われない上、やや新しいものでも、誰が描いたものか、すでにわからなくなってしまっている。少なくとも今日のチトラカティーが絵を描くことは、まったくしていない。

その衰退の原因には、むろん今日の映画産業やテレビなどのマスメディアの発達があげられるが、神話をテーマとしたその主題が現代にそぐわない、というわけでは決してない。むしろ映画やテレビでは、国際的にも有名な監督を含めて、好んで神話をとりあげることもインドでは多いのである。だからそれはなおのこと、昔ながらの絵語りにとっての二重の脅威となるのも事実であるが。

より直接的な痛手として、かつて領主諸侯や大土地所有の富裕層などから得ていた庇護が失われたことをむしろあげるべきであろう。ピングリーの場合、芸人集団のタッカルは、かつてはラージャスターンの士族（クシャトリヤ）であって、南下するにあたり、マラータ王国の創立者シヴァージー（一六二七―八〇）の間諜役として雇われたと自称する［Stache-Rosen 1985］。しかし、彼らとてもやはり本来は芸人であって、スパイをしたとしても、それは本業に伴う二次的なものにすぎなかったのではなかろうか。むしろ彼らは、アウランガーバードの北東のサヒヤードリー高地ないしはその南方のパイターンあたりを故地とし、やや西に向かってはナースィク、あるいはそのままほぼ南へ、プネー、サターラー、コールハープルをへてこの地にいたったと考えるほうが、その方言形態や社会関係、あるいは彼らが守護神としている地方神などからみて蓋然性に富む［Sadwelkar 1982 ; Jayakar 1980］。

彼らは、ピングリーから二〇キロほど南、もうゴアにも近いサワントワーディーに本拠を置く藩主、ジャヤラーム・サワント（一七三八—五二在位）に庇護を求めたというが、彼らはそのほかにも富裕な貴族や大地主をもパトロンとし、その家に呼ばれて演じたり、定期市やまつりのさいなどに人を集めて絵語りを演じていた。しかし、やがてパトロンの凋落に伴って、彼らはその機会を失っていった。それでも昨今は、国立音楽芸能研究院《サンギート・ナータク・アカデミー》などからの鼓舞もあって、ふたたび注目されるきざしもでてきた。同院には記録映画のほか、スライド・テープなどの資料が多量に作製・保管されていて、その芸能資料はデリーでも実見できる。本稿もまた、同機関の多大な助力に負っている。

ピングリーの語り絵

さて、七五戸ほどからなるピングリー村はさらに一二の居住区《ワーディー》に分かれており、その一つであるグディワーディー Gudhivādī に、タッカル集団《ジャーティ》はかたまりあって住んでいる。絵語りを行うのはそのうちの数戸にすぎないが、そのなかでも絵語りが実際に行えるのは、各戸一人というのが実情である。ナーチャ nāca とよばれる彼らは、ドローン弦楽器である三弦のタンブーラ、あるいは一弦のトゥントゥニ tuṇṭuṇi を手にして歌い、他の数人が影絵や操り人形の場合とほぼ同様の楽器、すなわち両面太鼓のムリダング、あるいはときにはオルガン状のハルモニウムなどで伴奏をする。そのうちの一人（マンジーラーか、フドゥク huḍuk とよばれる小鼓の奏者）は、ナーチャの語りかけに対して応え、あいづちをうつ役割の、ナーヤク nāyak でもある。

その演目は演者によって異なり、それはどのような語り絵のセット（ポティー poṭhī）が演者の家に伝わっているかによる。このことは、影絵や操り人形の場合にもいえることで、総じてそれぞれのジャンルにおいて別々の物語りが伝えられている結果となっているが、もし同じ物語りであれば、絵語りの内容は、ジャンルを問わず同様のものであるという。

さて、ポティーとよばれる語り絵のセットは、それぞれが風呂敷《ルーマール》状の布に包まれている。絵そのものは二五×三八センチほどの横長の長方形のもので、二枚を一組として裏表に貼りあわされたものが、さらに三〇—五〇枚（六〇—一〇〇景）組みあわされて、一ポティーをなしている。なかには一〇枚（二〇景）ほどの短いものもあり、また長いものであっても、そのうちの一エピソードを抜き出して語ることが可能である。一景あたりの歌語りの時間は一、二分であるから、六〇—一〇〇景のように長いものであれば優に二、三時間かそれ以上かかることになるが、このように状況に応じて時間を短縮したり延ばしたりすることは、ある程度自在である。

ただし、演技は常にガネーシャ神と、その裏に描かれているサラスヴァティー女神の絵を示しつつ行われる、祈りの歌から始められねばならない。ガネーシャはあらゆる障害を除去する者として、インドではほとんどの芸能が同神の拝礼から始められるし、弁才天サラスヴァティーは、いうまでもなく技芸そのものを司る女神である。

語り絵の主題は、古代叙事詩の『ラーマーヤナ』や『マハーバーラタ』またヒンドゥー古譚のプラーナ類であるが、概して十七、八世紀以降にマラータ領内に発達した地域的翻案《ヴァージョン》や民衆の口頭伝承をもとにしており、サンスクリット古典の伝統と、ときに大きく異なる。それは、これらの絵の技法が、古典的なものには見られぬ奔放な民画の伝統に根ざしていることと軌を一にしている。

これらの一群の絵がはじめて多量に発見されたのは、一九六〇年初頭、ゴーダーワリー川上流のパイターン Paiṭhān においてのことであった。プネーのラージャー・ディンカル・ケールカルはその力強い絵の

（上） パイターン画の「ラーマーヤナ・ポティー」より，ラーマによる黄金の鹿の殺害　本来はその場にいないはずのシーター姫も後ろに描かれている［Jain-Neubauer n.d.］
（下） ピングリーの語り絵より，「スワヤンバラ・ポティー」 ラーマとシーターの結婚式に駆けつける神々．やや古典的な細密画の筆致が見られる［Sadwelkar 1982］

魅力に打たれ、これまでに八〇〇点ほどを収集しているが、はじめはその用途もわからず、漠然と「パイターン画」、もしくはパイターンの古名をとって「プラティシュターナ Pratiṣṭhāna 派」などとよびならわしていた［Chinmulgund 1963 ; E. Ray 1978 ; Dwivedi 1978］。しかし、次第にその発見例が増え、マハーラーシュトラの各地において、かつてある程度の地域性をもって描かれていたことや、ピングリーのように、いまだそれが生きて用いられていることがわかってくるにつれて、この名称そのものが見直されるようになってきた。少なくともそれは、狭義のパイターン地方に限られるものではなく、また本質的にそれは、鑑賞画ではなく絵語り《チトラカター》のための語り絵《カターチトラ》であったことがいまでは明らかとなっている。

したがって、かねてパイターン画とよばれてきたものは、広くマハーラーシュトラ全域に見られ、かつ今後はカルナータカやアーンドラ地方の一部にも明らかになる可能性をもつ「チトラカティー画」として総称されるべきであり、(4)その上で、パイターン地方に特徴的なもののみを狭義のパイターン画、ピングリーのものはピングリー画などとよぶべきであろう。さらに各地方の絵は、それぞれの特徴を明確にもちつつ、なお細かい点で、いくつかの相違により細分が可能である。(5)それが描き手の家筋《ジャーティ》によるのか、時代がちがうのかは今後なお詳細に検討されねばならないが、いまはまず、狭義のパイターン画と、ピングリー画に見られるそれぞれの特徴を大づかみにしておくにとどめよう。

まずパイターン画に最も顕著な特徴は、その絵の構成である。人物や動物を中心とした情景は黒く太いアウトラインによって縁どられ、その間隙は、空間恐怖《ホラー・ヴァキュイ》のように、建物の一部や樹木、花、そして必ずしも意味のない装飾文でもってほぼ埋めつくされている。それに対しピングリーのほうは、ときにはクロッキーのような速い描線に達者な筆づかいを見ることができ、アウトライン（もしくは下描き）をなぞることをしていない。背景には建物の一部が描かれる様式の一群のものもあるが、概して背景はブランクの

眼の表現——武将の場合　左よりパド，ピングリー画，パイターン画，アーンドラの影絵，カルナータカの影絵［小西原図］

ままに残されている。

最も目を引く特徴は、人物や動物の顔の表現、ことにその眼球の表現である。どちらの場合も、人物は横向きが主で、[6]肩と眼球のみは正面を向く典型的な古拙《アルカイク》な表現をとっているが、パイターン画にみる眼球はまん丸で黒眼を中心に描き、その左右端に小さな三角形を描いて眼の表現としている。そのため、眼全体が前に突出しているような印象をすらうけ、力強い。それに対しピングリー画では、眼は魚のような流線型をなし、二重まぶたの表現とともに、その印象はより自然で優しい。その黒い眼球は正面を向くようにほぼ真中に描かれ、古典的細密画の横向きの顔のように顔の向く方向に必ずしも寄せず、全体の構成の上では類似点がありながらも、ラージャスターンのパドの顔のような、上目づかいの眼球表現はとらない。ただし額部を大きくとり、高い鼻線に一気につなげて、急速に、小さく固い唇と顎に終熄する描線には共通点もある。

その色づかいにも特徴がある。どちらも天然顔料を用いながらも、パイターン画の色は、赤・青・緑・黄・橙・黒などほぼ原色のままに大胆に用いている一方、ピングリー画はその用いる色もやや少なく、やわらかい暖色系でまとめあげる傾向が強い。総じて後者のほうが、やや自然に近い分だけ迫力に欠ける。

またパイターン画のこの迫力に富む様式は、アーンドラ地方の影絵芝居、「トール・ボンマラータ」Thōlu-bommalāṭa の人形の表現に近いことがつとに指摘されてきた。しかし、地域上もそれ以上に近い、南に隣接するカルナータカ地方の影絵芝居、「トガル・ゴンベイヤータ」Togalu-gombeyāṭṭa の人形表現との類似にも注目が必要であろう。たしかに後者の場合のような、ときに横向きの顔に丸い眼球を二つも描きこむ（ピカソの絵のような）いっそう強烈な迫力には欠けるが、ことにパイターン画の魅力は、このような深くて広い民衆文化の力に共通の根を降ろしていることに由来しているともいえる。

影絵芝居の歴史的系譜についても議論が多い。一般にアーンドラのものが最も起源が古く、カルナータカのものは、タミルナードゥのそれとともにその流れの一部のように考えられているが、パイターン画はともかく、マハーラーシュトラやいっそう南のケーララの影絵人形の諸形式、そしてピングリー画の表現が、アーンドラのそれとやや異なるのはどのように理解すべきだろうか。

またピングリー画の表現の一部は、その構成上、ラージャスターンのパドに共通する。一方で、カルナータカ州最中央部のハンピにみられる、十五―十六世紀のレーパークシー、パンパーパッティなどの諸寺の壁画表現に近いものがあるという指摘［Jain-Neubauer n.d.; Stache-Rosen 1985; Jayakar 1980; *et al.*］も気になる。それはまた、十四世紀以前のヤーダヴァ、ホイサラ、カーカティーヤなどの諸朝や、以降十六世紀にいたるバフマニー、ヴィジャヤナガルなど、デカン西半における政治権力の展開とも無関係ではあるまい。政情の問題のみならず、ともにジャンルを分かちがたい民衆文学・美術・芸能にたずさわる人びとは、諸侯の庇護や安定した人びとのくらしをその基盤としてきたからである。それらは彼らの擁する力であるとともに、一つの限界でもあった。

語り絵の主題と概要

人びとはこのような語り絵を通じて、どのような物語りに耳を傾けたのであろうか。概してそれは、二大叙事詩やプラーナ類に範をとりながらも、古典伝統のそれではなく、比較的近世になって成立した地域的翻案《ヴァージョン》や、民衆の伝承に基づくものであったことはすでに述べた。その語りの言葉もローカルなマラーティー語で、ピングリーの場合には、コンカニー語もかなり混在している。

さて、パイターンの場合もピングリーの場合も、現存している語り絵のポティーからある程度その内容が復元できるが、その限りにおいてその内容をみると、レパートリーにもやや地域性（またおそらくは家筋の差）があったことがわかる。たとえばパイターン画では、「バブルーヴァーハナ」Babhrūvāhana、すなわちアルジュナ(7)の息子が伯父ユディシュティラの執行した馬祀祭の馬をめぐって戦をいどみ、士族《クシャトリヤ》の誇りゆえに父アルジュナを殺してしまう長い物語りが各様に絵語りされていたのに対して、この例はピングリーでは知られていない。また修行者ヴィシュヴァーミトラに対する誓いをまもり、王国や妻子、はては自分をも布施してしまった結果、さまよって火葬場にまで糧を探すことになった聖王ハリシュチャンドラ物語も、ピングリーでは語られない。逆にピングリーにはあっても、パイターンには見られない話もいくつかある。ここでピングリーでのレパートリーを大別し、その概略を述べれば、以下のごとくである。(8)

A 『ラーマーヤナ』系列

「バーラ・カーンダ」――ラーマ王子の少年時代の物語り。

「シーター・スワヤンバラ」――シーター姫の誕生からラーマ王子との結婚まで。シーターが得られず、かつラーマからひどい侮辱を受けたラーヴァナの怒りと恨みに焦点をあてた重要な情景を含む。

「アーラニヤ・カーンダ」――追放されたラーマ王子の一行の、森の中で隠遁中のエピソード。ラーヴァナによるシーター姫の誘拐が中心で、最後は神猿ハヌマーンがランカーのラーヴァナの居城におもむき、ラーマにその知らせをもたらすまで。シーターを追う大鳥ジャターユの殺害や、ランカーのアショーカ園の破壊・炎上など、その間のさまざまなエピソードを独立させることもでき、それに従って、それぞれ別名でよばれることもある。

「ユッダ・カーンダ」——ランカーでの戦闘の巻。いうまでもなく『ラーマーヤナ』中の圧巻で、エピソードにも富み、それらを含めて、シーター姫の潔白の証明からアヨーディヤーの都への帰還までを通すと、これのみで優に数時間がかかる。当然「シーターの潔白《シュッディ》」、「インドラジットの殺害《ヴァダ》」などのエピソードが独立して演じられることがあるほか、古典的原典にはない「地下界の巻《パーターラ・カーンダ》」なども好んで演じられる。この最後の例については後述しよう。

「ウッタラ・カーンダ」——ラーマの凱旋の後日譚。シーターの貞操が再び疑われる場面から、やがてラヴァとクシャの二王子が生まれ、二人がラーマの放った馬祀祭用の馬を押しとどめて、ラーマが父であるとは知らずにその軍勢と戦うが、やがて一族再会となるまで。これも人気のある演目である。

B　『マハーバーラタ』系列

「ヴァツサラー・ハラナ」——アルジュナの息子アビマニユに嫁ぐことになっていたヴァツサラーは、ドゥリヨーダナの息子ラクシュマナのもとに嫁がされてしまう。彼女をとり戻す道筋で、アルジュナは従兄弟にあたるガトートカチャと一戦を交えるが、のちに彼の援けをえてラクシュマナを殺し、ヴァツサラーをとり戻す。カルナータカ地方の芸能「ヤクシャガーナ」によく演じられるが、パイターン画にもこの主題がある。

「ドゥドゥンビ」「スラタ・スダンヴァー」——いずれもパーンダヴァ一族の馬祀祭の馬をめぐる戦いの逸話。前者の出典は不明であるが、後者はジャイミニの『アシュヴァメーダ・パルヴァ』*Aśvamedha-parva* に基づくものであろう。

「カピラースラ」――ビーマを襲った邪神カピラの殺害。父たるカピラの生命の秘密を明かした娘と、ビーマの末弟ナクラが結ばれる物語。

「カルナ・アルジュナヴァダ」――異父兄弟のカルナがアルジュナに致命傷をうける発端のみが、『マハーバーラタ』に基づく。カルナの体は、さらにクリシュナによって三体（スリヤールとチャングナーという夫婦とその子供）に切り分けられて再生し、やがてこの夫婦がシヴァ神の命によってわが子を犠牲にささげるという忠誠の物語り。独立して「スリヤール・チャングナーポティー」ともいう。南インドに強い人気があり、ハンピのレーパークシー寺の壁画に描かれているのもこれであるという。

C　プラーナの系列

さまざまなプラーナ類に出典を求めうるような、神々に関するエピソードは五、六点あるようであるが、そのうちいまでも演じられているものはほとんどない。その筋や展開などが明らかになれば、この地方の口頭伝承の例としても興味深い資料となろうが、絵語りのみならず、民謡・口承文芸そのものの凋落が、現状では著しい。

絵語りの展開と変容

かつて絵語りが盛んであったころは、有名な物語りでも、ことに地域的翻案《ヴァージョン》が民衆にもてはやされた。有名な話の主題を追うよりも、そのうちのほんの小さな神話にすぎないものが、独立の物語りとして拡大して演じられた。そのほうが、みずからのイマジネーションや解釈を自由にとり入れることができたし、その新しい試みは、かえって実は、これらの物語りが叙事詩やプラーナ類にとりこまれる以前からあった古い民衆の口承文芸の世界を、ふたたびとり戻すものであったからである。

ピングリー画に通ずるといわれるハンピ・レーパークシー寺の天井画（部分）　ヴィジャヤナガル朝期［Dhamija ed. 1988］

たとえばすでに、十八世紀初頭のマラータの詩人、シュリーダラは、『マハーバーラタ』の翻案である『パーンダヴァプラターパ』を編み、その中にマラータにおける数多くの伝承を盛りこんだ。先述の馬祀祭をめぐるバブルーヴァーハナの戦闘の物語りや、ヴァツサラー妃奪還の物語りもこれに拠るというが(9)、それでも実際の語りでは、強調点がやや異なっている。チトラカティーの演目の中でも最も人気のある「スリヤール・チャングナーポティー」も定本のヴィヤーサ本にはなく、あえてその出典を探ればこの『パーンダヴァプラターパ』に求めることもできるが、そこにはマラータをはじめとする南インド諸地方の民衆に伝わる伝承・伝説の匂いがいっそう強い。

他の芸能形態、たとえばカルナータカの「ヤクシャガーナ」やマハーラーシュトラの「タマーシャー」においても、当然その強調される部分は、伝統的であるなしにかかわらず、それぞれ独自の演出によって異なっている。それでも概して民衆芸能においては、魔神の登場、善悪間の熾烈な闘い、その過程での悲劇的な状況、そして最終的な悪の調伏が最も重要な部分をなしていることにかわりはない。そして、このような民衆の側の価値観による変容・解釈にもかかわらず、なおこれらは、全体としては古典的伝統の枠にとどまることにおいて、その〝由緒正しい〟本籍をも確保していたのであった。『ラーマーヤナ』においても、さまざまな伝統や伝承が、その枠内に入れ子のようにはめこまれている点は同様である。そもそもヴァールミーキ作といわれる本来の『ラーマーヤナ』にして、このような入れ子状に付加された枠物語りや挿話は数多い。ピングリーの絵語りに人気のある「地下界の巻《パーターラ・カーンダ》」もはるか後世の成立であることに疑いはなく、「戦闘の巻《ユッダ・カーンダ》」の一部として位置づけられてはいるが、おそらくそれは『ラーマーヤナ』伝統の枠を借りたものにすぎまい。民衆の関心や価値観を反映したこの物語りは、たとえば以下のように展開する。

邪神ラーヴァナはその従兄弟のアヒラーヴァナとマヒラーヴァナに命じて、ラーマ王子を地下界におびきよせ、殺そうとする。ラーマは地下のマイカーヴァティー女神に供犠される羽目に陥ったが、ハヌマーンはそのことを鳥の会話から知り、地下におもむこうとするが、守り固めるマカラドヴァジャに制止される。しかし後者は、実はハヌマーンがランカー島にいたる橋の建設で流した汗から生まれた身であることを知り、二人は父子の名のりをあげて抱擁する。かくて女神の神殿にいたったハヌマーンは、策略で女神の座を占め、そこに連れてこられたラーマとともに、ラーヴァナ軍に対する戦いを開始する。

ところが、アヒラーヴァナは殺されたが、マヒラーヴァナは不死身である。その生命の秘密を、ラーマを見初《みそ》めてしまったマヒラーヴァナの妻チャンドラセーナーから、ラーマとの結婚を条件にして聞きだしたハヌマーンは、天界の赤い蜂の王を殺すことによってマヒラーヴァナの息の根を止める。しかしラーマとの結婚の約束は守らねばならない。あらかじめ甲虫をつかってチャンドラセーナーの寝台に穴をあけておいたラーマは、何かことが起こったら出ていくとの条件のもとに、彼女の寝所におもむく。かくてラーマが寝台にすわるとたちまちそれは崩れ落ち、かくてラーマは結婚を破談にすることに成功するが、チャンドラセーナーの呪いを避けるため、遠い来世での彼女との結婚を承諾する。

荒筋のみでは一見荒唐無稽であり、あまり聞いたことのない固有名詞が並ぶが、「戦闘の巻」中の一挿話であるこの中にも、さらにいくつかの話が入れ子状となっていることがわかるであろう。いわばこのような〝周縁の世界〟特有の自在性が、この主題を、他の芸能の中でも各様に展開させてきた。この物語りは「ヤクシャガーナ」でも、またアーンドラ、カルナータカ、オリッサの影絵芝居でもとりあげられている。さらにそれは海を渡り、タイの「ラーマキェン」、ラオスの「プラ・ラク・プラ・ラーマ」や「グワイ・ドゥウォラビ」、またマレーシアの「ヒカヤト・スリ・ラモ」や「マイラウォノ・チャリト（マヒラーヴァナ伝）」などにもうけつがれている。むろん話の筋は大きく異なり、たとえばタイ版では、マイヤラブ（マヒラーヴァナ）は王位簒奪を恐れてその甥をラーマとともに殺そうとするが、王の生命の秘密を明かして死に追いやるのはこの甥の母、すなわち王妹であるとされている。(10)

いわばこの物語りは、「大伝統」と「小伝統」あるいは伝統と非伝統、スタンダードとローカルなもののはざまにあって、かえってその融通無碍な性格から、いかようにも展開できる力学《ダイナミズム》を見せてきた。さらにその芸能としての展開は、民衆のくらしに根ざした文学や音楽、舞踊、演劇、絵画のすべてにかかわりをもち、そのどれからも周縁《マージナル》ではあるが、包括的《ホーリスティック》でもある力を発揮していた。

本来、それがどのような形をとるものであれ、造形的な美はシルパ śilpa として、芸能の全ジャンルはサンギータ saṃgīta として、それぞれ別物ではなく、かつともに情感《ラサ》を醸すものとして、それぞれ一つの世界をなすと考えられてきた。それが近年、音楽は音楽として、文学は文学、美術は美術として分断される傾向を示すようになり、それぞれの発展はありながらも、他との有機的関連を、ともすれば失うにいたった。包括的な世界は周縁性においてこそ成立していたのであり、ここにおいて、逆説的ではあるが、周縁は中心の同義ともとらえられる。少なくとも、周縁の発するメッセージは常に力強い。

そしてさらにいま、かつての絵語りの主題は、改めて、映画としてもとりあげられるようになってきた。ピングリーの絵語りとして人気を得ていた話、「カルナ・アルジュナヴァダ」のスリヤールによる愛児の供儀の話はアーンドラ地方のテルグ語映画「バクタ・シリヤーラ」として、また『ラーマーヤナ』後日譚のラヴァとクシャ両王子の話はケーララ地方のマラヤーラム語映画「カンチャナ・シーター」としてよみがえっている。後者は名匠アラヴィンダン監督によって、「黄金のシーター」（一九七七年製作）として一九八五年、東京でも上映された。映画というこの新しい表現形態は、結果として絵語り師たちのたつきを奪ってしまうことになるかもしれないが、それでもそれは、かつて彼らが保持してきた包括的周縁性の美と力学を、精神において継承しているともいえる。

それでもチトラカティー自体は、同じタッカル・ジャーティの演ずる影絵も含めて、ポトゥアの場合のような世俗的テーマや現代の民衆の好みの変化に対応するような用意も必ずしもなく、半ば化石化をとげてしまった。すなわちこの種の芸能は、それだけに古い様式を伝えつつも、現在では民衆にアピールするものをもちえず、ほとんどすたれてしまったといってもよい状況をむかえているといえよう。

また彼らは、かつて富裕な貴族や大地主をパトロンとし、その家に呼ばれて演じたり、定期市 hāt, bāzār や寺院等のまつり melā, utsav のさいなどに人を集めて絵語りを行ったりしていたのだが、パトロン層の凋落や経済構造の変化もあいまって、庇護や演技の場を失ったことも大きな痛手であった。

たしかに、チトラカティーそのものが形の上でも生きつづけるにはどのような条件が必要であるかは、決してないがしろにできぬ問題である。しかしそれはインドのみならず、民俗芸能一般の、単なる保存ではない、継承・発展戦略にかかわる問題であるともいえるであろう。

III　語りと旅芸人

インドの語り芸と絵語り

語り芸の伝統と芸人社会

珍しいこと、怖いこと。不思議な話、楽しい話、そして悲しい物語り。いずれにせよそれにひきこまれ、心躍らせることを楽しみとしない社会は、ほとんどないといってもよい。このような話をより巧みに語る人びとは、社会の複合化に伴って、やがて当然のように専業化をとげ、語り部のような存在や語り芸の諸型式を生んでいった。

ときにはそこに、その社会の〝歴史〟を語り伝えるべき語り部や、あるいはカミの託宣を宣《の》る呪者的性格の強い人びともいた。しかし歴史や神言を、ややもすれば一方的に唱え、宣り、うたう場合とは異なり、語りには、常にその聞き手が必要とされた。語り手は、意識的にも無意識的にも、聞き手の期待や要求に応じて一種のウケをねらい、またえてして素朴なその疑問に対して、解説や説明をすらしようとする役割も担った。

その点において、ことにインドの語りは、より単純で世俗的な昔語りや物語りもあるが、神話や広義の教義にかなり深くかかわるものや祭式・儀礼の由来を語るもの、あるいは語り自体が祭式・儀礼そのものか、その一部をなしているものが、いまにいたるまで数多く伝えられている。いずれにせよ、語り物の常として、その始まりと終わりが定式化されている場合がほとんどである。それでも、昔語りのたぐいが概して即興の多い自由な型式をとり、また語り手の資格が不特定であるのに対し、神話的・祭式的語りの場合は一定の型式を踏襲し、またその資格も、その能力のみならず、出自《ジャーティ》（いわゆるカースト）上、特定化されているのが普通である。

とはいえ、儀礼と芸能、古典的芸能と民衆芸のあいだにしばしば明確な線を画しえないインドの場合には、儀礼的かつ古典的とみなされるものの場合でも、いわば素声《しらごえ》による「語り句」においてはもとより、節《ふし》をなす「引き句」においてすら、しばしば即興性が強い。さらにやや日本的にいうならば、サゲ、マワシ、ユリなどによる小音型を駆使して、ウケとは常によべぬにしても、聴衆の側からの、より直截的な反応を期待するのである［山本 一九八五］。さらに、聴衆からのかけ声（「アドを打つ」）のみならず、それを代表する形での随演者が合づちを打ったり、ある部分を反復もしくは反問する形で、一種の交唱歌型式をとったりすることもしばしば見られる。

この点で、一九八九年秋に来日し、公演を行った中部インドのマッディヤ・プラデーシュ州（現チャッティースガル州）の芸能「パンダヴァーニー」は興味深い［小西 一九八九d］。それは、古代叙事詩『マハーバーラタ』に基づく、まさにこのような演者間での受け応えのある典型的な語り芸であり、語り手のカターカル kathākar と受け手のラギー ragī とのあいだに話が展開するが、歌曲においてもこのような応答による交唱歌型式のものは多く、たとえばイスラーム神秘主義に基づく宗教歌の「カッワーリー」にすら、このような交唱の型式に近いものが感じられる。

いうまでもなく、今日のインドからすれば、古典的文学作品として確立している古代叙事詩の『マハーバーラタ』や『ラーマーヤナ』、もしくは神話を集成した神々の古譚たる数多くのプラーナ類も、本来はじめは、より不定型の語りにおいて伝承されたものであったにちがいない。そこには紀元前二千年紀後半にもさかのぼりうる、古いインドの語り、もしくは叙事詩の深い伝統がある。すなわち、すでにヴェーダ讃歌やブラーフマナ中の物語りのうちには、のちの語りにも比すべき対話体や散文の物語が数多く散見されるのである。そのうちのいくつかは、のちに主文から切り離されて増幅され、韻文によって定式化されたうえで、叙事詩として独立した［ルヌー／フィリオザ　一九七九：五―七］。

このような語りは、ルヌーによれば、馬祀《アシュヴァメーダ》祭に先立つ祭式や葬送儀礼《シュラーッダ》のさいなどに、音楽の伴奏によって吟誦されることもあったらしい。その源泉をなす伝承《イティハーサ》と古譚《プラーナ》類は、総じて四ヴェーダに次ぐ第五のヴェーダとも目されているほどに重要視されている(1)。そして王を中心とした宮廷には、職業的な抒情詩人のスータや、王に対する称讃者、修史官、系図学者《マーガダ》などがいて、吟誦者としての公的な役割も担った。その高い社会的地位(2)と宗教的伝承の知識から、おそらく彼らは、少なくとも高位の王侯貴族《クシャトリヤ》階層と結びついたバラモン階層の出であったと思われるが、それとは別に、民衆のあいだに出ていった一群の民間吟誦者がいた。クシーラヴァ kuśīlava とよばれる遊行の語り手がそれで、その社会的地位は、決して高いものではなかった。

吟誦者としてのクシーラヴァや咄家・講釈師としてのヴァーグジーヴァナ vāgjīvana（すなわち「語りによって生きる者」）の名は、古代インドの帝王学書たる『アルタシャーストラ（実利論）』中にもしばしば登場する(3)。彼らは後述するように、少なくともこの文献の文脈において、民衆に関する情報を国家や王にもたらすべきスパイや政敵を暗殺するための間者、人質を救出するためのまわし者といった形であらわれる。それでも彼らは、王や民衆の娯楽のために評価され、あるいは問題視されつつも、「遊女長官」のもとで国庫から支給をうけて保護されていた。遊女の息子は、八歳のときから王の吟誦者たるべく期待されていたからである。

また、同様に初期の仏典からも、彼らのようすを垣間見ることができる。新興の武人や商人層に支えられたガンジス中原の都市やその周辺には、芸人たちもまた、都市生活に不可欠なサービス業者の一部として、闊達なくらしを営んでいた。俳優や踊り手、あるいは遊女たちやさまざまな芸人、見世物師たちとならんで、講釈師、吟遊詩人、漫才師などの名も見える。むろん彼らは、戒をまもるべき比丘や比丘尼にとっては避けねばならない人びとであったが、民衆の要求に深く根ざす彼らは、必ずしも社会に蔑視されるものではなかった。この点に関し、「語り」の問題からはやや問題が広がるが、古代の芸人社会について、以下にもう少しくわしく見ておくことにしよう。

サービス・ジャーティとしての芸人

ほとんどの場合、芸人たちは出自集団としてのジャーティ（いわゆる「カースト」）社会に属していた。ここでいう「ジャーティ」とは、一方の「ヴァルナ」すなわち僧侶階層のバラモンを頂点とした、バラモン自身によるハイアラーキカルな浄・不浄をめぐる範疇化とは異なり、主として職能を軸として社会的にも儀礼的にも横につながる出自集団であることを確認しておきたい。たしかにジャーティの場合でも、そこに浄・不浄の格差が意識されないわけではないが、必ずしも常に、一方的なバラモンの理念軸にのみ律せられるものではない。そこにある種の格差が意識されるとしても、多くの場合、それはいっそう、社会経済的要因に影響されるものとしてある。

実際各ジャーティは、それ自体がいくつもの出自集団からなっているいわゆるバラモンをも含め、村落のような一定の社会的単位の中で、自他ともに、それぞれをその社会生活の中で不可欠な職能集団と規定しつつ、相互依存的な契約関係（いわゆるジャジマーニー関係を含む）を結んでいる、というのが実情である［Weiser 1936；Beidelman 1959；鹿野 一九七七］。その意味からすれば、村落の構造は、土地所有者であり直接生産者でもある大・中農を主要な中核として、バラモン（ここでは僧職）や、手工業者・洗濯屋・理髪業・芸人等を、いわばサービス提供の諸集団としてかかえているものとしてとらえてよい。

バラモンですら常に僧職にあるわけではなく、同位階層たるバラモンからしか水や食物を受けられない一方、他の誰にでもそれを提供できるというそのいわゆる「浄性」から、事実上専業の料理人や水くみとしての、文字どおりサービス業に従事しているケースが見てとれる(4)。ともかくバラモンであれ、その他サービス職能集団であれ、彼らが社会生活上の必要《ニード》から、都市や町、もしくは村落に呼びよせられ、ときに王や町邑の長によってしかるべき居住区があてがわれて配置されているようすは、仏典や初期史料、ないしは中世以降の銅板寄進文書などからも読みとれるところである。

いまそれを、時代を追って概観することはとうていできない。しかし芸人とその社会が古代の都市やその周辺にいて、闊達なくらしを営んでいたようすは、新興の武人や商人層に支えられた、ガンジス中原の都市のようすをうつしたいくつかのパーリ語仏典に垣間見ることができる。それはまた、紀元後初頭の数世紀当時、上述の吟唱者や講釈師を含めて、どのような芸や芸人が多々存在したかを知る恰好の手がかりともなっている。

初期仏典に見る芸人

『ディーガニカーヤ』、『マッジマニカーヤ』、『アングッタラニカーヤ』、『ヴィナヤピタカ』、『マハーニッデーサ』、『ミリンダパンホー』、そしてアパダーナやジャータカ類に散見されるこれらの情報をまとめた山崎元一氏の労作［一九八七］によると、ガンジス中原の新興都市のうちには、都市生活をより円滑ならしめるためのさまざまなサービス業があり、純粋な官職を除いた四十余りのそうした職種のうち、およそ半数にも及ぶ二十余りが、いわゆる芸人層によって占められているのを見ることができる。(5)

すなわちそれらは、naṭa, naṭaka, naccaka などとよばれた俳優や踊り手たちをはじめとして、それとも深い関係にあった gaṇikā もしくは vesī などともよばれた遊女や娼婦、また舞姫（lāsikā）、楽師（gandhabbha）、鼓手（bherivādaka）、歌手（gāyaka）、おそらくは手で鈴などの楽器を奏する者（pāṇissarika）、陶鼓打ち（kumbha-thūṇika）、巻貝吹き（saṅka-damaka）、吟遊詩人・即興詩人（ganthika）、占星術師・占相師（nemittika/ikkhaṇika）、軽業師・アクロバット（langhaka/jalla）、漫才師・コメディアン（sokajjhāyin）、ぺてん師・道化（sobhiya）、曲芸・手品師（indajālika）、奇術師・魔術師（vetālika）、幻術師（māyākāra）、蛇つかい（ahiguṇṭhika）などにわたる。これに見世物としての拳闘士（muṭṭhika）や力士（malla）を加えてもよいであろう。

これらの諸芸はいずれも相互に密接に関連しているばかりでなく、単に市民のための娯楽としてあるにとどまらずに、巻貝吹きや楽師・踊り手たちのように積極的に儀礼に関与し、彼らなしには儀礼そのものがなりたたない場合や、儀礼のあとさきに不可欠であるといった、単なる呼びもの以上の機能を果たすものである点が見のがせない。また純粋に市民の娯楽のためという点からも、彼らの存在は、忌避されるどころか、ともすれば単調となりがちな人びとのくらしの中で、不可欠な、常に心待ちにされるものであった。この点は、彼らの娯楽の上で映画が大きな位置を占めるにいたった今日でも、基本的に変わっていない。

その上、市民たち自身も、みずからこのような芸能に、積極的に参加・参与しているようすも見てとれる。すなわち、やはり初期仏典に則した当時の都市における娯楽のリストを見てみると、拳闘・角力などの各種のスポーツや、碁・石蹴りなどのゲームや遊びとならんで、舞踊（nacca）、歌謡（gīta）、音楽（vādita）、見世物（pekkhā）、講釈（akkhāna）、「手鈴（?）」（pāṇissara）、陶鼓打ち（kumbha-thūṇa）、鐃鈸もしくは一種の手品？（vetāla）、奇術（sobhanagaraka）、軽業（dhopana）、また象や馬・水牛・牛・山羊・羊・鶏・鶉などを使った闘技（yuddha）などが、一部前述の職種と重複してあがっている。

たしかに仏典の文脈においては、多くの場合、これらは比丘や比丘尼の避けるべき、もしくは近寄らざるべきものとしてあがっていることが見てとれる。戒をまもるべき宗教者にとって、ある意味ではこれは当然のことながら、注目すべきは、これらの芸ないしは芸人が、都市のみならず当時の社会一般において、必ずしも常に蔑視されていたわけではないようすがうかがえることである。すなわち『ヴィナヤピタカ』などにおいては、すでに職業を貴業と卑業に、また技術を貴技と卑技とに分けているが、清掃業や手工業の一部が概して卑とされているほかは、これら芸人の業や技術は、必ずしも卑業・卑技として特定されていない。ただ一か所、軽業《かるわざ》に関連して、"caṇḍālam-vaṃsam-dhopanaṃ" すなわち「賤民の軽業」とも訳しうる字句もあるが、『南伝大蔵経』などではブッダゴーサの古註に従い、caṇḍāla を鉄丸戯、vaṃsa を竹棒戯と訳しわけ、軽業 dhopana と並んで列挙されているものと解している。(6)

芸人社会の変容

バラモンによる浄・不浄の概念を軸として、厳しい身分制を法的にも確立しようとした『マヌ法典』のような文献はともかくとして、『アルタシャーストラ（実利論）』のような、より世俗の事象を扱った古文献においてもまた、芸人や芸人社会に関する興味深い問題がみてとれる［カウティリヤ 一九八四］。ここにも、役者、舞踊家、歌手、演奏家、吟誦者（kuśīlava）、咄家（vāg-jīvana）、旅芸人（aditikauśika）、吟遊詩人、綱わたり、曲芸師、傀儡師、奇術師（saubhika）、手品師（cakra-cara）、遊女、占星術師、占相師、などの名前が処々に散見されるが、これらの芸能が、民衆にとってのみならず、王侯のあいだでも大変人気のあるものであったことがわかる。

すなわちそれは、ときに民衆の仕事を妨げるほどであるから、娯楽のための遊園やホールをつくってはならない（Ⅱ・一・三三―三五）とされる一方、王の娯楽は芸人たちを益するから可とされるがそれは正しくなく、王の娯楽は国民を苦しめるばかりなのに、国民の娯楽は最小の費用で労働の疲れをいやす（Ⅷ・四・二一―二三）ともされ、理解のあるところが示されている。実際、当時公式に置かれていた「遊女長官」などは、遊女たちの身につけるべき歌や器楽、吟誦、舞踊などの諸種の技能を彼らに教える者には国庫から生活費を支給しており（Ⅱ・二七・二八）、ときにその楽器は舶来の高級品であったし（Ⅱ・二七・二六）、また遊女の息子は八歳のときより王の吟誦者として仕えるか、舞台生活者や一切の舞踊家たちの指導者たるべく育てあげられた（Ⅱ・二七・七、同二九―三〇）。

これらの技芸の多くは、のちに『ナーティヤ・シャーストラ』や『カーマスートラ』などのような経典にも細かく内容を規定され、バラモンの裁可をうけた、音楽や舞踊、演劇をはじめとする六四種の技芸《カラー》と深くかかわることとなる［Ganguly 1962］。すなわちこれらは、蔑視されるどころか、のちにはさらに洗練されて、芸術もしくは科学として発達をとげることとなった。グプタ朝期（四―五世紀）の古典戯曲、シュードラカ［一九五九］の『ムリッチャ・カティカー（土の小車）』などにも明らかなように、これらの技芸の多くを身につけた遊女は、一般の都人士《ナーガラカ》すら近よりがたい、教養ある富裕な社会人として、人びとの尊敬を集めてもいたのである。

ふたたび『アルタシャーストラ』の記述に戻ると、これらの芸のほとんどが、やはり女性たちによるものであった（II・二七・二五）。ことに舞踊家などは、女性たちをいわば放任に近い形で大きな行動の自由を与えており（III・四・二二）、また神々の絵や神像、あるいは蛇を旗標として時に金品を強要したり、あまりあてにならぬ契約を森の中で結んだりする旅芸人たちもいたらしい（I・一七・一九、III・一・九）。

そして彼らのこのような性格により、芸人の多くはスパイとして働いたり、また逆に諜報部員が芸人に扮して情報を集めることも多かった（IV・四・三）。とりわけその役割は、芸人のうちでも「最高の若さと美貌をそなえた女たち」が担うことが多く、高官をまどわして内部をさぐった（I・一二・四、同九、II・二七・二五、同三〇、VII・一七・三八、XI・一・三四、同四二—四三）。芸人たちかそれに扮した間者たちはまた、仲間らとともに王の急所につけこんで王を殺害したり（I・一八・一二）、また前もって敵の側近くになれなれしく仕えて、楽器その他の道具を運びだすときや、手品師の車の群れにまぎれて、人質となっていた王子を連れ出したのである（VII・一七・三四—三九、同五五）。

彼らのこのような一面での痛快さと一種の胡散《うさん》臭さは、単に彼らが政治的に担った、かかる役割のみに発するのではない。その非定住的漂泊性、非日常的演技、呪術的儀礼性を帯びた超自然界とのかかわりなども、必然的に人びとの怖れと、ある種の薄気味の悪さをよぶものであった。中世にあっては、いまだそれは畏敬の念も入りまじった畏怖であったが、やがて宗教権力と世俗権力の結託した近世的・封建的身分制が確立し、またいわゆる「不可視の世界」が近代「合理性」の陰にうすれていく上で、本来互換的かつ両義的な、聖でもあり俗でもあった彼らの世界は、やがてその聖性を剝奪されるにいたるのである。そして人びとは、芸人たちを怖れるどころか、蔑視する風潮もインドの一部には生まれてきた。

このような過程は、日本やアジア各地の例を思いおこすまでもなく、世界にかなり広く共通したものとして見てとることができ、それ自体、大変重要で重い問題をかかえている。それでも各地では、地域や時代、階層ごとに、またその芸の種類によって、文字どおり各様の社会経済的・歴史的な要因が抜きがたくかかわっていることを見のがしえない。そのそれぞれについて、具体的かつ緻密な検討が必要であるが、ここではふたたび本題である「語り」の問題に立ち返り、もう少しその背景についてふれておこう。

二大叙事詩の背後に

民衆のあいだで人気のあった語り芸は、多くの場合、本来にぎやかな音楽の伴奏つきであったにちがいない。そこには、粗野ながら一定の韻律に基づいた詩や、このような詩の繰り返したるパータカとよばれる部分が見られたであろうし、また散文調の口語による語り《ダーラカ》も重要な位置を占めていたことであろう。語りもさらに、独白と対話形式、また情景描写が入りまじったものであったろうが、一方の宮廷などに行われるより祭式的な語りが、楽奏を交じえぬ純粋な詩句の吟誦であったとは断じえない。古代祭式は器楽を禁ずるものではなかったし、実際に楽器の伴奏が伴っていたことは、豊富な美術史上の資料から明確にうかがえる。宮廷と民衆の語り物に相違があったとしても、その韻律詩や散文部分の格調の高低あるいは出来不出来、また音楽がよりにぎやかであるか荘重であるかといった相対的・質的なものにすぎず、その本質において、さほど大きく異なるものではなかったように思われる。

むしろそこには、宮廷ないしは都会的伝統と、民衆の伝承とのあいだの相互の依存関係と交流があった。民衆はより高度な文化の枠組み（いわゆる「大伝統」）を借りつつ、それをみずからの解釈のもとにひきいれてとりこみ、逆に「大伝統」は、民衆のあいだに人気を確立した部分を、挿話や翻案として積極的にとりこんでいった。この過程は、ちょうど広義にも狭義にも、ヒンドゥー教やヒンドゥー文化のものの成立展開過程にも見られるものであるが、このような過程なくしては、大叙事詩中における、本筋とは必ずしも関係のない、ありとあらゆるたぐいの多大な挿話群の存在や、出来不出来の差のめだつ文体の相違や変化を説明しえない。

実際、大叙事詩とても、現在定本とされている古典的原本自体が、その背後にある広範で膨大な民間伝承の伝統の基盤の上に構成された、数ある異読本のうちの一つにすぎないと考えられている。またその〝定本〟においては、『マハーバーラタ』は一八篇一〇万頌、『ラーマーヤナ』は七篇二万四〇〇〇頌とされているが、そのすべてが同時代、まして同一人物によって書かれたものでないことは誰もが認めるところである。(7) どの部分が後補であり、あるいは別人の手になるものであるかを解析し、その原型を明らかにするためにこれまでも多大な努力が払われてきた。しかし、必ずしもこのような作業は大きな成功を収めていないばかりか、かえって無味乾燥で、古風ではあるが脈絡のないものが最後にのこるだけの結果となってしまった。

それでも『マハーバーラタ』の作者はヴィヤーサであり、『ラーマーヤナ』はヴァールミーキ一人の手になるものと、インドの伝承は一貫して主張する。そうであれば、名を特定されているこの二人がどのような人物であるかを、伝承そのもののうちに垣間見ておかねばなるまい。

その伝承によれば、ヴィヤーサは、『マハーバーラタ』の主人公たちよりもはるか以前の聖仙であり、ヴィシュヌ神の権化《アヴァターラ》とも、ヴェーダの編纂者であるとすらされている［ルヌー／フィリオザ 一九七九］。換言すれば、彼ははるか後世のこの物語をまずは五人の弟子に伝え、その一人であったヴァイシャムパーヤナが、ジャナメージャヤ王の催した蛇退治の祭祀のおりに、はじめてこれを誦えたという。その聴聞者であったウグラシュラヴァスが、シャウナカによる供犠祭《ヤジュニャ》にさいして吟誦したのが、今日に伝わる同叙事詩の現形（原型ではない）であると。何か、時系列がすべて逆転しているかのような感がある。

一方、同叙事詩が、前十世紀ころのクルクシェートラ（現在のデリー北方）におこったと思われるバラタ族の領土にまつわる親族間の戦いを、ある程度史実として反映するものであろうことは、ほぼ認められている。おそらくはその大事件を吟遊詩人たちが伝承するうち、各地での民間伝承をもとりこんで拡大し、およそ後五世紀ころまでに現在の形となったものであろう。日本でも『将門記』や『平家物語』のような戦記・悲話が好んで語り伝えられたように、本来、呪者的性格をもっていた漂泊の語り手たちは、合戦のようすを語ると同時に死者の鎮魂をなし、聞き手たる生者を祝福し、かつ教訓をも織りこんで宗教色を強めていった。一方でそれはまた、芸能としての世俗性をも強めていく必然性をもつものであった。

ヴィヤーサ vyāsa とは、サンスクリット語の vy-as すなわち「編集する」の字義どおり、「編纂者」という普通名詞と考えれば納得がいく。それにひきかえ、『ラーマーヤナ』の作者とされるヴァールミーキは、ラーマと同時代の人とする伝承はともかく、この事件との同時代性をいっそう色濃く反映している。実際にその原型が成ったのは紀元前後かその後の数世紀のことであろうが、ヴァールミーキは、同叙事詩の最終的編纂者、集大成者、あるいはサンスクリット美文体文学カーヴィヤの祖、すなわち最古の詩人アーディ＝カヴィとして記憶されている。

結局は、彼の実存年代はわからない。彼そのものの生涯に関しては、例によって神話的オーラに満ちている。伝承によれば、彼はかつては追剝《おいはぎ》であった。しかし、たまたま襲った相手の七人の聖仙に逆に教化され、詩人となるべく長年瞑想にふけり、ついに蟻塚 valmīka となったとも。けだし異界への入口、あるいは異界そのものの象徴である蟻塚の名との類縁に、彼の性格もしくは彼に対する民衆の心性の反映が見てとれよう。

むしろわれわれにとっての重要な問題は、これらの叙事詩がふたたびどのように民衆のあいだに増減しつつ変化をとげていくか、という点である。ことに中世以降、東南アジアをも含めた各地で両叙事詩の翻訳・翻案が次々となされていくが、その過程は、すでにできあがった〝定本〟を常に土台とするのでなく、それ以前、ないしはそれ以外のものをも基本にしている点が興味深い。概してインド内では、各地方における独自の解釈による改変や伝承の付加にとどまっているが、インドネシアに伝わるカウィ語版などでは、例えばヴァールミーキ本の『ラーマーヤナ』では徹底的に悪者扱いされるラーヴァナの扱いは概して好意的であり、さらにインド内の諸版ではとうてい考えられないことであるが、ラーヴァナはシーター姫の父親として、あるいはラーマと張りあう求婚者として現れるなど、時代や世代を超えて出現している。

どうしてそうなったのか、またインド内でも、いつどのような翻案が生まれ、それがどのようにヴァールミーキ本と異なるにいたったかを明らかにしていくならば、ヴァールミーキ本に含まれずに捨てられた古い異読本、ないしは別の民間伝承が明らかになってくるのであろうが、それには多大な手続きが要る。

また一方では、このような文献学的方法とは別に、今日各地に伝わっているさまざまな語り芸の内容から、その基となっている、当該地域における〝定本〟としての翻案を明らかにしていくこともできるであろう。

この点について、マハーラーシュトラ州南部に伝わる紙芝居形式の絵語り「チトラカティー」についてはすでに前章で述べたし、また、後にふれる、南インドを中心にみられる影絵人形芝居にも、語り芸の形成と変容過程を垣間見せる興味深い問題が多々ある。それでもこのような大きな課題に向かうには、数百ではきかぬはずのインドの語り芸の一つ一つの内容を、一つずつでもそれぞれ事こまかに吟味していくしかないが、以下では主として「絵語り」の問題に焦点をあてつつ、いくつかの例を紹介してみたい。

インドの絵語り

語り芸の中でも狭義の語りと吟誦、また歌唱のちがいがあり、それとも関連するが、そこに音楽が伴うか否か、また文学的には韻律詩か散文か、文語か口語か、その文脈としては儀式・典礼用か純粋な娯楽芸か、などさまざまな区別がありえよう。当然それぞれはまた、微妙に結びあったり、離れたりしているはずである。

またそれが、独立した語り、もしくは語り芸か、絵語りとして絵を伴うか、人形劇や芝居として語られるものか、などで広がりをもちうる。最後の例では、語りはもはや人形や役者の陰にまわってしまっているが、絵を用いた語りでは、語りはいまだ主役で、絵はその補助をなすにすぎない。以下インドの絵語りをとりあげるにあたって、それをあえて、「絵解き」としないのは、日本におけるこの語の概念と実態とはいちおう別個のものとしてこのジャンルを設定しておきたいこと、またそれがヒンディー語にいうcitra-kathā（絵＋語り）の字義どおりの訳であり、そのまま「語り絵」kathā-citra に対応するものであることによる。(8)

オリッサ州の影絵劇「ラーヴァナ・チャーヤー」の主役ラーヴァナ　ここでの主役はラーマではない [Pani 1986]

さて、そもそも筆者がインドの「絵語り」の存在をはじめて知ったのは、一九六一年に留学したカルカッタ大学の付属博物館アシュトシュ・ミュゼアムでベンガル地方の絵巻《ポト》 paṭ のコレクションに接してのことであった。それ以来ポトと、それを描き、もちまわり、歌による門付けを行う放浪絵師集団のポトゥア Paṭuā に関して折にふれ関心をもちつづけてきたが、やがて専門的により深くポトゥアとポトについて実地調査を行われた西岡直樹氏を知るにいたり、ときには氏と共著で、いくつかの紹介文を書く機会をえた［西岡・小西 一九七九、ほか］。またそれをきっかけとして、明治大学の林雅彦氏のおすすめで「絵解き研究会」の例会にも出させていただくようになり、さらに「絵解き」を特集した『国文学・解釈と鑑賞』（一九八二年一〇月号）で、バーバラ・ルーシュ女史によるアジアの「絵解き」の紹介文［ルーシュ 一九八二］にもふれ、インドの場合を、もう少し筆者なりにも広く考える必要性を感じはじめた。

その点において、一九八四年は多事の年であった。前年の暮から一月にかけては、デリーのスレーシュ・アワスティー博士らとともに東部諸地方での仮面舞踊劇の調査を行った帰路にラージャスターン地方の絵語り師ボーパの演技を実見し、七―九月には東京駒場の日本民芸館で開かれた「印度の民芸」展に、西岡コレクション中のベンガルのポト（後述するサンタル・ポトゥアのポトが中心）が一〇点ほど初めて公開されて、その関連で、マハーラーシュトラ地方南部に伝わる紙芝居形式のチトラカティーに関する珍しい記録映画の上映と、西岡・小西による解説がなされた（八月一一日）。さらに九月中旬の一四―一六日には、インド考古研究会のサマーセミナー「民俗画《ローク・チトラ》の世界」でインド各地の「絵語り」の問題もくわしくとりあげられ、一〇月二〇日の第二回「インドまつり」（於増上寺）では、スライドとテープを用いて、ボーパの絵語り芸が紹介された。そして一一月には国際交流基金ほか主催の公演と国際セミナー「旅芸人の世界」で、前記ボーパによる実演と、インド大道芸という文脈での「絵語り」の問題を発表する機会が筆者に与えられた(9)。

その関連でもすでにいくつかの論考が公刊されたが、本稿は、上記国際セミナーのさいの未刊の発表原稿ほかに手を入れたものである。このような大きなテーマであるから、今後さらに問題を深めていかねばならないのは当然のことながら、論はいまだ浅きにとどまっている。しかし、関連の他稿や注記した諸文献、ことに邦語では前記のルーシュ女史の記事などを参照していただくことによって、インドの絵語りに関するイメージはおおむねつかみとっていただけるのではないかと期待している。

さて、ルーシュ女史もいうように、アジアには絵語りの伝統が数多くある。日本の「絵解き」の諸例をはじめ、インドネシアの「ワヤン・ベベール」、イランの「パルダー・ダーリー」、また中国ことに敦煌等の「変文」の問題も重要である(10)。そしてインドでもまた、さまざまな絵語りの伝統が古くからあった。しかしインドの場合、日本の「絵解き」とはやや異なって、絵を用いつつ、そこに表される縁起や教義、宗教的世界観を解析して説きあかすというよりも、ある種の儀礼性をとどめつつも、歌や器楽、ときには踊りをも伴う一種の芸能としての形をとっている点が特徴である。この点はまた、ワヤン・ベベールやパルダー・ダーリーにも共通している。

ここでは便宜上、儀礼性や娯楽・芸能性の有無にかかわらず、およそ絵をもとにして神話や叙事詩・物語り・縁起を歌い語るものをすべて一括して「絵語り」とするが、インドでもかつて絵語りは、日本の場合にも似た、より大きな宗教上の機能を果たしていたように思われる。それは概して布教の手段として積極的に用いられた。すなわち、ときにはそれは、ちょうど日本の場合と同様に、一定の世界観をあらわす曼荼羅として描かれ、地獄のおそろしさを伝えて現世での俗生活に警告をおくり、特定の寺や聖地の縁起を語り、またさまざまな民間説話や伝承をとり入れつつ、その教義を民衆のあいだに広くひろめていったにちがいない［小西 一九八八c］。

絵語りとしてのそのような例は、現在でもことにベンガルのポトゥアのポトの一部に見ることができるが、絵としての地獄絵、寺院や聖地等の土産物としての縁起図等は、民衆に人気のある神々の絵図とともに、いまも多量に印刷されて、大都会の路上ですら売られているのを見ることができる。

絵語り芸の起源と歴史

しかし、インドの古代や中世におけるこのような絵語りが、各地・各時代においてそれぞれどのようなものであったかは、必ずしも明らかではない。ただ、よくいわれるように、紀元前一世紀以降五、六百年にわたって建造された仏教石窟寺院の壁に、浮彫ないしはフレスコ壁画によってあらわされたジャータカ類や仏伝図は、僧や信者に、仏教教義やブッダの生涯を、より明確な視覚的表現において説き示そうとしたものであり、ここにインドにおける絵語りの伝統の緒源を見ようとする説には耳を傾けてよい[Dwivedi 1978 : 17-22 ; N. Ray 1965 : 60-61]。

とりわけ後一世紀初頭のものとされる、中部インドのサーンチーの仏塔塔門《トーラナ》の横梁上にみられる浮彫は、当時仏伝が、日本の絵巻物状に横に展開されるフリーズにどのように表現されたかを、われわれによく伝えている。その上サーンチーの場合では、絵伝の両端が渦巻状に巻きこまれた形となっており、いっそうこの浮彫が、絵巻物を繰り広げた形となっているようにも見えるのである(11)[小西 一九八五g]。

実際、当時の僧たちが、このような絵をもち歩いて布教したことは充分考えられるが、それがはたして、実際にどのような形や内容の絵であったのか、歌や音楽が伴ったのか、などの詳細は不詳である(12)。ただし、この点に関し、西域北道キジル遺跡に出土し、フォン・ル・コックが報告した壁画は、一つのヒントを与えてくれるかもしれない(13)。そこでは王(おそらくはアジャータシャトル)の前に、大臣が仏伝図(誕生・降魔・初転法輪・涅槃の四図よりなる)を示している。またカウティリヤの『アルタシャーストラ』には、aditikauśika なる語が散見されるが、これは、神々の絵図ないしは神像を旗標として人びとに見せて歩き、その恩寵や怒りを説きつつ人びとの施しを乞うて生計をたてる人、との解釈があり、興味深い(14)。

　一方ジャイナ教の僧たちも、絵を用いつつその教義を説いてまわった［Sadwelkar 1982］。八世紀の文献である『クヴァラヤマーラー』*Kuvalayamālā* には、ジャイナ教の放浪の僧が、saṃsāra-cakra すなわち輪廻転生について、おそらくは人の一生やその死と再生を描いた絵を用いながら説法を行ったことが記されている。またジャイナ教の『バーガヴァティー・スートラ』*Bhāgavatī sūtra* には 'maṅkhu' という語がでてくるが、これはジャイナ教の文脈における 'maṅkhu-bhikṣuka' すなわち絵語り師をさしているのではないか、という指摘もある［Ragavan 1936］。さらにこの 'maṅkhu-bhikṣuka' という語そのものが、bhikṣu すなわち比丘をあらわしているとすれば、インドの絵語りの伝統を考える上で示唆的である。

キジル・マーヤー洞II窟の壁画　アジャータシャトル王に仏伝図を示しつつ教えを説く大臣ヴァルシャーカーラ［Mair 1988］

　またすでにそれより早く、絵師 citrakar の描く肖像画が物語上重要な役割を果たすさまが、グプタ朝期（四世紀ころか）の詩人カーリダーサによる戯曲『シャクンタラー』*Abhijñānaśakuntalam* および『マーラヴィカーとアグニミトラ』*Mālavikāgnimitram* に見えるし(15)、またおそらくはそれと同時代のヴィシャーカダッタによる戯曲、『ムドラーラークシャサ（羅刹と印章）』*Mudrārākṣasa* にも絵師が登場する［Kare tr. 1965：34, 36］。

　とりわけ後者には、パータリプトラすなわちマウリヤ朝の宰相チャーナキヤのところへ各地の情報をスパイとして集めてきた放浪の絵師があらわれ、報告するという興味深い場面がある。スパイについては前記『アルタシャーストラ』にその「効用」が縷々述べられているところであるが、各地を遍歴し、多数の人びとと接触する機会の多い絵師は、スパイとしても恰好の存在であったことであろう。実際前述のように、マハーラーシュトラにいまも伝わる絵語りのチトラカティーに従事する人びとは、ことに十八世紀のマラータ時代、諸藩王国の情報を集めるスパイとして活躍していたという。彼らはこのような役割を政治的にも担って、王侯からしばしば土地をもらい、庇護をうけたのである。

地獄絵の語り

古代以来のインドの絵語りのもう一つの伝統が、地獄絵 yama-paṭa である［小西 一九八八c］。これに関し、七世紀の前半、戒日王ハルシャ・ヴァルダナに仕えた宮廷詩人のバーナバッタによる『ハルシャチャリタ（ハルシャ王伝）』*Harṣa-carita* においては、ハルシャ王が、その父プラバーカラ・ヴァルダナの死にさいして絵師に地獄絵を描かせ、それをもってこさせる記事があるとされるが、該当箇所が不詳である。これに関し、同文献についてくわしい三山岳氏に問いあわせたところ、別所の興味深い言及を二点、あらためて教えていただいた(16)。一つは第四章中の一節で、直接地獄絵ないしは絵師をさすものではないが、「まるでヤマ・パッティカ〔地獄絵師〕たちのように、誇らしげに〔王を〕讃える者たちは机上の空論を〔空に絵を描くように〕並びたてる」［Kane ed. 1918 : 66］、というものである。

もう一つは第六章で、そこには地獄絵師のようすを、より具体的に、ハルシャ王の見たままという形で記している。「〔都城に〕入ってすぐに、彼〔ハルシャ王〕は市場の真ん中でひとりのヤマ・パッティカが別世界のできごとを語っているのを目にした。彼〔ヤマ・パッティカ〕は大勢の、好奇心でいっぱいの子供たちに囲まれていた。彼は、まっすぐに立てた棒で支えられて広げられた、恐ろしいようすの水牛にまたがった死神ヤマが描かれて飾られた布を左手にし、〔布を支えるための〕葦の棒をもう一方の手〔右手〕にしていた」という［*ibid.* 1918 : 76］。語りの内容こそ不詳であるが、街の雑踏のただ中に立つ地獄絵師の鬼気迫るようすや、またヤマ・パッティカが、みずから絵師であるとともにその絵の語り部でもあったととれることは興味深い。

地獄絵はいまなお北インドの各地で細々ながら描き続けられているし［Jain 1986］、印刷されたポスター画をすら見かけることもあるが、それに語りがついた形で残っているケースは、残念ながらほとんどない。そのため、日本の盂蘭盆会などで見られるように、この日寺院などで特別に十王図などの地獄絵巻や掛軸を開帳し、それを前にして絵解きを行うようなことはまずないと考えられるが、東インド、ビハール州から西ベンガル州にかけて住むオーストロ＝アジア系の民族サンタルのあいだでは、ことに西ベンガル州ビルブム県に、語りを伴った地獄絵がいまだに見られるのは興味深い［S.K.Ray 1953 ; Sen Gupta ed. 1973 ; Archer 1977 ; 西岡 一九八四、同 一九九五、ドット 一九九六、小西 一九八八c］。それは、絵師ポトゥアのうちでも、呪術的な絵を描き、それに伴う儀礼を行うジャドゥ・ポトゥア Jādu-paṭuā とよばれる人びとが描くもので、その点でもやや特異である(17)。

ジョム・ポト Yama-paṭa すなわち「閻魔絵」ともよばれるこの種の絵巻には、素朴な表現ながら、死後にうける地獄の責め苦の諸相が縦長の絵巻仕立てでびっしりと描きこまれていて、ポトゥア・ションギートという歌語りがそれに伴っている。具体的にその図柄を見ると、まず一番上にはゆったりと座った死神ヤマの図があり（ときに水煙草を吸ってくつろいでいる）、左右もしくは周囲には手下の鬼たち、また冥界の書記チトラグプタが小さく描かれることもある。それに続いて、釜で煮られたり火であぶられたり、首をはねられたりする地獄の責め苦の図がいくつも続く。

舌を大きな釘抜きで抜かれているのは嘘をついた人であろうし、車にのった牛馬に鞭打たれながら車を引くのは生前に家畜を酷使した報いであろう。頭にゴミのはいったザルを載せられているのは、頭に藁がついている人にそれを教えなかったから、とか、口から虫が湧きでているのは他人の米を盗み食いしたためとか、語りがあってはじめて絵のおもしろさが倍増するところがある。絵師はこれらの絵を一つずつ指しながら、因果の報いと地獄のおそろしさ、生前のくらしぶりの大切さを歌語りしていくが、必ずしも説教めいてはいない。むしろ人びとは、その地獄のありさまの描かれようを楽しんでいるかのようである。その証拠に、絵巻の最後は祖霊界に迎えられた幸福な死者たちが描かれているが、この部分は語りを含めて、見る人の関心をほとんどよばない。一つにそれは、絵にも死者の足もとに描きこまれているように、多くの寄進物を絵師にも奉納しなさいよ、という語り／カタリの故からかもしれない。

このように、そこには彼らの死生観が反映してはいるが、必ずしもそれはヒンドゥー社会一般に見られるものとは一致しない。それは彼らのくらしのうちから出てくることの善悪の価値観の反映であり、それはまた、絵師自身の置かれた社会的周縁性をも色濃く反映しているといえる［小西 一九七七：四七―五一］。この点について、金基淑氏による最近の労作は、彼らの社会をよく伝えている［金 二〇〇〇］。

絵語りと講釈

すでにふれた諸種の古文献にも言及があるように、インドでは古来、講釈や吟誦が盛んであった。バラモンが聖典に関する知識《ヴェーダ》を独占し、かえってその難解さをもってみずからの権威の拠りどころとしていたからには、教義や神々に関する知識を、バラモンたち自身が、よりポピュラーな形で一般に広めようとすることはほとんどなかった。講釈師らはまさにその役割をひきうけ、一方で聖なる知識や神々を民衆に身近なものとする布教者的役割を果たす一方、民衆との接触を生業《たつき》とする関係上、その技法の上では、次第に芸能への傾斜を強めていった。いわば聖と俗とをつなぐコミュニケーターとしてのこの両義性が、やがてはバラモンの裁可を失わせ、娯楽を主とした芸人芸へと彼らを向かわせたものと考えられる。

　さらに絵語りにあっては、講釈に加えて、教義や神々を絵でもって説きあかした。彼らは絵という、民衆を啓蒙する恰好のメディアを手にしていたが、それらがともに、ただちにバラモンの職能に競合するものであることはいうまでもない。しかしその講釈や絵の内容が、ともすれば経典類が厳しく規定している細かい内容や儀軌、すなわち図像学的とりきめから逸脱し、さらには民衆の好みや民間の口碑伝承にあわせて変化していくに従って、バラモンやそれを頂点とするヴァルナ（カースト）社会から厳しい裁断をうけることは、ある意味で必至の状況であった。

地獄絵「ジョム・ポト」を示して語るサンタル・ポトゥア［西岡直樹氏撮影］

　ベンガルのポトゥアが伝える、十三世紀のものとされる（おそらくは偽経）『ブラフマ・ヴァイヴァルッタ・プラーナ』*Brahma-vaivartta-purāṇa* に基づく伝承は、この間の事情をよく伝えているように思われる。それによれば、本来ポトゥアは、工芸を司る聖仙ヴィシュヴァカルマと天女グリターチーのあいだに生まれた一族の末裔であったという。これ自体、彼らの出自のみならず、あらゆる工芸者が本来由緒正しい存在であることを辛うじて主張せねばならなくなっていた時代背景を伝えるものであるが、ともかくある日、シヴァ神のゆるしも得ずに(――ということは、バラモンの裁可もなしに)シヴァ神の画像を描いていた絵師チットロコルは、そこに当のシヴァ神がやってくるのに怖れおののいた。

そこで彼は、絵を隠し、思わず絵筆を口の中に入れてしまった。聖なる絵筆が唾液によって汚れたことを見たシヴァ神は怒りにふるえ、今日からお前たちを「ヤヴァナ」にしてやるぞ、と宣言した。ヤヴァナyavanaとは未来、ギリシア(イオニア)人のような異国人をさす古いサンスクリット語であるが、ここでは何と、ムスリムのことである。ヒンドゥーの主神たるシヴァ神みずからがイスラーム教徒のことを口にするのも奇妙であるが、ともかくも必死にゆるしを乞う絵師に、シヴァ神は、結局は今後も彼らがヒンドゥーの神々の絵を描くことをゆるすが、社会的にはムスリム社会にとどまるように、と宣言したという。

このような内容がヒンドゥー経典である、というところがいかにも胡散臭《うさん》いが、いずれにせよ、かくてヒンドゥーの神々の絵を描き、神話や教義を歌い伝えるポトゥアは、今日でもヒンドゥーとムスリムの二つの個人名をもち、ヒンドゥー社会にあってはムスリムとみなされ、ムスリム社会にあっては下層のヒンドゥーとみなされつつ、ともに下層のはざまにあって、そのいずれにも帰属のありかを確立しえぬまま、ゆれ動くといった結果になるのである。

ポトゥア社会のイスラーム化

この問題に注目した社会人類学者ビノイ・バッタチャルジーは、ポトゥア社会の詳細な歴史学的・社会学的考察を行い、彼のいう「文化振動」cultural oscillation の典型的な例としてこれをとらえた［Bhattacharjee 1980］。文化振動とは、多大な文化変容をとげつつも、一方への文化的同化をとげきらぬ境界人、マージナル・マン的状況のことをいう。

彼によれば、ポトゥアは本来チョーターナーグプルのような中東部高地出身の部族民であって、神々の絵語りはのちになってとり入れた職能ではないかとしている。その理由として彼は、絵巻を描き、語りを行い、土製の小さな神像をつくる伝統的仕事のほかに、彼らの一部が、いまだに蛇つかいとか猿まわし、熊まわし、奇術などの大道芸に従事していること、また女性たちが不法な中絶や分娩に従事し、女性病に対してあやしげなまじないや祈禱を行うこともあること、概して必ずしも定住せず、放浪芸や行商に従事することが多いこと、などをあげている。これらがすなわち、彼のいう「部族的」慣行の残存とみなされているのであるが、むしろわれわれはこれらのことを、部族的な起源をもつととるよりも、かえって非日常世界とかかわる芸能の聖なる複合として、それぞれが密接にかかわっていることを見ておきたい。

放浪性という面も、むしろ客人《まろうど》・まれびととして異世界より来訪するその性格が畏怖・畏敬され、本来バラモンによる身分理念などよりもはるか古層の、聖なる特性を備えたものであった。その意味で彼らの社会は、ヴァルナ規制、すなわち浄・不浄性の多寡を規準とする身分関係などにはとらわれぬ、かえってそれを超越したものであったと考えられる。しかしヴァルナ社会の基層ないし周縁にあって、それを包みこむ形であったこの超構造は、やがてバラモンを頂点とするヴァルナ制に名を借りた封建・身分制の確立の中で、外郭構造として外縁におしやられ、さらに、単なる「外」から、「下」なる存在へと読みかえられるにいたるのである。ベンガルにおいては、それは十二世紀後半、ことにセーナ朝のヴァッラーラ・セーナ（一一五八―七〇年ころ）の時代のことであった。

ベンガル民衆のあいだでボッラル・シェンとよばれるこの王は、身分制をさらに細分化した上に、事こまかで厳しい規定を加え、その結果多くの社会矛盾をひきおこした。そのことは、いまも人びとのあいだで語り伝えられている。さらにこのような社会情勢の逼迫に加え、彼に次ぐラクシュマナ・セーナの治世（一一七〇―一二〇七年ころ）の末期、すなわち一一九三―一二〇二年ころには、早くもイフティヤール＝ウッディーン・ムハンマドをはじめとするムスリム勢力がビハールとベンガルの地を席捲し、その後の長い、ベンガルのムスリム支配の基礎を確立した。シヴァ神がポトゥアを「ヤヴァナ」にしてやる、と呪いをかけたという先述のプラーナが成立したのも、この十三世紀のことである。

これによって、ことに後―晩期のセーナ朝下、ヒンドゥー社会の最下層にしいたげられていたポトゥアがイスラームに集団改宗し、差別的地位から逃れ出ようとした状況がわかる。そしてムスリム支配層は、これらの新改宗者をうけいれ、その絵語りを通じて、むしろ積極的にイスラーム教義を広めようとすらしたらしい。イスラームにまつわる伝承や、スーフィー聖者たちの奇跡物語・因縁譚を扱った一連の「ガズィール・ポト」が、実際真にこの時期にまでさかのぼるかどうかは現物がないため不詳であるが、それはいまも、ムスリム社会にあってはムスリム名をなのるポトゥアたちによって、ヒンドゥーの神々をテーマにしたものと同様描きつづけられ、語りつがれている。

彼らのイスラーム化は、さらにのちの十八世紀に大きく進んだ。一七四一―五一年にわたるマラータ同盟（ヒンドゥー）のベンガル侵入にさいして、彼らはヒンドゥーの側にくみすることなく、時の支配層であるムスリムにその庇護を求めたのである。弱小の芸能集団としてはそれも仕方のないことだったのかもしれないが、その一方で彼らは、みずからの経済的基盤たるヒンドゥーの神々の絵語りや神像づくり、また絵巻を描くことをやめることができなかった。イスラーム世界の伝承を主題としたものでさえ、正統イスラームの伝統からすれば、ことに聖者やその奇跡譚を画像とすることは、ゆるされるべきものではなかった。かくて彼らはムスリム社会においても異端視され、モスクへの立ち入りを禁じられたり、共同墓地への埋葬を拒否されたりしたのである。

ゆれ動くポトゥア社会

やがて英国統治時代となり、ムスリムの力が弱まって、かえってヒンドゥーが英国人にとりたてられる状況になると、今度はポトゥアの再ヒンドゥー化がはじまった。しかし彼らがすでにとり入れていた社会慣習――割礼や礼拝《ナマーズ》、またイスラームの年中行事や、宗教的指導者カーズィーの関与による人生儀礼などの慣習を捨て去ることもできぬままとなり、その社会生活は、いっそう変則的なものとなった。その上、時代の変化に伴って絵語り自体がもはや人気を失いつつあり、彼らの多くは左官や織物のケバ立て、鋳掛けなどに職を変えるにいたった。またヒンドゥー・ムスリム両社会においてともに低くみられていた蛇つかいのような大道芸は、見捨てられるか、ごく秘密裏にしか行われなくなった。

彼らのヒンドゥー化に大きな拍車をかけたのは、インド・パキスタンの分離独立前夜の緊迫した状況である。パキスタン人でなく、インド人として残る道は、ヒンドゥー化しかないように思われた。ヒンドゥー教への組織的な集団改宗への「浄化」儀礼も、一部で積極的にとり行われた。しかし、そのさい同席して食事をともにした「高位」ヒンドゥー教徒の幾人かは、のちにのどに指を入れて、食物を吐いたともいう。

またこのような、組織化された祭式ならばバラモンも派遣されようが、彼らの日常生活において面倒をみてくれるバラモンはおらず、あいかわらず彼らは、結婚・葬式などの司式を、これまでどおりムスリムのカーズィーに頼るよりなかった。またインド内で少数派として残ったムスリムは、みずからを守るためにも、彼らのうちでの差別を以前ほど行わなくなった。昨今ではことに、神の前に万人平等、という原理原則もムスリム社会の枠内で再確認され、一部のポトゥアは、再々度イスラームに強く傾きつつある。しかし当然、その職業がら、ヒンドゥー教から離脱することも容易にできないポトゥアもおり、ポトゥア全体としてのアイデンティティは、以前よりもなお不安定にゆれ動いているといえよう。

このような状況を、彼らの無節操・不定見に帰することはできない。ヒンドゥーとムスリムという二つの世界のあいだにゆれ動く境界人としての彼らの存在は、聖と俗、聖と賤との、両義的にして互換的な世界のはざまをゆれ動く、放浪の大道芸人としての苦悩に深く根ざすものだからである。

絵語りと語り絵

ポトゥアの絵語り

ポトゥアとよばれる人びとは、西ベンガル州各地からビハール〔現ジャールカンド〕州のサンタル・パルガナー県にかけて、かなり広く分布している［Sen Gupta ed. 1973, 西岡・小西 一九七九、西岡 一九八四、同 一九九五、金 二〇〇〇］。彼らの多くは、伝統的に、ジョラノ・ポト jaḍāno-paṭ もしくは単にポトとよばれる縦長の絵巻物をもって村々を回り、絵の物語を歌にして門付けをして歩くが、その絵の内容や、絵語りを誰に見せるかという対象、また彼ら自身のうちの社会的区分などから、大別して、ベンガルのポトゥア一般と、サンタル・ポトゥア〔もしくはジャドウ・ポトゥア〕の二つに分けられる。

ベンガルのポトゥアは、前述のように、絵語りのほかに他の職能にも従事しているが、絵語りの場合は、幅三〇—五〇センチ、長さはときに二〇メートルにも及ぶ縦長の絵巻物をみずからの手で描き、みずから詩をつくり、それを歌いあげつつ、文字どおりの「門付け」をしてまわる。すなわち彼らは絵師であり、作詩家であり、また歌語りを行う放浪の芸人でもある。

縦長の絵巻というのはやや珍しく感じられるかもしれないが、十七世紀にグジャラート地方を旅行した英人が、これに関して興味深い記述をのこしている(1)。すなわちそれによると、インド住民に「一般に用いられている書写用の紙本は〔縦長の〕巻物の態をなしており、幅は三〇センチほどであるが、長さはときに三メートルにも及び、上部を綴りあわせた上、書写の用に応じて幾枚もの紙をつらねて、長くできるようになっている」、としている。このような紙が、十五世紀以来重要な製紙センターであったベンガル地方でも当時から用いられてきたことは、充分にありうることである（なお、例外的に横長のポトも存在する。相対して戦うイギリス軍とインド人を描いた、グルショドイ・ミュゼアム蔵の「サヒブ・ポト」Sāhib-paṭ がこの例であり［ドット 一九九六］、この場合、語りや場面展開は、日本の絵巻物とは逆に、左から右である）。

　ポトゥアの場合、門付けをするのはほとんど独りであり、楽器等を奏する同行者はいない。したがって芸能としては、いたってそれは素朴なものである。「ポトゥア・ションギート」すなわち「絵巻師の歌」との名称にもかかわらず、それは歌というより、きわめてあっさりとした読経にも近い語りで、話の展開も非常に早い。また、語りのさいに、一部ではポトそのものを載せる小さな木の台が用いられることもあるが、ふつうは道具立ても何もなく、左手で絵を下から上に巻きあげながら、次々と場面を繰り出していく。演ずる時間も短く、一巻で一〇分前後、という場合が多い。その主題の多くは『ラーマーヤナ』や『マハーバーラタ』、プラーナ類などに由来する伝統的なヒンドゥー神話を扱ったもので、これらは総じて、pauramik すなわち「古譚もの」として分類される。しかしそれは本質的に、サンスクリット語によるバラモンを通じての伝承ではない民間伝承に基づくもので、歌もベンガル語でもって歌われる。なお『マハーバーラタ』のベンガル語による翻案はすでに十三世紀、『ラーマーヤナ』のそれは十四世紀になされているが、このような歌語りで演じられるものは、絵のコマ数や時間が限られていることもあって、たいていが小さなエピソードである。

　また先にも触れたように、「ガズィール・ポト」（聖者絵伝、Ghāzir paṭ）などとよばれる、イスラーム聖者の霊験記のようなイスラーム神秘主義的主題もある。なかには「ショットピール Satyapir の物語」のように、ヒンドゥーの神格とイスラーム聖者が奇妙に合体した形で讃えられたりもしている。また宗教的主題としては、「クリスト・ポト」Kṛsta-paṭ のように、イエス・キリストの伝記を扱ったものまであり、その性格は変化自在である。それはまた、彼らの宗教的――ひいては社会的アイデンティティの不安定性を物語るものにほかならない。

また、それと並んで、アドゥニク ādhunik とよばれる現代ものもよくとりあげられる。著名な人びとの伝記や世俗的民話のみならず、世間をさわがした事件やニュースもの、また現代風俗を諷刺したものも人気がある。民衆の好みやニーズを常に意識し、積極的な放浪芸の闊達な一面と見てとれよう。絵語りのこの性格の一端は、今日のインドで最も民衆に人気のある、映画産業にもよく受け継がれている。

ベンガル・ポトゥアが描いた「フランス革命ポト」 上はバスティーユの攻略，下は逃亡を企てるルイ16世とマリー・アントワネット［Alliance Française, Calcutta 蔵］

また彼らの鋭い政治感覚は、インド独立やバングラデシュの独立、ヒロシマ・ナガサキの悲劇などをも積極的に主題としてきたが、近年ではベンガル民謡をもとり入れた節回しで、みごとな歌語りを行う者も出てきた。そこで彼らの絵と歌語りを、貧困撲滅や生活改善、識字率の向上、エイズ防止などのキャンペーンの一環としてとり入れる動きも、社会活動に携わる官民の団体から出てきている。この関係で興味深いのは、一九八九年、フランス革命二〇〇年祭を祝うにあたって、カル

死者の姿を描く「ジャドゥ・ポト」 すでに眼入れがしてある
［西岡直樹氏蔵］

カッタのアリアンス・フランセーズがビルブム県の幾人かのポトゥアにフランス革命の話を詳細に聞かせ、それを古来の形式での何種かのポトに仕立てあげさせて展覧会を行ったことである。そのときのカタログは小論文集の形をとり、ポト研究にも資するものとなっている(2)。

一方、サンタル民族のあいだに絵巻物をもってまわるサンタル・ポトゥアは、みずからはベンガル人でありながらサンタルの神話を絵と歌にし、サンタル語で門付けをする。サンタル自身がかなりヒンドゥー化をとげているが、彼らはそれに力を貸す一方、ヒンドゥーの神体系《パンテオン》や文脈に読みかえられたサンタルの神話や伝承を、このような形で定着させる役割を果たしている。

しかし彼らに最も特徴的なものは、死者の絵に黒眼を入れる儀式を伴った「チョックダン・ポト」cakṣudān-paṭ である。すなわち彼らは、死者の出た家を訪ねまわり、死霊が迷わず祖霊界に行けるようにと呪詞を唱えつつ、死者にみたてて描いた黒眼のない小さな絵に黒眼を描きこみ、お布施にあずかるのである。そのため彼らは、しばしばジャドゥ・ポトゥア Jādu-paṭuā、すなわち呪術絵師とよばれて恐れられている。先述のジョム・ポト（地獄絵）の描き手もまた、彼らである。

このようにベンガルのポトゥアは、パトロンも多数の観客もなく、ジャドゥ・ポトゥアの場合のように、しばしば迷惑がられつつも、なかば強制的な儀礼を行いながら、みずから描いた絵をもち、自作の歌をうたって放浪の門付けを続けるのである。しかし、みずからが宗教的・社会的に不安定なこともあって、同様に不安定な下層ヒンドゥーやムスリム、改宗クリスチャン、もしくは部族民たちに、一種の共感を共有しつつ、いわばその文化変容過程に役割を果たしてきた点は、文化史上も注目すべきことである。

グジャラートの絵巻語り

インドの絵語りに対する関心の高まりもあってか、近年ではさらにいくつかの絵語りの伝統が他地方でも明らかになってきている。そのうち、西インド・グジャラート地方のガローダ（もしくはガロー）Garoda/Garo 集団による絵巻語り［Jain 1986；1998］と、南インドのアーンドラ・プラデーシュ州テーランガーナー地方に伝わる絵巻語り［Thangavelu 1998a］は、いずれも縦長の絵巻を用いる点で、ベンガルのポトゥアの場合と共通である。

グジャラート州北西部一帯に住むガローダは、浄性が高いとされるパンチガウル・ブラーフマンに属すと自称してダヴェー、ジョーシー、シュクラ等の名をなのっているが、実際は清掃人や皮革職人等を含む「低位」ジャーティの人びとに対する通常の儀礼に従事するほか、吉凶の卜占・手相見・占星を行い、また神話の語りや絵巻語りにも従事してきた。概してグジャラート地方は語りや歌語りの伝統が豊富で、彼らのほかにも前述の地方劇「バヴァーイー」の演者やバッタ＝チャラン Bhatta-caran といった集団が語りを行ってきたが、ことにガローダは、バンバル・バット Bhambal Bhat すなわち「（やかましい）語りを行うバラモン」ともよばれ、さらに、ティパヌとかティッパン tipanu/tippan（「記録」の意に通ずる）とよばれる絵巻を用いて語りを行うことが特徴的であった。

今日ではこの絵語りの伝統はほとんど絶えてしまっているが、ジャインによれば、彼らは肩にかけた袋に絵巻物を入れ、神々の絵姿に接し、語りを聞くことで徳を積むようよびかけつつ門付けをしてまわる。

そのようすは、ベンガルのポトゥアの場合とほぼ同様であろう。そのさい小銭を渡すだけで終わる家もあるが、招き入れられると人も集まってくる。話に興が乗ってきたところでお金を集め、最後に家の者から穀物や小麦粉をもらう。

ジャインの報告する絵巻《ティパヌ》は三五×四二〇センチで、絵は横線でもって大小一九のパネルに分けられているが、筆者がアムダーバードで見た例はもっと短く、図柄も単純なものであった。用いている紙は機械漉きの洋紙を五―七枚ほど剝ぎ合わせたものであるため、ほとんどの場合、端や上下が破損している。(3)

古いものにはやや北方のパータンなどから招来された絵もあり、それらは顔料に天然のものを使っているが、近年のものは市販の水彩絵の具で、所々に金銀も効果的に用いている。図版によると概して色使いは派手で、明るい色調とくっきりとした描線が目をひくが、筆者の実見した例は色調が全体的にもっと暗く、濃茶色の勝ったものであった。しかし全体としてその絵の様式は、ことに横向きに描かれる人物の眼の表現がやや上目遣いである点などに、ラージャスターンのボーパが絵語りに用いるパド phad によく似た印象をうける。一方ジャインはその絵の様式を、グジャラートやラージャスターンのスワーミーナーラーヤン派のジャイナ教徒の描く地獄絵に類似すると指摘している。(4)

絵巻の内容はほとんどが神々の絵姿で、一九の図柄の内訳はまず最初が①寺院で、ついで、②日月、③ガネーシャ、④シヴァ、⑤ラクシュミーと続く。⑥はヴィシュヌの厚い信者ダーナ・バガット Dhāna Bhagat、⑦はドゥルガー、カーリー、バフチャラー Bahucarā の三母神で、左方に低階層民や「両性具有」のヒジュラーが信仰するバフチャラージーが鶏に乗って描かれているのが目をひ

地域的神話⑥—⑨の絵語りをするガローダ 絵は原色を使っている［Jain 1998］

く。⑧はカーリヤ竜を退治するクリシュナ、⑨はこの地方の伝承、シュラーヴァナの物語。⑩—⑫の三点は『ラーマーヤナ』に則し、それぞれ金色の鹿、アショーカ苑のシーター姫、邪王ラーヴァナが表される。一転して⑭は『マハーバーラタ』のビーマ王子が主題であるが、その前に、民衆のあいだに人気の高いハリシュチャンドラ王の物語が⑬として入る。⑮もローカルな伝承で、子供をバラモンに布施して供犠するチェーライヨ Chelaiyo の物語、そして最後の三点が地獄絵すなわち⑰ヤマラージャ（閻魔）と⑱三途の川を渡る信仰深い夫婦、⑲さらに六—八景からなる地獄の責め苦が描かれる。

それらについて詳細を述べることはしないが、興味深いのは、古代叙事詩に題材を採っている場合でも、それが十六—十八世紀にわたるグジャラート版の多様な伝承に基づいていることである。すなわち『ラーマーヤナ』は『ギールダール・ラーマーヤナ』に、『マハーバーラタ』はヴァッラブラーム・スーラジラーム Vallabhrām Sūrajrām の『マハーバーラトニー＝カター』に範をとっているし、ハリシュチャンドラ王物語やクリシュナ伝説も、本来の『マールカンデーヤ＝プラーナ』や『バーガヴァタ＝プラーナ』に依るというよりは、その図柄を見ると、それぞれ中・近世のグジャラート版独自の伝承の色が濃い。

その語りが実際にどのようなものであったかは不詳であるが、ガローダ（ガロー）を含めてグジャラートの「下層」バラモンはヒンドゥー讃歌のバジャンにすぐれているので（V章に後述）、節回しも伴奏楽器も、類似のものだったのではないかと思われる。

アーンドラの絵巻語り

一方、南インド、アーンドラ・プラデーシュ州のやや北寄りの内陸部、テーランガーナー地方にも絵巻語りがあることが最近明らかになった。美術史家のタンガヴェール女史は同州ワランガル県のある一村で住み込み調査を行い、このテーマで学位論文をまとめたが［Thangavelu 1998a］、以下にはその骨子を、ごく簡単に紹介しておこう。

彼女によると、この種の絵巻にはマデール・プラーナム madēl-purānamu とジャームバヴァンタ jāmubavanta の二種があるが、主題は異なってもその様式はまったく同一である。論文が未刊でゼロックス版コピーのために絵の細部はわからないが、辛うじて筆者が復元してみた図からすれば、ことにその人物の眼の表現は、前述のチトラカティー（マハーラーシュトラ州）のものを彷彿とさせる。この絵巻の描き手はナカーシー Nakāśī とよばれる伝統的絵師で、彼らは絵語りを行う語り部から詳しい注文によって絵を描き、一方、語り部はこの絵を厳しい禁忌や儀礼をもって保持・継承して、しかるべきときにしかるべきやり方をもって絵語りを行う。ことに絵が完成してはじめて人目に触れるときの儀礼は複雑で、絵は祭壇に飾られ、その前の床面は儀礼的床絵のムッグー muggū で荘厳《しょうごん》されて、神をそこに呼びこむ［沖・小西 二〇〇二］。かくて絵は強い聖性を帯びて神のいます場となり、これを持ち歩くことは神の巡幸 yātrā、また語り部にとっては聖地巡礼を意味することになる。

［Thangavelu 1998a : fig. 20］をもとにした復元模写（部分）

一方でそれは、強い社会性あるいは政治＝経済的イデオロギーに彩られている。すなわちこれらの絵と絵語りは常に特定のジャーティと結びついていて、その絵と語りの内容は、その特定ジャーティの起源と歴史を語り、彼らにみずからの社会的位置づけとアイデンティティを与える。多くの場合、そのジャーティは、洗濯業や織物師などのサービス・ジャーティや、比較的下層の小作農などである。こうして彼らは、このような絵と語りを通じてのみずからの社会＝経済的位置づけを得、強い自覚をもつにいたる。内容からしても、その物語には反バラモン的ヴィーラシャイヴァ派の枠組みにおける戦闘的セクト主義の匂いが強く、それはまた、一九四七年の独立時をはさんで熾烈に戦われた反権力的な「テーランガーナー闘争」の背景の一部をなすものとしても理解しうるであろう。

絵巻は幅約四〇—六〇センチ、長さは短いものでも四メートルで、ふつうは七メートルほど。最長の例では一〇メートルに達するものがある。したがって語りも長く、具体的な時間は不明であるが、タンガヴェール女史はその話のあらましのみで論文の四〇ページ余を割いている。その最古の現存例は一六二五年のもので、『マールカンデーヤ・プラーナ』を題材にした織物師向けのものであるというが、一九九三年の彼女の調査時の例（洗濯業集団用のもの）で見ると、全体でそれは、計一三五景からなっている。

その詳細は到底ここに紹介できないが、まずそれが原初の女神アーディムシャクティ Ādimśakti の図からはじまったのち、第二景から九五景までは、概してシヴァ神にまつわる神話が詳しく描かれ、語られる。すなわちオームカーラ・リンガ Oṁkāra-liṅga としてのシヴァ、神々の中の「実力者」ダクシャ、ダクシャとシヴァの確執、ダクシャの娘パールヴァティー（サティー）の誕生とその後のシヴァ神との結婚、ダクシャの大供犠祭とシヴァの排除、傷心のパールヴァティーの自害、シヴァの息子ヴィーラバドラによる復讐へ、と話が続く。

ただし興味深いのは、ベンガル等の東インドであれば、ダクシャの火に飛びこんだ貞女サティーの死を悼み、怒りに燃えたシヴァが妃の死骸を抱き上げて宇宙を放浪し、その死骸の各部分が地上に落ちてサティーの聖地シャークタピータ Śāktapīṭha となった、ということになるが、そのくだりは、ここにはまったく見られない。そのかわり、第九六景以下の逸話は最後の一三五景まで、ヴィーラバドラの息子とされるマディヴェライヤー Madivelaiah の話へと変わる。しかも、侵入してくるムスリムの王をも追い払うこの英雄神は、その篤い信仰心をもって、神々の衣服を洗濯する立派な役割をもみごとに果たすのである。(5)

ここで、この語りが洗濯業者向けの絵と絵語りであったことを思いおこしたい。そこには彼らの社会の神話的・歴史的系譜が、原初の女神・原初のリンガにはじまって、シヴァ、ヴィーラバドラ、さらにはマディヴェライヤーから現今の彼らへ、とみごとにたどられている。しかもその系譜は一線的なものではない。化身、もしくは生まれかわりという観念をもつヒンドゥー社会では、「息子」とはいえそれは「父」の生まれかわりであり、かくてヴィーラバドラに殺されるダクシャも死後はムスリムの王として変生して、ヴィーラバドラの生まれかわりであるマディヴェライヤーと対峙するのである。

その詳細は、事こまかに絵巻に描きこまれている。語り部は絵を指し示しながら話を進めるが、同一画面に同一人物が複数回登場することはよくあり、またそれに次いで、絵巻を巻き上げていく関係上、概して上から下へと視線が移るのが原則である。しかし、ときにその動きはジグザグであったり、突然斜め上に戻ったり、またそのさいにいくつかのパネルを飛び越してしまうこともある。いったん巻き上げられた部分を巻き戻すことはないため、話の関係上、あらかじめ登場人物を描き込んでおいたり、また先には別人物であった図柄が他の人物として語られたりすることもある。さらに、概して主要人物は中央に大きく描かれるのが原則であるが、話の展開のなかで、意外に小さく隅に描かれた者がそれであったり、また見すごしてしまいそうな隅の小像が話のなかでは大きな意味をもつことも多いので、語りなくしては絵を理解することができない。語り部はこのように、図巾のイコノグラフィーや、特定のジャーティとも深くかかわる話の展開に通暁しており、絵師はむしろ、そのパトロンでもある語り部の細かい注文に従って絵を描いていくのである。

テーランガーナーの死者儀礼

一方、絵師のナカーシーは、絵巻のほかにも他の工芸に通じ、木・粘土・紙・布などによって小像・仮面・玩具などをもつくる。なかでも五三個のセットからなる小像群は特徴的で、それらは牧畜を生業とするゴッラ Golla ジャーティのあいだに行われるマンダヘッチュ mandahecu という死者の浄化儀礼に用いられる[Thangavelu 1998b]。これらはいずれも柔らかい木芯にオガクズやタマリンドの種を混ぜたもので細部をつくり、細い布を幾重にも巻いてラッカーで彩色したものである。その中心はガンガーンマー(ガンガー母神)であるが、勇敢で悲劇的な死をとげたゴッラの英雄神夫妻や多くの鳥獣がそれをとりまく。ことにその丸い眼の表現は、アーンドラ地方の影絵人形の顔の表現に通ずる。小型で美しいものであることから、近年では「民芸品」としても売られるようになってきたが、その本来の目的は儀礼的なものであることを示す一例である。

さて、この死者儀礼では、ゴッラの十二支族のうちでもアル・ゴッラ Alu Golla がゴッラやヤーダヴァ・ジャーティの歴史と系譜を語り、ことに英雄たちの壮絶な生涯を、四—六時間にもわたって歌語りする。彼らは土地も家ももたず、放浪のテント生活をしているらしいが、彼らのもつ一種呪術的な聖性によって、ことに最近死者の出た家から呼ばれて門前で儀礼を行う。「マンダ+ヘッチュ」の字義からも明らかなように、そこには家畜 manda の増殖 heccu 祈願という意味合いも強い。元の報文には記述がないが、写真で見ると歌語りの演者は五、六人であるらしく、場合によって異なるのであろうが、中央の男性が小さな鼓やカスタネットを手にして歌っている。脇の伴奏者には女性も交じり、より大きな体のドール、小

アーンドラ・プラデーシュ州の死者儀礼，マンダヘッチュ　中央にガンガーンマーの像を据え，歌語りをする．ワランガルにて撮影［Thangavelu 1998b］

シンバルのマンジーラー、またリード楽器のシャーナーイ状のものも見える。細い棒が見えるのは、話の筋に従って、これで特定の像を指し示すのであろうか。

いずれにせよここには、かつてマハーラーシュトラからアーンドラやカルナータカのような南インドの諸地方にまで広がっていた、絵語りあるいは像や影絵人形を用いた歌語りの伝統があったことがうかがえる。そこにはおそらく、キッレーキヤータKillekyātaとよばれる芸人集団の関与があった［Thurston 1909 : 293 ; Morab 1977］。彼らはかつてはマハーラーシュトラ地方に本拠をおいて影絵人形芝居を行っていたが、元来遊動的な彼らはやがて南に移動し、その過程で技芸も広がった。その結果、彼らはアーンドラ地方の影絵芝居「トール・ボンマラータ」やカルナータカ地方の「トガル・ゴンベヤータ」などの起源にかかわっているとされる［コントラクター 一九八九］。影絵人形のみならず、語り絵の人物表現をもあわせた比較検討によって、今後の文化史上の解明が期待される重要な問題である。

前述の「チトラカティー」もまた、今日ではマハーラーシュトラとはいえゴアにも近いコーンカン地方の一端に残るのみであるが、その絵は古くはマハーラーシュトラ州内奥のパイターンとのかかわりを強く示し、またその担い手のタッカル・ジャーティも、十八世紀にはマハーラーシュトラ東部のサヒヤードリ高地よりコーンカン地方に移動してきたとの伝承がある。すなわち当時、この地方を治めていたサワントワーディ王家 Savantvādi Rāja、とりわけジャヤラーム・サワント Jayarām Savant（一七三八—五二）が彼らをこの地に呼び、庇護したという。(6) このことは、チトラカティーの絵の一部が、アーンドラ・プラデーシュ州アナンタプルに残る古い壁画や前述のテーランガーナー地方の絵巻、また同州一帯にいまも伝わる影絵人形にも様式上通ずるものが見てとれることを説明するものかもしれない。

その一方ではまた、より北方の諸地方との関係も見すごせない。すなわち前述のナカーシーのつくる人形を含めて、南インドの絵巻や影絵人形では概して赤を基調としつつ、黒くて太い描線でアウトラインを目立たせ、また人体を上半身のみ正面に向けるほかはすべて横向きである。これらのきわだった特徴は、グジャラートのガローダやラージャスターンの絵語り師ボーパの語り絵とも類似を示し、十八世紀以前の諸グジャラートやラージャスターンとの交流があったことを示唆する。もしくはここに、西・南インドの諸地域差を超えて共通する、広くて深いインド民画ローク＝チトラ lok-citra の一貫した伝統が存在していたことを見てとることもできるであろう。

ラージャスターンのボーパ

さて、絵の様式のみならず、儀礼性を伴いつつ、音楽を奏しながら絵語りを行うラージャスターンの芸人ボーパ Bhopa/Bhopo も、その性格を、すでに述べてきた多くの絵語り芸の演者と共有している。しかし彼らの用いる絵パド phad/pad は一枚の横長の布に描いたものであり、その点で、紙の絵巻を繰り出すベンガルやグジャラート、アーンドラ地方の絵巻語りの形式や、「チトラカティー」のような紙芝居形式のものとは異なって、むしろイランの「パルダー・ダーリー」、インドネシアの「ワヤン・ベベール」との形式上の類似を示す。

ラージャスターンという、パキスタンと国境を接してインド亜大陸の西部に大きく広がるこの地方は、その名のとおり「王族の地」であり、英雄譚と神々の神話に満ちたところである。ここに生まれ育った人びとは、みずからをラージプートすなわち王族の子とよび、乾いた大自然と厳しい人生に、敢然と立ちむかってきた。

彼らが祖とあおぐ王族たちは、いつのころともわからぬ古代インドの神話的・英雄的神々である。事実、七世紀半ばから軍事力を身につけはじめた彼らは、その後も幾多の戦いを勝ちぬいて、八―十二世紀末にいたる五〇〇年間の輝かしい「ラージプート時代」に、その誇りをあらたにした。その後の長い異民族支配にあっても、彼らのラージプートたる意識は燃えつづけ、彼らの祖たる英雄神を詩や歌にうたい、人形芝居や絵語りなどの芸能に語り伝えてきたのである。

三年に一度は旱魃で、八年に一度は大飢饉という厳しい環境にあるこの地方では、都市部をのぞき、一平方キロメートルあたり五〇人という人口密度である。人びとはそこに、計三万以上もある小さな村をなして住みついているが、彼らにとって、ともすれば島のように孤立しがちな村々を回ってくる芸能は、なによりの楽しみであった。さえぎるものもない地平線に空をこがして陽が落ちると、旅芸人たちは幕を張って即席の舞台をつくり、村の小さな広場で、あるいはパトロンの家の庭先で、その芸を披露しはじめる。

ボーパとその背後のパド　ジャグマール・ポーパとその家族

松明《たいまつ》やランプの光に浮かびあがる古代の神々や英雄の姿は、人形や絵姿であることを忘れさせるほどに人びとの世界にさまよいだし、また人びとを非現実の世界にさそいこむのである。

これらの芸能のほとんどは、単なる娯楽というよりも、神々を招来し、人びとを祝福し、願いをきいてもらう儀礼的な性格をあわせもっていた。芸人は祭司でもあり、パトロンは儀礼の施主でもあった。したがって施主は、独力で全費用を負担し、集まってきた人びとに自由にそれを公開して、文字どおり旦那（ダーナー＝布施主）としての資格を社会的にも得ると同時に、徳をつみ、神々からの祝福も得たのである。

ボーパとよばれる芸人集団の行うラージャスターン地方の絵語りも、本来そのような儀礼的性格をもつものであった。施主は絵語り師ボーパを通じて、捺染師のチパー Cipā ジャーティに属する絵師チャターラー Catārā に、みずから信仰するデーヴナーラーヤンジー Devnārāyaṇ-jī (Deonarain) やパーブージー Pābūjī などの画像を発注し、そのエピソードとともに、パドとよばれる絵を描いてもらうのである [Parmar 1975; Joshi 1976; Hartkamp-Jonxis 1979; Smith 1991; *et al.*]。

パドは、内容・形式上二種に大別でき、一つはデーヴナーラーヤンジーを主題とした横長のもので、バグラーワト Bagrāwat・パドとよばれることもある。その長さは幅一二メートル近くにも及ぶが、もう一つのものはパーブージーやラームダラー Rāmdalā を扱った横幅四・五メートルほどのもので、いずれも高さは一・五メートルほどである。このような絵は、ふつうパトロンないしは村落《グラーマ》からボーパに寄進されるが(7)、その申し出を受けて、ボーパは、パドの主題のみならず図像学的な細かい点にいたるまで絵師に注文をつけ、またその作業に臨席し、詳細に点検した。すなわち彼らは、神々の絵姿が正確に描かれるよう、絵師を厳しく監督したのである。

しかしその一方で、ボーパは絵師を師《グル》 guru として扱い、絵具をまぜるなど簡単な作業を手伝うこともあった。それでも彼らは、ポトゥアの場合などとは異なり、みずから絵筆をとることはしない。また描きはじめ、描きおわり、さらに絵の引き渡しの日には儀礼が行われた。ことに絵のできあがったときには、寄進者であるパトロンや村の代表者の家で、絵の開眼式 cakṣudāna が行われ、のちにその場で、パド開きとでもいうべき最初のパフォーマンスが行われた。パトロンやパドの寄進者としての村は、その行為によって徳をつみ、神々の恵みを期待するが、パドの寄進のないときは、ことにパトロンのいなくなってしまった昨今、ボーパは直接絵師より絵を買うよりなくなってきた。

この点に関しては最後に再び述べるが、それでもなお、神々の姿を描いたパドは神々の降《くだ》る場であり、それを広げた場は一時的な神殿となると考えられた。したがって、パドの取り扱いには細心の注意を要した。絵語り師ボーパはパドに対して日に三度の祈りを捧げるし、また昼は忙しくたち働くという神々をわずらわせぬよう、日中は絵を開かずに、不浄の場を避けて、寺院か家の壁に立てかけた。ことに聖性が高いとされるデーヴナーラーヤンジーのパトは、雨期の四か月は開けないし、また南面して開いてはいけないなど、多くの禁忌がある。

また、もはや古びて使用にたえなくなったようなパドは、儀礼を行ったうえ、かつては聖なるプシュカル湖中に収めたという。古いパドが現存しないのも、一つはそのためである。いいかえれば、彼らは寺院でパドの管理をするという、一種の宗教的職能を担っていたのである。

パドとボーパ

ボーパは、アラーヴァリー山脈の南東にあたるマールワール地方のジョードプルとナーガウル周辺に多く住むが、その活動範囲は、北はタール沙漠から南はグジャラートのカッチ地方にまで及んでいた。一方、絵師チャターラーは、古くからの細密画の伝統を守ってきたメーワール地方のビールワーラーを中心に、ウダイプル、チットールガルなどに住みついている。実際彼らの描くパドは、構成や眼の表現などに、伝統的なメーワール派細密画の伝統が生きているのを見てとることができる。

絵の全体はいくつものパネルに分かれている。真ん中に中心人物（神格）が描かれ、概して重要人物や重要なエピソードほど中心部に描かれる。その他の人物や挿話は、横にもつながれば、縦にも上下にもつながっていく。物語の順を追って描かれるわけではないため、語りの展開にしたがって、当該の絵の部分は、ときにまったく離れたところにとぶ。そのうえ、同一の絵を用いながら別の物語となる場合もあるので、先の敵味方関係が絵の上で逆転したりもする。また、虎の頭を刀で切り落すところなどでは、切られる前と後の虎の頭が、同時に二つも三つも描きこんであったりする。

このような絵を手にして、ボーパは、かつてはパトロンの招きに応じ、いまは人の集まる場や観客を求めて、二―三人から四―五人が一組となって移動する。その主題がデーヴナーラーヤンジーの場合はジャンタル jantar という小型ヴィーナー状の撥弦楽器、パーブージーの場合は小型フィドル状のラーヴァナハッタ Rāvanahatta, Ravanhātha という擦弦楽器（弓の先に鈴がついている）を弾きつつ、物語をうたう。楽器を弾きつつ歌をうたい、ときには踊るその主たる役をパータヴィー pāṭavī というが、彼はこのパドのオーナーでもある。それに対し、従たる役のディヤーラー diyālā がランプ diyā を手にして、パドの関連部分を照らしつつ、かけあいの歌をうたう。演技の場は儀礼の場であり、ランプで神の絵図を照らしだすことによって神々をその場に呼ぶのであるから、[8]公演はときに二〇時間から一昼夜以上にわたることがあるとはいえ、大切な場面は夜になるよう、行われなければならない。

このディヤーラーは、ふつう女性もしくは女装の男性であるが、前者の場合は、主従が夫婦であることが多い。もしディヤーラーが女装の男性であれば、歌や楽器にあわせて派手に踊るが、女性（ボーパに対するボーピー）であれば、彼女はサリーで顔をかくしたまま、踊ることもしない。しかしそれでも、その歌や音楽は、他の絵語りの形態の場合よりもずっと高度で、芸能としての態をなしている。

デーヴナーラーヤンジーのパドを用いるのは、より正確にはラージャスターンでもビールワーラー県のシャーハプラ Shāhpura とナーガウル県のラーンバー Lāmbā においてであるが、これらの地では、まったく楽器を用いないこともあり、また鼓のように胴のくびれた太鼓のダーク dhāk を用いて、集団で歌をうたったり、また踊りを見せることがある。パーブージーのパドはバールメール県に盛んであるが、ここでも前述のような形のほかに、集団で、皮を張った二個の土壺をたたきながら絵語りを行う場合もある。[9]パドを使うボーパ phaḍ-dhārī のほかにも、加持祈禱によって病気なおしや悪霊払いをしたり、神の託宣をきくシャーマニスティックな性格をもった寺院付のデーヴラー・ボーパ、また独身の苦行者ジャマート・ボーパのような人びともいて、その裾野は広く深い［Singh 1998; 三尾 一九九五］。ボーパの本質を知るうえでも、忘れてはならない点であろう。

とはいえ、パドによって絵語りを行ういわば「パド・ボーパ」は、基本的に芸人である。その服装は男女ともに赤で、男性の赤いターバン、赤シャツに赤スカート、女性の赤いサリーは、そのままパド中の登場人物の服装でもある。あたかも絵の中から抜けだしてきたかのようなボーパは、パドに表された神話的世界と、観客の身を置くこの世とをつなぐ役割を果たしている。ボーパはいわば民衆にとっての祭司役であり、パドはその神殿であるといえよう。パドは芸能の単なる書割《かきわり》ではなく、神の居場所であり、ひいては神そのものなのであるから、この場合、場の最奥にあるパドそのものがこの演技の中心なのである。ボーパはその前を、前後左右に動きつつ、神々と交感し、観客に語りかける。また観客のうちでも、この儀礼に直接かかわる施主や、ボーパとのあいだに一種のかけあいを演ずるフカーラー hukārā とよばれる一部の人が演技を盛りあげ、ボーパと観客のあいだをさらにとりもつ。神意と教義は、このような形で、二重にも三重にも伝達されるしくみとなっている。人びとはそこに、宗教的な面のみならず、みずからの社会的・文化的な拠りどころを見つけ、ラージャスターンの人間であることを再確認しあうのである。

パーブージーの物語

長大な絵巻として描かれた絵の実際と、その各部分に対応する語りとの関係を詳細に検討することは、絵画表現の問題としても、語りの展開とその内容上の分析という点からしても、当然、重要なことである。絵巻としてより大きく、かつ語りにはいっそう時間のかかるデーヴナーラーヤンジーのパドについて、O・P・ジョーシーは二章三〇ページ余を費やしてその実態を明らかにし［Joshi 1976 : 39-69］、またジョードプル郊外のボルンダにある芸能研究所の「ルーパヤン・サンスターン」からは、全八巻に及ぶ、ラーンバーのダンナラームジー・ボーパによる語りの全記録が刊行されているが、ここではただ、それが二四

パドに描かれた英雄神パーブージーとその援助者トーリー　右下に超能力の黒駒が見える

人もの兄弟が次々と繰り広げる、財《アルタ》と愛《カーマ》・法《ダルマ》という、まさにヒンドゥー世界で追求されるべき人生の三大目的をめぐる華々しい冒険と戦いの物語、というにとどめるよりない。そこにはムスリムやマラータの武人たちも登場することから、時代は十六世紀を大きくさかのぼるものでなく、逆にそうであるがゆえにこそ、そこには誇り高い近世ラージプートの価値観や世界観が大きく反映していることを、はっきりと見てとることができる。

しかしデーヴナーラーヤンジーのパドよりもいっそう人気があり、かつ頻繁に演じられるパーブージーのパドについては、その物語の梗概を多少くわしく紹介しておく必要があろう。一つにそれは、おそらくこの語りが基づいているであろうテクストがはっきりしていること、またそれによって、実際の語りとそれを比較することが可能であることによっている [Smith 1991]。その語りと絵の表現との関係は、ここでも立ち入ることはできないが、語りによるパーブージーの物語は、おおむねこのように展開する。

パーブージーは、およそ十四世紀ころの人という設定であるが、誉れ高いラージプートの武人であった。その舞台は、今日の地名でいえば、デリーから西南西へタール沙漠の南半を横切る、スィーカル、アジメール、ジョードプル、さらにパキスタン・シンド地方のウマルコートを結ぶ一帯が中心であったと考えてよい。そしてパーブージーは、トーリー thorī と呼ばれる四人の助力者とともに、この一帯をかけめぐって「富と名誉」を次々と手に入れていた——早くいえば、匪族《ダコイッ》のたぐいと大差はない。

その武勲譚には数かぎりがないが、数ある遠征のうちでも重要なものが、その腹違いの弟ブーロー Būro の娘ケーラン Kelan の嫁入りにさいして、持参財《ダウリー》を整えるために、おそらくは今日のシンド地方タッターのあたりであったはずの「ドードー・スームロー Dodo Sūmro の領地」からラクダの一群をもたらすべき戦いであった。その往還での冒険や戦いの数々が、いわばこの話の前段をなしている。

さてパーブージーは、四人のトーリーのみならず、彼のまたがった、ケーサル・カールミー Kesar Kālmī とよばれるみごとな黒毛の雌馬に援けられることが常であった。超能力をもつとされるこの黒駒は、マールワールの沙漠に家畜を飼うデーヴァル・デーヴィーという姫君から、その家畜を守ってくれるなら、という約束のもとにあずけられているものであった。

ところで、それよりやや北東方のジャーヤルの王ジーンドラーヴ・キーチー Jhīndrāv Khīcī は、かつてこの名馬を手に入れようとして、姫に激しい戦いをいどんだ。デーヴァル姫はコールー Kolū 国に庇護を求め、その王から娘として遇されたため、その謝礼として、いまや義兄弟となった同国の王子パーブージーにこの黒駒を託したのである。

さてパーブージーはやがてフールマティー Phūlmatī という美姫と婚約し、まさにその結婚式が行われているさなかに、ジーンドラーヴ王はデーヴァル姫の家畜を襲い、その雌牛を略奪した。デーヴァル姫はただちに鳥に姿を変じて、花聟の席にあるパーブージーに急をつげる。パーブージーはすべてを投げうって黒駒にまたがり、一千の敵をたおして雌牛の群を取り戻すが、ついには深手を負って、その異母弟ブーローとともに落命する。パーブージーの新妻フールマティーとブーローの妻は、ラージプート武人社会のしきたりどおり、荼毘の火に身を投じてサティー（殉死の貞女）となり、天においてそれぞれの夫との永遠の結合を得たという。

この話には、勧善懲悪のハッピーエンド、といったような、昔話の典型はみられない。あえていえば、約束を死守する武人の倫理、また夫に殉死する妻の貞淑が描きこまれているが、それが主題というわけでもない。むしろ特定の時期や場所の限定があることから、これは神話や物語というよりも、中部ラージャスターンの伝説的叙事詩とされるべきものである。

しかし、そうであればなおのこと浮かびあがってくるのは、ラージャスターンやグジャラート地方の地域的特性としてこの地方に顕著にみられる、中—近世の武人やその妻の死をいたむ、いわゆるヒーロー・ストーン、サティー・ストーン建立とその儀礼のなす文化複合とのかかわりである［Setter & Sontheimer eds. 1982］。英雄崇拝というよりは怨霊信仰に近いともいえるこの風習は、パーブージーとその四人のトーリーのパドにおける表され方、すなわちいずれもアーチ型の建物中に配され、パーブージーの頭上には日月や、死者の魂を運ぶという孔雀が表されていること、また黒駒や武具の配し方などにも反映しているように思われる。

実際この物語は、マールワールのジャシャヴァンタ・シンハ王（Jaśavanta Siṁha, 一六二〇—一六七〇）の宰相ムンハトー・ナイナスィー Mūhato Naiṇasī の年代記『キヤータ』*Khyāta* 中に「ヴァータ・パーブージー＝リー」Vāta Pābūji-rī としてあらわれるもので、その限りにおいても、史実をある程度反映したものと信ずることができる［Hartkamp-Jonxis 1979］。しかし実際の語りにおいては、単なる略奪者の群にも格段に誉れ高き英雄化がなされ、超能力をもつとされる黒駒をも含めて、すべてが美化されるばかりか、デーヴァル姫は女神の化身、パーブージーは『ラーマーヤナ』のラクシュマナの化身、というように、主要人物の読みかえ・神格化が次々となされていくのである。しかもこの『ラーマーヤナ』への傾斜は、本来はシンド地方のタッター付近と考えられる「ドードー・スームローの領地」をランカーに比定し、(インダス)川を渡ったはずのラクダは、はるばる(スリランカへの!)海を渡る話にまで転じてしまった。

概して絵としてのパドのほうが元の話に近く、話のほうが大きくなりがちな傾向が見えるが、それでも近年のパドをみると、一部に『ラーマーヤナ』から採ったらしい話が絵として一部混在している。その変容がいつごろからどのように起こったのかは興味深い問題ながら、前述のように古いパドが現存しないので確かめようがない。しかし図像の保守性に対して、語りの展開のもつ無碍《むげ》なる性格を、ここにも見てとることができるであろう。

絵語りの変容

このような変化は、当然パトロンや観客・聴衆の期待や好みによるところでもある。実際、語り芸のみならず、儀礼においてすら、パトロンの存在は大きい。その好みや反応は、このラージャスターンの語り芸の場合でも、ボーパを通じてパドを描く絵師に反映され、またボーパの公演にも直接ひびく。絵師もボーパも、絵の製作や公演を繰り返すことによって主題を蓄積し、またそれをリマインダーとしつつ、また多少のイノヴェーションをも伴って、絵や公演を再生産するのである。この有機的関係は、パドをめぐる、絵師、ボーパ、パトロン、観客間の関係をモデル化した次ページの図[10]に見られるとおりであり、必ずしも多言を要すまい。

それでも、絵語り芸そのものがパトロン・観客の支持を失ってきた昨今においては、この関係に大きな

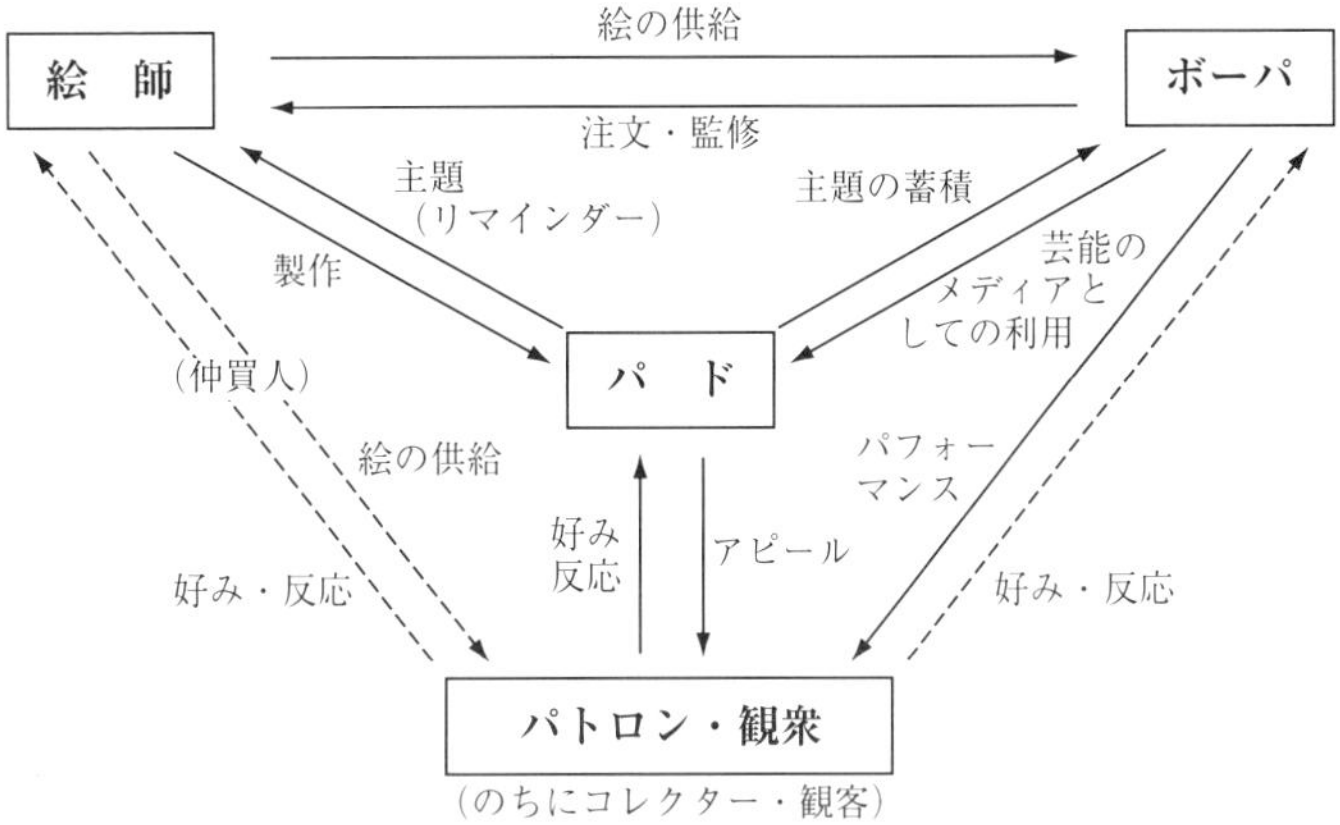

パドをめぐる絵師，ボーパ，パトロン，観衆／観客との関係

変化が生ずるようになった。すなわち「観衆」は、パドの絵をほしがる美術愛好家＝コレクターと化すか、もしくはボーパの歌や踊りを好む観客と化し、その反応は、それぞれ絵師やボーパに、直接向けられるようになった（モデル図中の点線）。絵師は正式のパドではなく、民芸品すなわちお土産用の小さな壁かけなどを描くことに専念するようになり、かくて、かつて絵を注文し、監督したボーパのかわりに、バイヤーの意向をうけた「仲買人《ブローカー》」がその位置を占めるようになった。さらに絵師ではなく、ボーパ自身が絵を描く場合も見られるようになった。本来なら絵の内容を厳しくチェックする役割をもっていたはずの彼らが、買い手や仲買人の目に「にぎやかに見えるように」と、本来性格のまったく異なるものであったはずのパーブージーとデーヴナーラーヤンジーのパドの図柄を、なんの屈託もなく一枚の絵に描きこんでしまっている例も報告されている［外岡 一九八五］。

また一方、ボーパは、その歌と音楽・踊りを儀礼的背景から切り離し、芸能として独立させるか、もしくはラージャスターンの「民謡歌手」としてあらたな装いをまといつつある。一九八四年に日本で公演を行ったボーパ（テージャーとナトゥラーム）も、すでに故郷を離れてデリー近郊に移り住むようになっており、良くも悪くも、インドの大都会や海外の公演に応えるにたる母子のひと組となっていた。

いわばラージャスターンのボーパの場合は、当初から絵と芸能が分業であり、それぞれにそれなりに高度な技術をもっていたからこそ、このように器用に転身をとげることができた。しかし、より原初的な、したがってそれだけに根源的な内容・形態・性格をぬきがたくかかえていた一部の絵語り芸能は、おしよせてくる「近代化」の波に、良くも悪くも、変身をとげることがなかなかできないままにある。

大道芸と蛇つかい

大道の「芸術」

「不許葷酒《くんしゅ》入山門」、すなわち精のつく食物や酒をもちこまぬこと、とする戒壇石は曹洞禅寺の入口によく見かけるが、最近千葉県八千代市の長福寺に「禁芸術売買之輩」というのを見つけて面白かった。

芸術といっても、これは芸と術、すなわち余興としての技芸や術道のたぐい、と解さねばならぬものであろう。常済禅師（瑩山紹瑾《けいざんじょうきん》）の『坐禅《ざぜん》用心記』には、「技芸・術道・医方・占相……歌舞・技楽・諠《ぎ》誖《はい》・戯論《けろん》・名相・利養、ことごとく之を近づくべからず」云々とあって、かえってそれらがかつては盛んであったことを如実に知りうるが、日本ではこれらは総じて「歌舞音曲」などと差別を受けて、いまではほとんどその姿を消してしまった。しかしインドでは、いまでもこれらがすべて、大道や村の辻に活きつづけているのである。

まずインドの大道芸といえば、すぐに思いうかぶのが蛇つかい《マダーリー》であろうか。プーンギーという、先の丸い、独特の音のする笛の動きにあわせて、ゆらゆらと頭をゆらすコブラの姿は、だれにも印象的なものである。そして猿まわし、熊つかい。ダマルという、シヴァ神の持物でもある振鼓《ふりつづみ》をカラカラとならしてやってくる彼らは、実に複雑な芸を動物たちにやらせて笑わせる。日本の周防《すおう》猿まわしなどにおいて、猿に芸を仕込むのがいかに大変な作業であるかを多少とも知る筆者などは、笑うどころか感心のしっぱなしである。
芸人たちも、一家四—五人のグループで、太鼓をたたき、歌をうたいつつ流してくる。父が口上、母が歌、男の子は太鼓を打ちつつ跳躍し、女の子が踊りながら歌う。なかば伝説化した「ロープマジック」ほどではないが、それぞれにかなりアクロバティックな曲芸や奇術もこなす。人を楽します芸能集団でありながら、妖術や誘拐といった暗い一面のイメージを彼らにもつ人もある。

また弾き語り、占い師、見世物本位の偽ヨーガ行者、ガマの油まがいの口上付の薬売り、口ぶりもおかしいアメ売り、小鳥がくわえてくるおみくじ売り、のぞき絵、からくりのたぐい。やや複雑な芸能ならば、神々の神話を扱った紙芝居のチトラカティーや、それを絵巻にしたてた絵語り師のボーパやポトゥア、また組立式の舞台をかつぎまわる操りや影絵人形師、ふだんは森にこもっているが、ときに村や町に出てきては宗教歌を朗々と歌いあげる吟遊詩人たち……。インドのちまたは、およそ考えつくかぎりの大道芸術の博物館といっても過言ではない。そして彼らこそが、ともすれば閉鎖的となりがちなインドの村のくらしに、大きな風穴をあける重要な役割を担ってきた。

これら芸能の一つ一つには、実はインド文化史上の知られざる貴重な問題がぎっしりとつまっている。いくつかの芸や術は、ことにその儀礼的な側面において、古くは『アタルヴァ・ヴェーダ』、ややのちでもタントリズムの系譜にまでさかのぼるものであろう。概してインドでは、くらしのすみずみにまでことごとく宗教色が強いが、ことに絵語りや人形芝居、放浪芸人たちの歌や口上には、ヒンドゥー儀礼や神話の伝統が色濃くのこっている。彼らの一部が、いまだにジョギとかジュギ、すなわち行者《ヨーギン》とよびならわされていることは、彼らが単なる「芸人」ではなく、宗教儀礼と深くかかわる存在であったろうことを思わせる。彼らが一様に、バラモンを頂点とした社会的ヒエラルヒーにおいておとしめられているのは、かえって彼らが、より古くて深い、強烈な民衆の宗教文化伝統を一貫して担ってきたゆえなのではないかとすら思われる。この聖と賤の両義性はまた、日本の中・近世以降の芸能集団のあり方ともかかわるものであった。

蛇つかいの背景

「インドといえば蛇つかい」――なのだろうが、その実態や社会についてはほとんど知られていない。たしかに人の集まるような所、都会や観光地、ことに外国人の目につきやすいようなところでは彼らの姿を見かけることも多いし、ターバンを巻いて、特異な笛を吹きながら、ゆらゆらと鎌首をもたげるコブラを「踊らせ」ているようすは、インドを訪れたことのない人にもおなじみのものであろう。

しかし蛇つかいは、その生業として、「コブラの踊り」だけを専門とするのではない。芸としては、彼らが常に籠に入れて持ち歩く大小の蛇を手や首に巻きつけてみせたり、小さな蛇ならば鼻や口に入れて見せたりもする。また蛇に腕を噛ませた上で、ガマの油もどきの塗り薬や薬草を、口上も面白く、しかしある種のおどろおどろしい迫力をもって売りつける。その上、彼らだけが知っているとする呪文《マントラ》を唱えれば効力はまちがいなし、というのだが、当然それは、簡単には人に教えない。蛇に咬まれたならば、もはや単なる芸人ではない、呪術師・呪法師としての彼らが、ただちに、しかも丁重に呼ばれねばならないのである。

蛇に咬まれたときのみではない。家やそのまわりに蛇が出没するときも、彼らにたのんで蛇に立ち去ってもらうか、二度と入ってこないような呪法をやってもらわねばならない。蛇族《ナーガ》の宿敵とされる霊鳥ガルダにまつわる聖典『ガルダ・プラーナ』や、火神の聖典『アグニ・プラーナ』のようなヒンドゥー教の古典的経典類には、このような場合、蛇つかいがどのような用意や服装をし、どんな順序をもって、その複雑な呪文や呪法をとり行わねばならないかが、かなりくわしく規定されている。その概要に立ち入ることは彼らの商売のためにもひかえるが、蛇つかいは本来マントリン、すなわち呪文《マントラ》をよくこころえた、儀礼の執行者でもあったことがよくわかる。

実際人びとは、蛇に咬ませて血が流れだし、もしくは傷口から次第に青ざめてくる蛇つかいの腕が、呪文と薬によって治るようすに目をみはる。また、蛇つかいの笛の音に、思いがけずも家の床下から蛇が這いだし、なんと蛇つかいの籠の中にすべりこんでしまうようすに息をのむ。むろんそこにはトリックがあり、血も青ざめた膚の色も、痛みを押さえるふりをして別の色を塗りつけることもできようし、床下にひそむ蛇も、飼いならした自分の蛇を、あらかじめ隠しておいたのかもしれない。コブラを踊らせる、瓢箪の先に二本の竹管を付けた形のプーンギーというあの独特の笛も、その音色自体が蛇を酔わせるのでなく、実は前後左右に振る笛をめがけて、攻撃の姿勢をとっているのだといわれる。

しかし、このようないかにも「合理的」な解析は、蛇つかいの面白さやありがたさを殺《そ》ぐばかりでなく、実は何の意味もない。霊鳥ガルダがいかに蛇族《ナーガ》の宿敵となったかの神話を小さいときから常に説ききかされてきた人びとは、呪文にこめられたガルダの霊力を信じて疑わないだろうし、またあのただでさえ神秘的な音色をかもすリード楽器のプーンギーにしても、その音が、基調の通奏低音《ドローン》とともに、ラーガ・バイラヴィー、すなわち常にコブラを首に巻きつけているシヴァ神（バイラヴァ）にちなむ旋法音階に調律してあることを、人びとは、なかば無意識的にせよ聞きとっているのである。

その上、蛇自体が、古来インドでは、人びとの崇敬を集める神であった。いまだにヒンドゥー教徒のあいだでは、七月中旬すぎにあたるシュラーヴァナ月の第五日に、蛇神のまつり「ナーガ・パンチャミー」

を各地で盛んに行っている。このころはちょうど、木々も葉を落とす猛暑が去り、待ちに待った雨期のくるころで、蛇も這いだす季節である。この時期に水と豊饒を司る蛇をまつり、またより現実的には蛇に咬まれないよう祈ることは、当然の必要《ニーズ》であった。そして蛇つかいは、この善悪を兼ねそなえた、それだけに強力な神をコントロールしうる、人びとから畏怖され、畏敬される存在でもあったのである。

たしかに蛇つかいは、昨今ではことに、乞食以下の忌まわしい芸人とみなされることも多い。しかし彼らの「まやかし芸」の背後には、深い文化的・宗教儀礼的文脈があることを忘れてはならない。彼らの儀礼執行者としての特質と、卑しまれる芸人としての特質がどこでどのように分化していったのかは、インドのみならず、日本を含めた他世界にも共通する文化史上の大問題であるが、すでに初期仏典のいくつかには、都市およびその周辺の娯楽の一つとして、蛇つかい（アヒグンティカ）の名があがっている。しかし彼らのかかえる聖と賤の両面の本質は、それ以前もいまも、ほとんど変わるところがなかったのではなかろうか。

放浪の芸能社会

蛇つかいの芸はともかく、その人びとの社会や生活慣習について、もっと知りたくなった。しかし社会的結束が固く、猜疑心に満ちて容易に外部に心開かぬ彼らに近よることは、きわめて困難であった。ときには、大きな蛇をつかんだままの彼らに追いかけられたこともある。したがってこの問題に関しては、いまのところは、とりあえず文献の上で追ってみるよりなかった。

しかし文献においても、蛇つかいはもとより、インドの大道芸に関する論考は、おどろくほど少なかった。古文献における言及は散見されるが、それらを丹念にひろいあげて、研究としてまとめられたことは

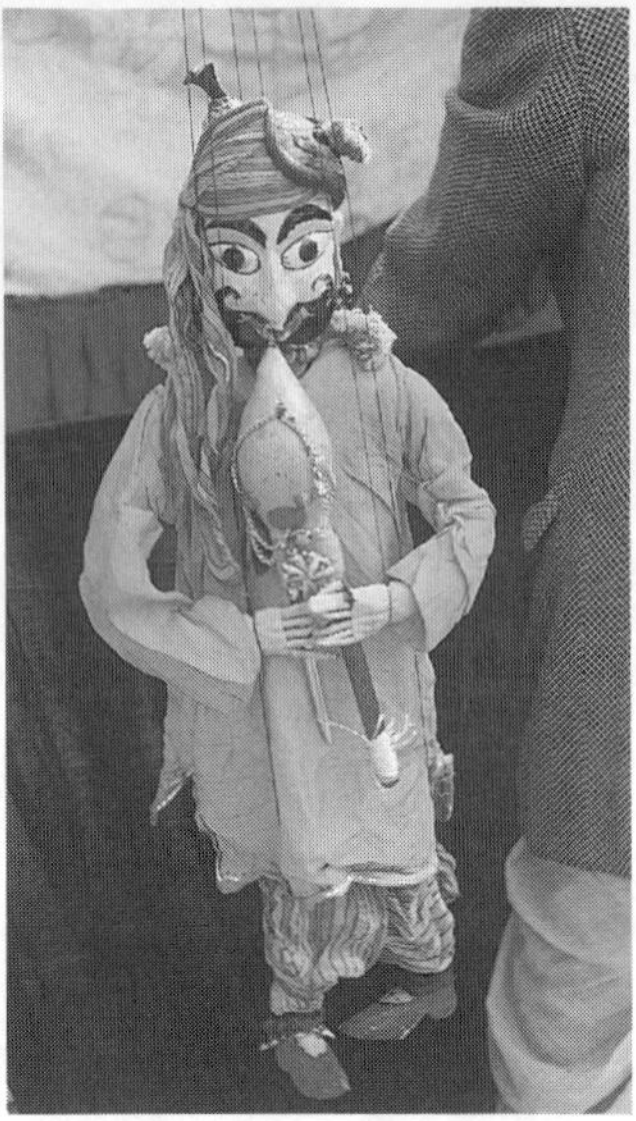

ラージャスターンの糸操り「カト・プトリ」で人気のある蛇つかい

かつてほとんどなかったように思われる。ヒンディー語でマダーリーまたはサンペーラー、ベンガル語でシャプレとよばれる蛇つかいのことは、少なくともその語自体で検索しても、記述が見つかることはまずなかった。

　しかし、放浪の集団「ベデ」、もしくは「ベディヤー」に関することから、突破口は開かれた。かつてカルカッタでの学生時代、ベンガルの田舎でのフィールドワーク中に、同級生から「インドのジプシー」ベデについて聞いていたことを、急に思い出したのである。

　彼によれば、ベデが村に来る、というだけで子供たちは半ば心おどらせ、その見世物や軽業芸に惹かれながらも半ば怖れおののいて、気の弱い子供たちは家に逃げこむか、親の袖をつかんだままで恐る恐る顔を出していたという。なぜなら彼らは人さらいで、泥棒もはたらくこともあるから、というのであるが、その言葉をきいて、かつては日本でも、そのような差別的偏見があったことを思い出し、一種の望郷的気分にすらとらわれたのであった。そして蛇つかいが、そのベデなる集団のうちの、重要な一部をなしていたのである。

　放浪芸人一般をあらわすベンガル語「ベデ（女性はベデニ）」には、実は芸人というよりも、放浪者としての語感が強い。しかし友人の言にもあるように、概して彼らは、太鼓やシンバルを叩き、あるいは歌をうたいながら、テントか粗末な小屋がけで見世物をやったり、軽業や曲芸、奇術をやって見せたりしている。見世物の中身は、日本流にいえば「六尺の大イタチ」(板血すなわち血のついた板)まがいの、見終わってみればいかにも馬鹿馬鹿しいものであるが、それにしても娯楽の少ない地方や、ことに子供たちにとっては、その小屋がけのおどろおどろしい雰囲気とともに、充分心おどらせ、また強い印象として残るものであった。

しかし彼らは定住をせず、村から村を回って、相手の出自(ジャーティ)を問わず芸を見せていることから、常に他処者《よそもの》として扱われ、一定社会に受けいれられることがなかった。彼らが一時的にせよ居をかまえるところは、村のはずれの大樹の下か池のほとり、もしくは村外の淋しい森か小高い丘であり、そのような場所はベデパラとかベデダンガ、マルトラなどとよばれて、彼らがいなくとも、夕方などには、女や子供の近づくところではないとされていた。

ジャドゥ・ポトゥア、すなわち呪術的な絵を描きながら、主としてサンタルのような部族民に絵語りをしながら歩いている男に出あったのも、まさにそのような村はずれの大樹の陰であった。木の根元には一枚のアンペラと水甕、石を積んだかまどがあるのみで、ここが彼の一時の住まいであった。

彼らは絵語りのほかに、死者の絵、それも黒眼を入れていない小さな絵姿を描き、それを死人の出た家にもちこんで、呪文とともに眼を入れないと死者は迷い、祖霊界に入れないぞとおどしつつ、お布施にあずかることを商売としている。そのため彼らは、「ジャドゥ」すなわち魔術を行う者として恐れられ、また放ってもおけない人物として畏怖されているが、もう陽も落ちた夕暮、人も通らぬ大樹の下で広げてみせてくれた白眼のままの死者の絵姿は、ぞっとするような雰囲気をただよわせていた[西岡・小西 一九七九]。

彼らも放浪者という意味では、典型的なベデである。しかし、いまでは「旅芸人」という限定された意味をもつにいたっている狭義のベデは、かえってこの絵師集団、ポトゥアのうちの、「下位」の一部をなすものと考えられている。

すなわちポトゥアの中でも、より正統的な、とはいえ真に「正統」的な立場からすれば決して認知されないたぐいのヒンドゥー神話を題材にして、神々の像を絵にして絵語りをしたり、神像を藁と粘土でつくっている人びとがそれでもそれなりに最も「浄」とされ、チットロコルとよばれている。そして蛇捕り、蛇つかいを業としてきた者は、マル・ポトゥアとして、そのすぐ次に位置している。厳密にいえば、さらにいくつかに分かれているマルのうちのシャプレ・マルなる集団が、蛇つかいなのである。

「マル」には商品とか財産、汚物や酒などさまざまな意味があるが、ここでは蛇つかいというよりも、蛇捕りの意が強い。前述のように蛇捕りがやや儀礼性を帯びているゆえからか、彼らは、単なる見世物として蛇をつかうベデ・ポトゥア（別名ドゥーリー、すなわち「遠来者」）よりも「上」とされている。すなわちシャプレ・マルの場合は、蛇つかいのみならず絵語りもゆるされているのだが、ベデ・ポトゥアの場合は、蛇つかいを含めての諸種の大道芸人がその本質であり、ポトゥアすなわち絵師のジャーティ（カースト）名をもちながらも、絵語りを行うことはできない。

そしてさらに、ポトゥアのなかでも「最低」とされる社会集団として、マシュカタ・ポトゥアが位置づけられている。マシュカタとは「肉切り」（マッショカタ）のなまったものであり、ことにその女性たちが、不法な堕胎や中絶・出産に立ちあって、帝王切開やヘソの緒を切ったことに由来しているらしい。そしてこのサブ・ジャーティの中がさらに分かれ、太鼓打ちのバジュネをはじめとして、大道の諸芸を生業《なりわい》とする、計四つのサブ・サブ・ジャーティがあるという。

しかも彼らの場合は、絵語りはおろか、蛇つかいもやらせてはもらえない。蛇つかいは、やはり、より直接的に神々の世界とかかわる絵語りに次いで、かつては非日常世界とかかわっていたことを、この複雑な社会階層の層序は示しているようだ。

移りゆく大道芸

芸能のルーツの一端は、このように複雑で、かつ宗教儀礼に深く根ざすものであった。そして儀礼が芸能に姿を変えていく過程で、一部は古典芸能としてみごとに「芸術」化したが、その流れにとり残された古層は、民俗芸能として、いまだに古風なその儀礼的様態と雰囲気をよく伝えている。神々の絵姿を描きとめ、その物語を歌につくり、絵語り芸として人の集まる市《いち》や寺、もしくは家の門々に演じて回る絵語り芸は、このような儀礼と芸能のかかわり、あるいは儀礼から芸能への変遷をよく伝える、恰好の資料といえるだろう。そしてインドには、このベンガル地方のポトゥアのほかにも、前述のように、西インド・マハーラーシュトラのチトラカティー、またそれよりやや北のラージャスターンやグジャラート地方、さらには南インドの一部でも行われている絵巻語りのような、興味深い例がいくつもある。

それらのほとんどが儀礼を伴い、絵自体が神の宿る神聖なものとして扱われてきたが、それらも民衆の関心の低下によって凋落しはじめていることもすでに述べた。すなわち、絵語りのもつこのような伝統的な性格は、絵を発注して寄進し、公演の設定を単独で引き受けるパトロンの存在と、それを大きな楽しみとして人垣をつくる民衆の関心があって初めて保たれるものであった。社会や経済の大きな変化によって、殊勝というか物好きなパトロンもいなくなり、民衆の興味も映画やテレビに向けられるようになってしまった昨今、歌語り師は民謡歌手に、語りの歌は民謡に、語り絵や儀礼の人形は民芸品・土産物にと変容をとげつつある。

しかもインドの大道芸人社会には、「差別」という大きくてむずかしい問題がいまだにつきまとっている。彼らの多くは、差別の構造を大枠で温存しがちなヒンドゥー社会を見限り、イスラームへの改宗にすらふみきった。ベンガルのポトゥアがその典型例であるが、それでも彼らは、長いこと彼らの生活の一部となってしまっているヒンドゥー社会の慣習や、何よりもヒンドゥー神話に主題を置く彼らの生業を捨てきれず、結果として、ヒンドゥーでもムスリムでもない、不安定な立場を送っている。

その過程で、彼らの多くは、ムスリム社会においてさえいやしまれる蛇つかいのような大道芸を、すっかりやめてしまった。少なくとも、人目につかないように、もはやこっそりとしか演じないようになってしまった。かつて神々と人とをむすび、聖と俗との仲介役としてすら存在してきた彼らは、いまや落ちぶれた乞食《こつじき》芸を、細々と伝えるのみとなってしまったのである。

それでも日本に比べれば、インドはいまだに、大道芸の宝庫といえる。昨今ではその一部が見直されて、次第に人びとのあらたな関心を呼びさましつつあることも事実である。彼らの芸のほんの一端であれ、日本にまで呼ばれて公演をするようになってきたこともまた、彼らにとっては一筋の光となろう。しかし、ひいてはそれは、日本の民衆芸能や被差別社会の現実を逆照射するものであることを、一方のわれわれもまた、忘れてはなるまい。

Ⅳ　仮面と人形芝居

アジアの仮面芸能と現代

アジア仮面のシンポジウム

一九八六年の秋、インドネシア（バリ）、タイ、ネパール、韓国、中国（ティベット）などからの研究者とともに、三日間にわたるアジアの仮面芸能に関する国際シンポジウム（東京国立文化財研究所主催）に参加する機会を得た［TNRICP 1987］。

テーマは大きく三部に分かれていた。まず第一セッションの「鬼神と信仰芸能」ではオニと鬼面がとりあげられ、その芸能が、日本の仏教行事や民俗芸能、またネパールやラダークの儀礼的芸能の文脈で問題とされて、伎楽面以来の日本の面の系譜があらためて通観された。オニとはわれわれにとって除災の存在か、あるいは招福の性格をもつものかを巡っての白熱した議論も興味深かったが、さらに時間さえあれば、現代におけるオニの意味、またその復権の可能性・必然性も問題となりえたであろう。

次の第二セッション「獅子の舞踊」では、日本の民俗芸能における獅子舞《ししまい》が韓国や中国のそれと比較され、また動物仮面のもつ「トランス誘導性」という観点からバリの「バロン」がとりあげられたのも、われわれの視野を広げてくれた。

最後のセッション「仮面劇」は、能・狂言のほかに、タイ、ティベット、韓国、インドネシアの例がつぎつぎと紹介され、仮面とは何か、仮面芸能のもつ意味、仮面のもつ匿名性と非日常性、変身・変化の意味などの根本的諸問題が、さまざまな文化・文脈の中で、かつ現代社会において、あらたな検討を待っていることがうかがわれた。

しかし、当然ながらこれらの問題は、最終日に丸一日をとった討論のセッションにおいても、論議されつくすには大きすぎ、また時間も足りなかった。とはいえ討論の最終セッションでの議論は多く、面をつけることとつけぬことの意味、また憑依《ひょうい》・変身と仮面のかかわりなどに問題が集中したが、いずれも具体的事例に即して行われた発言であったことが、議論を活発にした。

概してこれまでは、仮面ないしは仮面芸能の問題は、やや抽象的な哲学的観点か、芸能史上の特定分野、もしくはあらたなドラマトゥルギーをさぐる立場から行われがちであり、またその扱われる伝統も、ギリシアに発する西欧的なものや能・神楽などからなるイメージの強いものであった。しかし今回のシンポジウムは、これまで欧米や日本で積みあげられてきた議論をふまえつつも、いわゆる「専門分野」的枠組みや固定観念の呪縛《じゅばく》が、多様・多彩なアジアの仮面や仮面芸能との比較において解放されうるきざしをみせたことで成功したといえよう。

仮面からの問いかけ

ともすればわれわれの視点から抜けおちがちであったアジアのさまざまな文化における仮面のあり方は、われわれに、もっとアジアから学ぶべきものが多いことを気づかせてくれる。ことに仮面とその芸能が、アジアの多くの人びとにとって、古来の伝統とそれを現代に生かすあらたな道、みずからに本来なるものを探り、みずからを再確立する道、伝統的な枠を借りつつも、みずからの本音を心底から表現しようとする道を真剣にさぐろうとする方法であることを知るとき、いまのわれわれにとっても、単なる古伝統の解釈や、自己満足的表現手段にとどまっていてはならないことを、強く教えられるのである。

仮面のもつ匿名性は、必ずしもかつてのような王権や呪術と結ぶことがなくとも、現実の社会的矛盾の告発、あるいは民衆の明るいエネルギーの噴出の手段として、大きな意味をいまももちうる。また仮面をつけることによる変身も、日常の微温湯的状況からみずからを解放する豊かな「まつり」の非日常性へと、人をかりたてるものとなるであろう。

仮面と仮面芸能によって、いまわれわれは、われわれ自身をどのように位置づけ、表現しうるのかが問われている。そしてその鍵は、借りものではない、みずからのよってたつ伝統や、本来身近であったはずのアジアの仮面や仮面芸能のうちにこそ、見いだしうるように思われる。

チョウ仮面劇の伝統

──「チョウ・ナーチ」とよばれる東インドの仮面舞踊劇には、文字どおり仮面を付けるものと、仮面なき仮面劇がある。この芸能を伝える人びとは、仮面によって何を覆い包み、また仮面を捨てて何を表現しようとしたのか。そこには、インド文化の基層を考える手がかりがある。

周縁文化としての仮面劇

インドがきわめて高度で複雑な宗教儀礼を発達させ、またなかばそれに伴って、さまざまな芸能を古来生みだしてきたところであることはいうまでもない。しかし、これも芸能の古い形態の一つであり、しかもしばしば宗教儀礼と結びつくことの多い仮面舞踊や仮面劇が、不思議なことにインドでは、必ずしもその儀礼や芸能の中心を占めてはこなかったように思われる。

『ナーティヤ・シャーストラ』や『アビナヤ・ダルパナ』などのような舞踊や音楽・演劇に関する古典的理論書を見ても、仮面劇のことはどうもはっきりとしないし、「仮面」そのものを意味する古サンスクリット語もまた、明確ではない。文献のみならず、考古学的遺物や古い美術作品の上でも、仮面や仮面劇は、ほとんどその証跡を残していないのである。

仮面劇はもとより、部分的に仮面を用いる芸能の分布を現時点で見ても、北インドのガンガー川とヤムナー川にはさまれた地帯ないしはガンガー川中流域、そして南インドのカーヴェーリ川下流域などが、大きな空白となっている。いずれもインド亜大陸全体、もしくは北半・南半のそれぞれの政治・文化の両面における、中枢をなしてきた地域である。

たしかにこれらの地においても、北インドのマトゥラーや、バナーラス（ワーラーナスィー）などで行われる民間のまつりダシャハラーなどでは、「ラーム・リーラー」、すなわち古代叙事詩の『ラーマーヤナ』に基づいて、ランカーの魔王ラーヴァナを倒したラーマ王子を題材とした劇が演じられるが、そのさい猿の将軍ハヌマーンや、一〇の頭をもったおそろしいラーヴァナの姿が仮面であらわされることがある。しかしこれは、民衆の芸能として行われるものであり、主題はともかくとして、サンスクリット古典劇として発達をとげたものとは言いがたい。

また南インドのアーンドラ・プラデーシュ州に古典舞踊として発達した「クチプディ」にも、ヴィシュヌ神の第四の化身（アヴァターラ）である人獅子（ナラシンハ）が、そのおそろしい形相を仮面に託している。しかもこれも、この芸能の中ではやや例外的で特異なケースであり、この舞踊自体が、本来仮面舞踊であった例証にはなりにくい。

むしろ典型的な仮面舞踊劇は、ここでとりあげる「チョウ・ナーチ」をはじめとして、ビハール州南東部（現ジャールカンド州）からオリッサ州北部にかけて、そしてベンガル、アッサムからさらに北東部にかけて、一群のものが東―北東インドに見られる。またちょうどそれとは逆に、前述の「クチプディ」を含めてもよいが、ことにケーララ地方の「クリシュナアーッタム」や、カーリー女神とかかわる「コーラムトゥッラル」などの儀礼的な仮面舞踊の一群、すなわち南―南西インドの諸地方にも、この伝統が、よりはっきりと見てとれるように思われる。

「チョウ」の分布

これらの地は、先にあげた南北インドの政治・文化的中心部からはややはずれた、しかしそれだけに、独自で強烈な文化を展開してきたところばかりである。ケーララの場合などは、地理上も文化上も周縁に位置しているがゆえに、かえって積極的に、最もオーソドックスなヒンドゥー教義や儀礼を北からとり入れ、いまだにそれを継承している一面もある。

とはいえ仮面劇・仮面舞踊が、世界のいずれの場合にも、高文化の周縁やそのはざまに発達したというつもりはない。しかしインドにおけるこの様相は、東―北東部の場合にも、南―南西部の場合にも、古典的ヒンドゥー文化と、一方の土着の部族文化との接点に発達をとげ、いまもその両者のあいだをゆれ動く

プルリアの「チョウ」の一場面　跳梁し、やがて神々に殺される阿修羅

形で継承され、変転をとげていることには注意しておかねばなるまい。

変身する土着の神々

東インド仮面劇の典型例である「チョウ・ナーチ」が、ビハール（現ジャールカンド）、オリッサ、ベンガルの三つの州境が寄り集まっている、やや限定された地域に広がっていることは示唆的である。巨視的にみれば、これら三つの地域が、まずはいずれも、北や南の中心地域から等しくはずれている点が注目される。そしてさらに、チョウ・ナーチの分布するこの限定された地域が、それぞれに独自の文化的発展をとげた、ビハール、オリッサ、ベンガル各地方の中心的地域からさらにはずれ、しかもその三地域が微妙に重なりあった、部族民のいまも多く住む丘陵部を後背地としているところである点が興味深い。

一〇年に一度の国勢調査が一九六一年に行われたとき、行政上は西ベンガル州に入るプルリア県の西はずれの一角に、この「チョウ・ナーチ」の存在も、〝たまたま発見〟された。「ナーチ」とは字義上「踊り」に近いが、実はインドでは、舞踊と演劇のあいだにさほど大きな区別はない。さきに仮面劇といい、仮面舞踊ともしてきたが、それはどちらでもよいのである。ここではこのような「ナーチ」を問題にしているため、以降は略して、この舞踊劇 dance-drama の一形態を、ただ「チョウ」とのみよぶことにしよう。

さてプルリアのチョウは、その仮面とおどろおどろしさ、また強烈なリズムを叩きだす雷鳴のような多数の太鼓、さらにそれをも凌駕するような、地を蹴り空を跳ぶ激しい踊り手の躍動が大きな特徴となっている。闇をついてとびだしてくる異形の神面、憑かれたように跳躍し、土を蹴たてて回転する踊り手、興奮して絶叫する観衆、その声も消さんばかりの太鼓の撥音、つんざくようなシャーナーイ（チャルメラ状のリード楽器）の響きは、そのまま異次元の世界そのものである。

このチョウの迫力に圧倒された人びとは、そのグループのいくつかを、インドの都市のみならず、欧米やアジアの各地に呼びよせて、その興奮をあらたにした。チョウのグループは、グループは異なるが、一九八一年六月と八四年八月、さらにはその後もたびたび日本で公演をしているし、またそれを紹介する文献もいくつかあるので、なじみのある読者もいよう。

しかしチョウばかりでなく、およそ舞台用に練りあげられた古典芸能とは異質の、土の匂いに満ちた「民俗芸能」は、本来その土の只中、土の上で接しなければ意味がない。

そこで一九八三年暮れから八四年はじめにかけて、欧米・インド・日本の研究者三十余名を集めて、「チョウ・セミナー・ワークショップ」が開かれた。そこではまず第一に、演者を研究者の集まるホールに呼ぶのではなく、こちらのほうから彼らの村に移動し、その文化・社会的環境のうちにチョウの本質を学ぶことを目的としていた。この機会を通じて、主宰者のひとりでもある筆者は、確かに多くをそこで学んだ（その詳細は次章に述べる）。

まず、この様式を、総じて「プルリアのチョウ」とよぶことの是非である。西ベンガル州のプルリア県の諸村のみならず、われわれは州境を越えたジャールカンド州南東縁のニムディ村でさらにダイナミックですばらしいチョウを見たが、この「プルリア」様式は、さらに西方の、ラーンチー周辺の部族民ムンダのあいだにすら見てとれる［Sugiyama 1969: figs. 152–153; 長田 一九九五、同 二〇〇〇］。その分布は、行政上は二つの州に分断されているとはいえ、いずれもチョーターナーグプル高原の東端を占めており、古来これらの諸地方を総称した「パンチ・パルガニアン」（五郡、次章注3）の範囲とおおむね一致する。

そうであれば「プルリア・チョウ」は、単にそれが〝発見〟された地名を冠しているのみということになり、正確にはより広い地域のものとしてとらえねばならなくなろう。そしてこのことは、この地方の深い部族文化の根と、その宗教的特質との関連においてチョウがとらえられねばならないことを物語っている。

すでに筆者はこのことにふれ、この様式のチョウの仮面は、土着の諸神格の上に、正統とされるヒンドゥーの神々の姿を文字どおり被せたものではないかと示唆した［一九八六a：V章］。すなわち仮面は人を神に変身させ、神を演者に降ろすのみならず、土着の神々をもまた、〝正統〟の神々に変身させたのではないかと考えたのである。

部族文化の根を求めて

いわゆるプルリア・チョウは、その舞踊や音楽のみならず、そのどろどろとした宗教性において、他のチョウ様式とはかなり性格を異にしている。ここに世俗的な主題のものはほとんどなく、またその場にあらわれる神々も、異形・魔形のものがほとんどである。彼らはいずれも最後には、ヒンドゥー神話に従って、〝高位〟の神々に殺される形となってはいるが、演技の中心を占め、観衆をとりこにするのは、おそ

ムンダ系の演者の演ずる「ナトゥア＝ナチニ」

ろしい姿をした魔神群の奔放な跳梁にほかならない。

チョウを演ずるにあたっては、筋のいかんにかかわらず、まずは象頭のガネーシャ神が現れて礼拝されるが、やがてつぎつぎと登場する神々の演者が、その激しい演技のうちに一種の憑依状態となることは、しばしば見てとれるところである。ことに激しい戦いののちに、〝高位〟の神々についになぎ倒された魔神たちが、大きな頭飾りを観客たちのあいだにつっこむようにして倒れたましばらくのあいだは起きあがれないほど息をはずませているようすは、必ずしも単に激しい運動のせいばかりでなく、神々の世界から我に戻る過程であるかのようにすら受けとれる。そしてその変身のメディアである仮面は、いったん神を宿したものであるがゆえに、チョウを演じたのちは、かつては必ず壊されるか、儀礼的に火に投げ入れられた。さもなければ、ラーンチー県の一部のムンダ民族の場合のように、ふたたび神を招くべきものとして、大切に壁にかけて祀られたのである［Yamada 1970:fig. 112］。

このような部族文化の根を探るため、プルリア県のムンダ系の演者が伝える「ナトゥア」Naṭuā および「ナチニ」Nācnī という芸能を、同地のトラン村で見せてもらった。前者はいわば、曲芸を中心とした、必ずしも筋立てのないものであり、男たちが横棒や縦棒の上で宙を飛んだり、重い搗き棒を股にはさんで唐臼を搗く。この芸にはセクシュアルな要素もあり、豊饒儀礼との関連も見られよう。また後者はラージャと妾とのやりとりを、なかばコミカルに演ずるものであって、踊り手はときに歌いつつ、また太鼓を手にしつつ踊り、また鼓手も踊りに積極的にからむ。演技の前後に神々に対する礼拝が伴うが、本質的にそれは世俗性の強いものである。

しかし「ナトゥア」にみられるアクロバティックな身体の動きはそのまま「チョウ」につながるものでもあり、ときにペロペロと舌をつきだしてはプラーナ（体内の気息《きそく》）を吐き、顔色も変えぬままに「へへへ……」と高く哄笑するさまは、やはり単なる曲芸師の姿ではない、何か異様な雰囲気を充分伝えるものであった。また楽団の編成も、基本的にチョウのそれに通ずるが、これらの芸能とチョウとの関係は、なお不明である。

宗教性・儀礼性という点からは、同じベンガル州内ではあるがプルリアよりずっと南方にあたる、むしろ文化上もオリッサに近いメディニプルのジャールグラムに伝わる「チョー」が注目される（この芸能は他地域の‘Chau’に対して‘Cho’と綴られるため、この地に行われる「チョウ」にかぎって、「チョー」とする）。この演技では、鳥面人身のガルダ（迦楼羅）には仮面を用いるが、あとはピンク色の〝白粉《おしろい》〟を塗るのみの素面である。

踊り手のほとんどは、クールミーないしはクールミー系の部族民に近い人びとであるが、演目のひとつ「ハラ・ヴァーハナ」は、各人がヴィシュヌ神の持物である巻き貝《シャンカ》・棍棒《ガダ》・円盤《チャクラ》・蓮華《パドマ》に扮し、最後にはそれらが皆、ヴィシュヌ神の乗りもの《ヴァーハナ》であるガルダの上にピラミッド状に乗って同神の神体系《パンテオン》を築くという、演目としても珍しい、素朴ながらもきわめてヒンドゥー色の濃いものであった。

「ジャールグラムのチョー」はどちらかというと世俗的な演目が多く、人を笑わせる演芸要素も強いと聞いていたが、三時間ほど見せてもらったかぎりでは、必ずしもそのような性格は明らかではなかった。より世俗的な主題といえる狩人の踊り（サーボル）にもシヴァ神が出てきたし、農民の踊り（チャーシル・ヌリット）では、田うない（鋤入れ）・種まき・田植えから、刈り入れ・脱穀・祝祭にいたるようすを丹念に見せ、あたかも日本の「お田植え神事」を見ているかのような感慨にとらわれた。

仮面をほとんど用いない、という意味からは、これは南に隣接するオリッサ州のマユールバンジ地方のチョウに近く（後述）、またその踊りの手法などにも共通性が見てとれる。しかし後者が、仮面を用いぬことによってかえって豊かな顔の表情を表現しようとしていたのに対し、ジャールグラムの場合では、まさに面を被ったように、概して固く無表情であったのが印象的であった。

「ジャールグラムのチョウ」のガルダ　同芸能において，仮面を用いる数少ない例の一つ

雅びの装いの下にあるもの

『ナーティヤ・シャーストラ』にも強調されているように、古来インドの舞踊や演劇においては、ことさらに顔の表情（ムカ・アビナヤ）によってその筋立てや役柄の心理状態を表現し、ひいてはその演目すべてを通じて流れるバーヴァとかラサとよばれる情調・情感をあらわすことが最も大切であるとされてきた。しかしその肝心な顔そのものを仮面で隠してしまうとなると、それらは顔によらな

い、身体表現（アーンギカ・アビナヤ）のみによってあらわされるよりない。

ペルソナがその本質ではあれ、物理的にはモノでしかない仮面も、いったん身につけられればたちまちそこに豊かな表情が出現し、それなりに大きな役割を果たすことはいうまでもないが、口ほどにものいう眼や眉、頰や唇の表現しえた微妙で複雑な感情の動きを、腹や手足に託すことはそう簡単なことではない。そこで仮面劇は、必然的に二つの方向に動いた。一つは激しく身体を動かす勇壮な「ターンダヴァ」様式、一つは内に感情をこめた、優美で深遠な「ラースィヤ」様式である。前者の典型が、「プルリアのチョウ」とすれば、後者の典型が、現ジャールカンド（かつてはオリッサ）州のセライケラに伝わるチョウである。仮面そのものも美しく、動きももの静かで深みのある「セライケラのチョウ」は、しばしば「動く詩」にもたとえられる。インド古曲音楽に特有の旋律「ラーガ」に則り、リズムも優雅で端正な音楽は、もの哀しいリード楽器シャーナーイの音色もあいまって、いかにも宮廷音楽という感が強い。華麗であるがけばけばしさはなく、凝ってはいるが洗練された衣装も、ゆったりとしてはいるがめりはりの利いた身体の動きとともに、王家に伝えられてきた伝統の重みと厚みを思わせる。

事実、セライケラのシン・デオ王家は、単にこの芸術の庇護者であったのみならず、王族みずからが多くの演目を振り付けし、また踊り手としてもこの伝統を受けついできた（系図参照）。

とりわけ現マハーラージャ（王）の大叔父であるヴィジャイ・プラタープ・シン・デオは、振り付け師としても踊り手としても稀に見るすぐれた人であったといわれ、彼が振り付けした演目の数は七五にも及ぶという。その後も、やはりすぐれた舞踊家であったスベンドラ・ナーラーヤン・シン・デオ（先代の王弟）とそのパートナー、グル・ケーダルナート・サフー（現在の最高指導者のひとり）が一〇あまりの演目を加えたが、ヴィジャイ・プラタープ以前のものがどの程度伝えられているのかは、必ずしも明確ではな

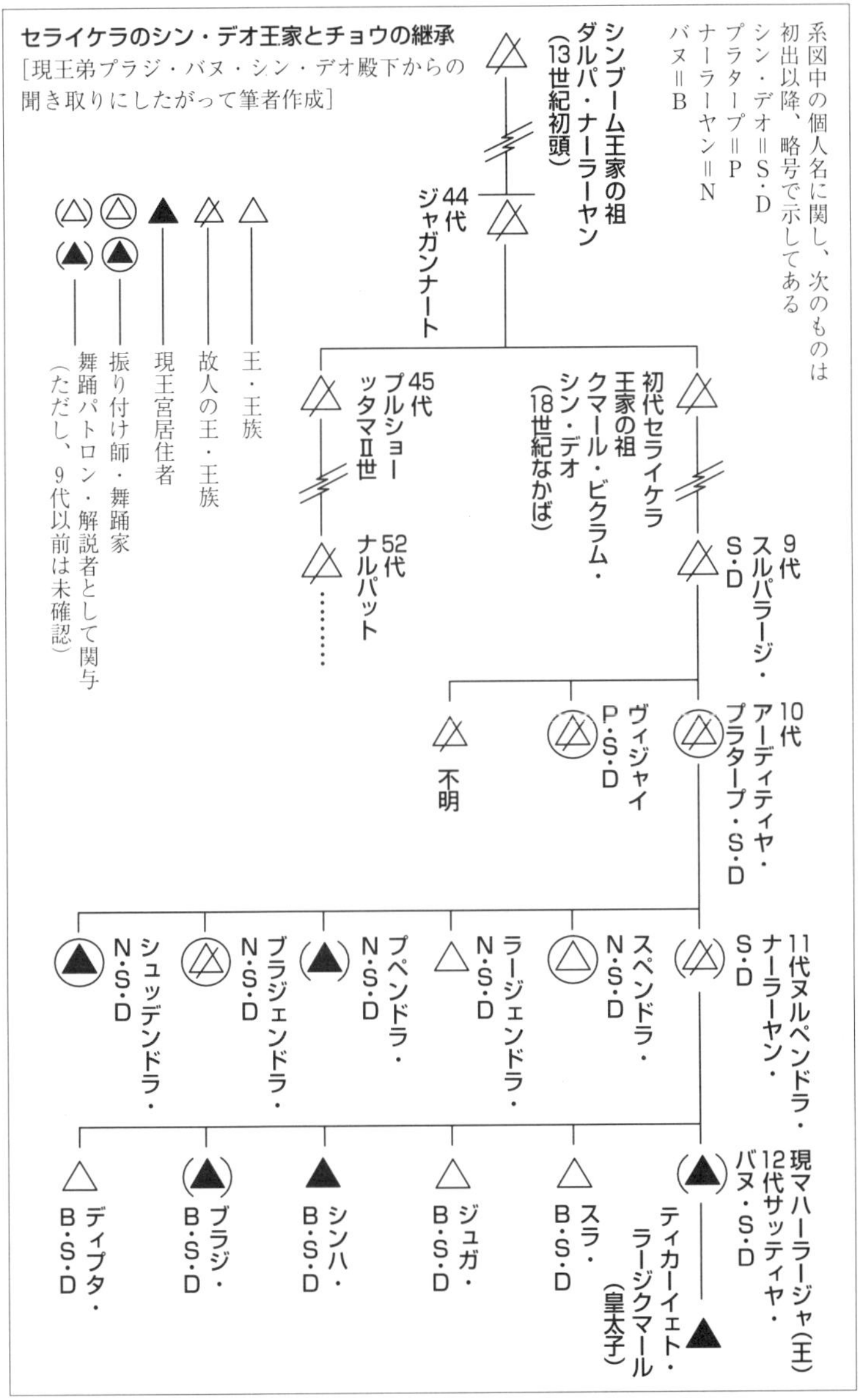
系図中の個人名に関し、次のものは初出以降、略号で示してある
シン・デオ＝S・D
プラタープ＝P
ナーラーヤン＝N
バヌ＝B
セライケラのシン・デオ王家とチョウの継承
［現王弟プラジ・バヌ・シン・デオ殿下からの聞き取りにしたがって筆者作成］
シンブーム王家の祖 ダルパ・ナーラーヤン（13世紀初頭）
44代 ジャガンナート
初代セライケラ王家の祖 クマール・ビクラム・シン・デオ（18世紀なかば）
45代 プルショッタマⅡ世
52代 ナルパット
……
9代 スルパラージ・S・D
10代 アーディティヤ・プラタープ・S・D
ヴィジャイ P・S・D
不明
11代ヌルペンドラ・ナーラーヤン・S・D
スペンドラ・N・S・D
ラージェンドラ・N・S・D
プペンドラ・N・S・D
ブラジェンドラ・N・S・D
シュッデンドラ・N・S・D
現マハーラージャ（王）12代サッティヤ・バヌ・S・D
ティカーイェト・ラージクマール（皇太子）
スラ・B・S・D
ジュガ・B・S・D
シンハ・B・S・D
ブラジ・B・S・D
ディプタ・B・S・D
王・王族
故人の王・王族
現王宮居住者
振り付け師・舞踊家
舞踊パトロン・解説者として関与（ただし、9代以前は未確認）

い。いずれにせよ、現在の演目のほとんどが、この五、六十年のあいだに完成したものと考えてよかろう。

そのためもあってか、今日演じられる演目のほとんどが、古い伝統の気配を重厚にただよわせながらも、概して近代にも通ずる端正な振り（コレオグラフィー）にまとめあげられているようすを見てとることができる。

「セライケラのチョウ」は、演目の主題上、㈠古典叙事詩や神話に則したもの、㈡船頭や狩人などの人生のひとこまを写したもの、㈢白鳥、孔雀、鹿などの動物をあらわしたもの、の三種に大別することができるように思われるが、概して各演目が一〇分前後と短いせいもあって、大きな筋の流れを追うよりも、ある種のエピソードにおける心理状態を踊りにきわめる、といった性格が強い。

太陽神に言い寄られて海に身を投げる月神、人生の海に舟を漕ぎだす夫婦の哀歓（後述の「ノビク」）、傷ついた鹿の苦しみと、なおそれを追わねばならぬ猟師のたつき、泥池（俗世）に身を置きつつも、泥塵にまみれずにたゆとう白鳥（聖者）、待ちのぞむ慈雨に打たれて喜び舞う孔雀。いずれも王族ならでは伝ええぬ至芸の数々である。

しかし、「チョウ」の発展への王族の関与は、一方ではこのこの様式を、芸術的ではあるが非儀礼的・宗教的性格のものへと方向づけていった。それでもこれらの演目は、なおもヒンドゥー教の神々の世界やその思想と深くかかわっており、かつその表現する世界は、いっそう普遍的、かつ哲学的である。そもそもこの「チョウ」の上演は、本来は一三日間にわたる、四月の春の大祭の複雑な儀礼ののちにはじめて行われるものであった。

また、ことにその哲学的内容は、市井の貧しい船頭夫婦の生活を舞踊化した「ノビク」Nabik において明確に見てとれる。夫の漕ぐ人生の航路を行く舟のへさきに、妻は身を伏せて、水や波の音、風の音にじっと耳をすませる。ときに高波や嵐にも遭遇する舟は、力強い漕ぎ手とその妻の援けあいによって、行先めざして進んでいく。それは世俗的な目的達成というよりも、解脱をすらめざすものであるかに見える。また別の演目「ホロ・パルボティ」Hara-Pārvatīでは、ハラすなわちシヴァ神との神妃パールヴァティーのむつみあう姿をあらわし、男女は別々の原理ではなく、一つに合一してはじめて真の実体となることを教える。男女の原理をシヴァ神一体に具現した姿「アルダナーリーシュワラ」Ardhanārīśvaraは彼らの信仰に大きな位置を占め、独立した演目になっている。「ラトリ」Rātrīもラートリーすなわち夜の女神と三日月の戯れるさまをあらわしており、ここでも二元的世界は一つに結びあわされる。

ついでながら、「チョウ」はどの様式においても女形があって、当然、それなりの厳しい訓練がある。ことに、腰を落とした姿勢やたおやかな指づかいに、インド的、もしくは〝東洋的〟な古典舞踊の一つの本質を垣間見ることもできるであろう。

セライケラのブルクリ村で行われた「チョウ」演目は「ディープ・チャーヤー」．王宮で演じられるものに対してやや派手であり，演目も，地域的神話や伝承に基づいたものが多い

また、ことにセライケラの場合はその内容が深遠であり、それを表現するには、かえって仮面を付けた姿のほうがふさわしいのかもしれない。しかし、顔に密着し、視野も極端にせまく、息つぎのための孔もほとんどない仮面は、演者の意識を集中させ、観る人を深い意味の世界に誘いこむには妥当なものであっても、演者にとっては物理的に苦しいものである。

そのためもあってか、各演目の長さは長くて一〇分程度である場合が多い。

音楽について一言すると、ダブルリード楽器のシャーナーイと、両面太鼓のドールと鉢形太鼓のナガーラーによってゆっくりとはじまる最初の部分は特定のラーガとターラに基づいており、速度のあがる最後の部分の多くには、民謡からの短いフレーズを援用していることもある。また演技に先だっては、必ず神々に上演の成功を祈るゆっくりとした曲、ジャトラガート yātrāghāt が楽器のみで演奏される。

一説によれば、この「セライケラのチョウ」は、いまから二五〇年ほど前に、前述のプルリアのバグムンディ王家から伝えられたともいう。静と動、内向と外向、雅と土着と、ことごとに対照的な二つのチョウであるが、これらがどのようにかかわりあっているのか、その後の発展にどのような変化があったのか、いたって興味のひかれるところである。セライケラ王家の庇護のもとにまとめられた雅びの装いの下には、何が隠されてきたのであろうか。

仮面をはずした仮面劇

バスにゆられ、セライケラを一歩外に出ると、貧相な灌木が赤茶けた平原に点在するのみの景観に呑みこまれる。そしてその単調さを打ち破るように、ときに身のたけよりも大きな石を縦横に組んだメンヒル(立石)やドルメン(卓石)が、かたまりあって立ち並んでいる。考古学的遺構ではない。ここはブーミジやホーのような部族民が、いまだに「生きた」巨石文化に身を置いている世界である。王家の庇護のみをもって、「セライケラのチョウ」は、この古くて深い文化層をよく覆い隠しきれたのであろうか。

この疑念は、セライケラから南東へ八〇キロ、ベンガルのメディニプルにも隣接する、オリッサ州マユールバンジのバリーパダに伝わる別様式の「チョウ」を観たときにも沸きあがった。「マユールバンジのチョウ」には、セライケラには見られない、しかしジャールグラムやプルリアの場合とはちがう、やや土着の匂いが感じとれたからである。

同地方のバンジ・デオ王家はセライケラのシン・デオ王家の縁すじでもあり、両家間の交流は文化的にも密接で、ことにこの半世紀ほどにおける「チョウ」の発展には、マユールバンジはセライケラに多くを負ってきた。しかしその様式には、かなり異なった面がある。

まず最大のちがいが、ここでは仮面を用いていない点である。そして、おそらくはそのこととも関連して、豊かな顔の表情や手指の表現（ムドラー）をも伴い、概して動きが激しい反面、見得を切るようなストップ・モーションもあること、演ずる時間も長く、大勢の演者（女形を含む）が水ぎわだった群舞を構成していること、などがその特徴としてあげられる。そしてこの群舞のパターンに、この地方に多く住む、ブーミジやサンタルのような部族民が総出で踊る「コミュナル・ダンス」の様式も、影を落としているのではないかと思われた。

例えば演目「キラータールジュニーヤ」Kirātārjuniya は、五人ずつの男女役の群舞ではじまる。キラータはヒマーラヤ山中の古代の狩猟民のことで、男は弓矢と槍で、女（女形）は斧と短剣で武装している。やがてキラータの一人に身をやつしたシヴァ神と、それとは知らぬパーンダヴァ家のアルジュナ王子とのあいだでの戦いとなるが、その武勇をめでて、シヴァ神はアルジュナに強い武器を与える。『マハーバーラタ』に基づく演目であるが、振り付けはやや近代的なものとなっている。

また、「タムディア・クリシュナ」Tamdia-kṛṣṇa は乳しぼりの女ラーダーとクリシュナ神の愛の物語であるが、その最後は彼・彼女らの友人たちの派手な群舞のフィナーレに終わり、その様式は、近代的であると同時に、どこか部族民の群舞にも似たものを感じさせる演目となっている。

マユールバンジの「チョウ」　ややモダンな群舞の形式をとった演目、「タムディヤ・クリシュナ」・少女役は少年たちが扮している

この点をさらに明らかにするため、さらにわれわれは、バリーパダからやや離れたバムンガティ山中のサンタル民族の村を訪れ、群舞のいくつかを観せてもらった。しかしそこには必ずしも、直接の共通性を見いだすことはできなかった。そこに見られるのは概して群舞に共通のごく一般的なパターンのみであり、むしろマユールバンジの場合には、より現代的なショーか、欧米風のフォークダンスにすら似た手法が、ときにめだつことにも気づかされたのである。

そもそも「マユールバンジのチョウ」が、はじめから仮面を用いていなかったかどうかには、やや疑問がある。正確なことは確かめられなかったが、誰の記憶にもないとはいえ、おそらくはそれほど古いことではない過去に、ここでもやはり、仮面は用いられていたのではないかと思われてならない。

すなわちセライケラとは異なり、やがて王家の庇護も得られなくなったマユールバンジにおいては、チョウは民衆のウケに応えるためにも、仮面をはずして全身の表現に頼る、ある意味ではより安易な道を選択し、古典舞踊一般の形式や、さらには大都会のステージにも耐えうるモダンな様式をとり入れることになったのではなかろうか。事実、一部のソロ・ダンサーの踊りには、ウダイ・シャンカルやラーム・ゴーパルのような近代舞踊家ふうのコレオグラフィーすら感じとれたのである。

とはいえ一方では、少年たちや入門者に対するきわめて厳しく伝統的な身体訓練も、きちんと続けられている。剣と盾とを手にしたチョウカーという姿勢を基本とし、そこから派生する何十種という型は、本来それが、武芸の一つとして伝えられるものであったことを思わせる。

また、本来チョウは、四月のはじめに行われるヒンドゥーのまつり、チャイトラ・パルヴァのときにのみ演じられる儀礼的なものであった。踊りに先だっては、四日間にもわたる、シヴァ神とその神妃に対するさまざまな豊饒祈願の苦行や断食、儀礼が、いまも村などではきちんと行われている。

この武芸との関連や強い儀礼性は、実は他のチョウの場合にも一貫して共通した要素として見てとることができる。一見大きな様式上の相違はあっても、この点こそが、「さまざまなチョウ」を「一つのチョウ」としてきた結節点なのではなかろうか。

チョウ文化地域のもつ意味

ベンガル、ビハール（ジャールカンド）、オリッサのそれぞれの文化的中心地からこそはずれてはいるが、ここにはそれとは独自・別個の、チョウ文化地帯《ベルト》、ないしはチョウ文化地域《ゾーン》が古くから存在してきたのではないかと思われる。文化・政治的中心の後背地であるがゆえに、そこにパーイカとよばれた多大な兵力に、中心地域の為政者が依存したこともまた、同地に武芸や、それとわかる芸能を発展させることとなったのであろう。チョウの別名として、各地でときに「パーイク・ナーチ」（兵士の舞踊）の名が聞かれたことも、この関係で示唆的である。

かくてチョウは、部族民、もしくは彼らと深い関係にあった〝下層〟ヒンドゥー農民の豊饒祭の形態を、

サンタルの演ずる棒踊り「ダンダ・ナーチ」

その儀礼や舞踊の諸様式とともに、大きくとり入れることとなった。あるものは、プルリアや、とりわけジャールグラムの場合のようにかなり古層の様態を残したままに発展し、またセライケラやマユールバンジの場合のように、王族の庇護と関与を多少とも受けることによって、やがていっそう洗練された形態をとるようになったのであろう。

またこれらの諸伝統が今日継承されている分布を見るとき、必ずしもわれわれは、今日の言語割りによる州の境界線にまどわされてはならないことを思い知らされる。

より古くて深い文化伝統に照らしあわせてみるならば、現・西ベンガル州のプルリアは、文化上は実はジャールカンド州の東―南東端に連なり、その一方で、ジャールカンド州内に入れられてきたセライケラのほうは、本来はオリッサ文化圏の重要な一角をなしてきたのである。その伝統はマユールバンジともかなり共通し、さらにベンガルのメディニプル（ジャールグラム）すらも、ある程度オリッサ文化の影響下にある地方として考えられてよい。チョウ・ベルトおよびその周辺に住む部族民の群舞形式も、少なくともジャールグラムやマユールバンジのチョウの形式の、源流の一つをなしている可能性がある。なかば儀礼的なコミュナル・

ダンスの性格も、ここに考慮されてよかろう。

そうとすればここには、ガンガー・デルタを中心とした広大なベンガルの沃野に対して、それを半月形にとりかこむ形での、中部高地の連なりの最東端における文化領域が対照的に浮かびあがってくることとなる。平原と高地、ヒンドゥー文化と部族文化、ひいては「大伝統」と「小伝統」の切り結びあうこの地方は、決して見かけ上の周縁にとどまることなく、ヒンドゥー文化の枠組みを借りつつも、みずからの文化をより高める一方で、ヒンドゥー文化そのものの内容をいっそう豊かにしていく役割を担ってきたのである。

ヒンドゥー文化は、決してアーリヤ文化のような〝高度な〟理念の一方的押しつけと拡散によって成ったのではない。その形成過程は、先《プレ》もしくは非《ノン》アーリヤ文化との密な接触を通じての相互作用と影響、連関においてとらえられねばならないものであろう。「チョウ」と総称されてきた一群の仮面舞踊劇は、かえってその周縁において、またそのうちに見られる極端なまでのバラエティーにおいて、インド文化史を通じての大問題にせまる核心的な鍵を、われわれの面前に提示しているように思われる。

チョウの村でのセミナー

発端

一九八一年、国際交流基金はその「アジア伝統芸能の交流」（ＡＴＰＡ）の第三回プロジェクトとして、アジアの仮面劇伝統をとりあげた。一九七六年にはじまったこのプロジェクトでは、特定のテーマのもとにアジアからさまざまな芸能集団を呼び、実際に公演を行うとともに、アジアの芸能の共通性と多様性を具体的に明らかにするために研究者による国際セミナーを開催し、その成果を主として英文の報告書として刊行することを重ねてきた［Koizumi *et al.* eds. 1977 ; 1980 ; 1984］。それも次回の八四年度で終わってしまったことが残念であるが、ともあれこの八一年度には、ネパールの「マハカリ・ピャコン」Mahākalipyakan と、仮面ではないが重厚な化粧に特徴のある南インドの「ヤクシャガーナ」Yakṣagāna と並んで、東インドの「チョウ」仮面劇の対照的な二つの伝統、すなわち西ベンガル州西端の「プルリアのチョウ」と現ジャールカンド州南東端の「セライケラのチョウ」の一行が招かれて、公演を行った［小西 一九八四d、一九八六a：二七七—二八九］。

東インドのこの仮面劇伝統に大きな関心をもった各国の研究者たちは、さらにこれらについて知り、かつより多くの情報を集めるために、これらの芸能を育んできた現地においてその本来の文脈における芸能を見学し、かつ地元の研究者や演者をも含めた国際セミナーを各現場で開催することを企画した。上述の二つの伝統のほかにも、オリッサ州北部には「マユールバンジのチョウ」、また西ベンガル州南部のジャールグラムにも「メディニプルのチョウ」とでもよぶべきものがあるが、それらについてもつぶさに実見したかったたし、またこれらの歴史や相互の関係についての意見を、地元の演者や研究者と交換したかったからである。こうして一九八三年の暮れから正月にかけて、研究者をはじめ、演出家・映画監督・舞踊家・音楽家など約三〇人が現地に結集した。呼びかけ人はスレーシュ・アワスティ、リチャード・エマート、そして筆者の三人であったが、その各国籍にも呼応して、参加者の内訳も、インド・欧米・日本人がほぼその三分の一ずつを占めていた。いまは亡き若き日のJ・F・ケネディー君（アメリカ元大統領の長男、当時ニューヨーク大学の学生）も、その参加者の一人であった。

このような公演やセミナーを、演者を大都会に呼びよせて行うのでなく、それぞれの現地で、演者や村びとたちを含めて行おうとしたことは、結果として大成功であった。それには各地の演者やその指導者、地元の研究者、行政機関、民間団体など、多くの方々からの支援と助力があったことは特記せねばならない。またどの公演も、実際にそれを行う季節ではなかったにもかかわらず、演者のだれもが真剣に演じてくれたし、またその基本的訓練のようすや、仮面や衣装抜きでの演技を見せてくれた。そのさいことに、指導者《グル》たちによる詳しい解説付きデモンストレーションがありがたかった。そしてそれに続く参加者による研究発表と白熱した議論は、深夜に及ぶこともしばしばだったのである。

プルリア様式再見

一二月二二日の夜のレセプションの後、セミナーは翌二三日の朝からはじまった。最初に見学すべき「チョウ」は、派手で大きな仮面と激しい音楽にあわせた跳躍などで最もよく知られた「プルリア様式」

のものである。その中心地ともいうべきトラン村にまずはおもむき、なつかしい演者たちにも再会したが、われわれはまず、地元の民俗学者ショノット・ミットロ氏の解説により、村びとたちによる「ナチニ」と「ナトゥア」という二つの芸能を見学した。はじめて見るものであったが、主としてムンダ民族系のセミプロ集団が演ずるものらしく、「チョウ」の演者集団とは別らしい。「チョウ」が春のまつりチャイトラ・パルヴァとの関連をもった儀礼的性格をもつのに対し、これらの芸能は純粋に娯楽的演技である。優雅な「ナチニ」（妾の舞踊の意があるという）に対し、「ナトゥア」には武芸をとり入れたアクロバティックな要素も多く、それぞれに興味深いものであったが、その基本的な動作のいくつかを除けば、ことに音楽や芸能構成においても、これらと「チョウ」との関係は必ずしも明確ではなかった。

その夜われわれは、トラン村の特設会場で、三つのグループによる「チョウ」の競演を観た。かん高いラッパ（シャーナーイ）の音が耳をつんざき、両面太鼓のドールや鉢形太鼓のダムシャ、さらにマラカスやシンバルが鳴る。やがて大きな仮面をつけた演者が入場してくるころにはその場の興奮は最高潮となり、演者の激しい跳躍のたびに、「チョウ！」とのかけ声が観客からとんだ。このかけ声は悪霊を払う声ともいわれ、また夏期に行われるこの芸能自体が雨乞いとかかわっているともされるが(1)、われわれの関心は、この芸能のこのような儀礼性、かつ近隣の部族文化とのかかわりであった。その演目も、最後はきっと誰かの死・殺戮《ボドウ》をもって終わるのも、死と再生のドラマ化なのかもしれない(2)。

翌二四日には、トラン村の隣のチョリダ村で仮面の製作工程を見学した。粘土と紙を用いた張り子に派手な彩色を施し、さらにそこにモールや金銀の飾りを付けるが、その工人が、絵師のチットロコル Citrakar ではなく、木工師のシュトロドル Sūtradhār であることは注目される。この問題についてはすでに別所で述べたのではぶくが［小西 一九八六：二八二―二八四］、シュトロドルの職能の範囲の広さは今後も大きな検討事項となろう［ドット 一九九六：一八七―一九一］。

その日の午後には、さらに三グループによる「チョウ」をそれぞれの村で見学した。先の二つは日本でも公演を行ったカレバル・クマールとバケッショル・マハトによるものであり、その高度な演技は定評どおりみごとなものであったが、最後に観たジャールカンド州ニムディの村びとによる演技は、基本的にはその様式上プルリアのものと共通ながらさらに激しいものであり、より西方のラーンチー県などでムンダ民族の継承する「チョウ」とのつながりが見てとれた。そうとすればわれわれは、「プルリアのチョウ」とはいいながら、この伝統は実はベンガル＝ジャールカンドの州境を超えて、あるいはラーンチーにまでいたるより広い範囲にわたるものとしてとらえなければならないかもしれない。

この後のセミナー報告で地元の若い研究者ビジョイ・キショールは、「プルリア様式」の名はこれがはじめて〝発見〟された地名によるにすぎず、より正確にはそれは、州境を超えて東西に広がる「パンチ・パルガニアン（五郡）[3]」様式とよぶべきものであると主張した。それがまさに、部族人口の濃密な「ジャールカンド」とよばれる地帯と重なるものであるとすれば、それはこの地域の諸部族による自治運動の推進者たちにとっても、多大な政治的意味をもつことになるはずである[4]。

セライケラ様式と「チョウ・ベルト」

翌二五日の朝、われわれはビハール州南西部のセライケラに移動した。ここには農民による激しい「プルリアのチョウ」とはまったく様相を異にした、優美で静かな「セライケラのチョウ」が王宮などに伝承されている。しかし、はじめに訪れたゴビンドプルとブルクリ村で見た村びとたちによる「チョウ」は、美しいものではあったが仮面も舞踊も王宮のものほどの洗練度は見られず、その素朴さには、かえってこ

セライケラで少年たちに武芸「パリ・カンダ」を指導する「チョウ」のグル（師匠）たち

の地方の「チョウ」の原型が見られるように思えた。すなわち同じ「セライケラのチョウ」であってすら、パトロンや演者によって、その様式がかなり変わりうるものであることが実見できたのである。それでもここには、セライケラ様式に一貫した特徴が見られること、またこの舞踊の背景には武芸（パリカンダ）とヨーガの基本型の厳しい訓練があることを、ケーダルナート・サフーをはじめとするグルたちによる、少年たちの舞踊訓練によって知った。

二六日—二七日はセライケラ王宮をはじめ近隣の史跡を見学し、またバラモン階層であるモハパットロのつくる仮面の製作工程を見学した。夜には王宮で、ブラジ・バヌ・シンデオ王子の率いるグループによる「チョウ」の公演を、夜遅くまで楽しんだ。その場には現藩王のサッティヤ・バヌ・シンデオ殿下も出席され、矢継ぎ早のわれわれの質問にもていねいに答えてくださった。ただ、かつての日本公演では息をのむような至芸を展開した、現藩王の叔父でもあるシュッデンドラ・ナーラーヤーン・シンデオとそのグループメンバーがまったく姿も見せなかったのが気になったが、あえてそれを口にすることはできなかった。一方、グル・ケーダルナートは毎日われわれとともにあって、手足・胴体と、最も基本的な身体表現の型を、弟子のアタヌ・カビ（男役）やゴーパル・ドゥベー（女役、二〇〇一年六月にも来日）らの演技によって、すべて詳しく説明してくれた。ことに欧米の学者たちからは女形について質問が集中し、この問題に対する彼らの関心の強さがうかがわれた。

その間も、研究発表や熱心な議論が続けられた。ビジョイ・キショールはさらに、「チョウ」はパンチ・パルガニアン様式にとどまらず、ジャールカンドからベンガル、オリッサにかけて連続する「チョウ・ベルト」として存在することを示唆した。たしかにこれらの地には、行政州や地域の差にもかかわらず、「チョウ」Chau ないしは「チョー」Cho とよばれる芸能が分布している。しかしその内実はやはりかなり相互に異なるものであり、その関連を知るためにも、われわれはさらに再び西ベンガル州の、今度は南端のメディニプル県ジャールグラムに足を運ぶことになった。この地に伝わる「チョー」は、比較的よく知られた先の二つにオリッサの「マユールバンジのチョウ」を合わせた三つの伝統ともまた異なる、最も知られていない第四の伝統ということになる。

昨今その復興に力を注いでいる地元の若い研究者、ショウメン・ロイの解説で観たこの「ジャールグラムのチョー」（ないしは「メディニプルのチョー」）は比較的地味なものであり、仮面も霊鳥ガルダに使われる程度で、仮面舞踊とはいいにくいものであった。演者はいずれもクールミー民族系の農民たちで、ヒンドゥー神話に基づいた演目ではあったが、それはかなり素朴なものであった。彼らの言語クールマーリーは、オーストロ＝アジア系というよりはドラヴィダ系の要素が強く、その点で彼らの文化は、ベンガルにありながら、南との関係のより深いオリッサ州との関連を強くもつという印象をうけた。

セライケラも現在では行政上ジャールカンド州に属しているが、本来はオリッサ州のマユールバンジとともに、本質的にはオリッサの文化を共有していたはずのところである。そこでわれわれのセミナーの最後は、マユールバンジの県都、バリーパダで行われることになった。

マユールバンジの仮面なき「チョウ」

同地には、国立音楽舞踊研究院《サンギート・ナータク・アカデミー》のオリッサ州支部の援助を受けて活動する「マユールバンジ・チョウ舞踊協会」があり、県知事がその会長となって力を入れている。二九日の夕刻と翌日の朝、われわれは同協会が指導する九―一二歳の男児の舞踊訓練を見学し、チョウカー choukā（足を横に広げ、腰を落として四角形をつくる姿勢）、トープカー topkā（足どり・足さばき）、ウフリー uphulī（上体による舞踊の基本型）、バンギー bhaṅgī（以上を合わせた上での体の屈曲）などの基礎的な型を見せてもらい、次いで、あえて衣装を付けないままで、いくつかの演目を演じてもらった。「マユールバンジのチョウ」は群舞に特徴があるが、その所作には部族民（例えばこの地方にも居住するブーミジやサンタル）による群舞にも通ずるという印象を受けた。またその音楽も、やはり部族文化に起源するとされる歌謡の「ジュムル」Jhumur が一部とり入れられているかもしれない。

そこにはセライケラと同様に武術やヨーガの訓練があり、基本的にオリッサ文化の共有が見られるが、最大の相違は、ここでは仮面が用いられず、ことに化粧した女装の少年たちによる表情豊かな素面が特徴である。そもそも彼らははじめから面を用いていなかったのか、もし用いていたのならそれをはずしたのはいつで、かつなぜであったのか。そもそも面を付けることと付けないことの相違はなにか。――少年たちによる熱心な練習を見学したその日の午後、ふたたび議論はこれらの点について集中したが、この舞踊の歴史や文化的・儀礼的背景も、老年ながら現役のすぐれた師のラールモーハン・ナーイクやマダン・レンカー、また地元の研究者、ディレン・パトナーイクやニマイ・モハンティらから学んだ。

興味深いのは、セライケラとマユールバンジの両藩王家が旧来親密な関係にあったことである。半世紀ほど前にも、ウペンドラ・ビスワルというすぐれたセライケラの舞踊家がマユールバンジに招かれてチョウの技法を指導したというが、それ以前から当然マユールバンジにはチョウは行われていたし、またそのさいの技法が、面を用いるものであったかどうかはわからない。マユールバンジのチョウも藩王の庇護を受け、比較的近年の王族プラタープ・チャンドラ・バンジ・デオなどはチョウの振興者として知られているが、彼らはセライケラの王族たちとは異なり、自ら振りつけをしたり演じたりはしなかったらしい。援助はするが演技は演者たちにまかせたこの様式は、いまも県知事が会長をつとめて予算を執行している「マユールバンジ・チョウ舞踊協会」のあり方にもつながる。ともかく民衆のあいだに広がったこの様式は、面を付けぬこともあってさらに派手で見栄えのよいものになり、ひいては近代インド・バレエのような都会的様式をも取りこむことになったのであろう。

とはいえ一方では、本来彼らはこの「チョウ」を、毎年四月のチャイトラ・パルヴァのまつりのさいにしか演じない。この日は知事奨励賞の出る村対抗のコンテスト方式であることもあって大勢の人が集まるが、その本来の儀礼性をも失っていないのである。すなわちこの舞踊は、本質的にバイラヴァ・シヴァ神とその神妃に捧げられるものであり、まつりの四日前には選ばれた一三人の信者が、断食の後にパタとよばれる四種の苦行的儀礼を行う。すなわち、カンタ・パタ（茨の上を歩き、転がる）、ニアン・パタ（火渡り）、ジュラ・パタもしくはウグラ・パタ（火の上の逆さ吊り）、ウダ・パタ（柱から吊した体を水平に振りまわす）がそれである。たしかにこれらは舞踊に直接関係するものではないし、このような儀礼もあまり行われなくなってきてはいる。しかし、彼らがイメージするチャイトラ・パルヴァとはこのようなまつりであり、それをふまえて、あのように明るく楽しい、祝祭としての群踊が展開するのである。

実際、三〇日の夜に見た、はじめて化粧をし、衣装を付けた若者たちによる「マユールバンジのチョウ」はみごとなものであった。それに先立つ二日にわたり、充分に説明を聞き、また舞踊の基本動作やその意味について学んでいたこともあるが、それは激しい「プルリアのチョウ」や、静謐で幽玄な「セライケラのチョウ」とはまた違った魅力に富んでいた。その時の印象を、筆者はのちに、このように評している［一九八九b］。「それは表現に富むが誇示的でない。伝統的であるが化石化はない。現代的であるがけばけばしさがない。魅力的であるが安っぽさがない。制御されているが縛られていない。緩やかであるが弱さがない」。他地のように仮面を付けていなくとも、化粧をし、衣装をつけた少年や青年たちは、ふだんの彼らとはまったく異なる、天界の舞い手と化していた。

セミナー最終日の三一日には、バリーパダからバムンガティ丘陵を越えて五三キロほどのところにあるビソイ村に、サンタル民族を訪ねた。その芸能は「部族的」というよりは「マユールバンジのチョウ」にも似た群舞であり、両者の関係をうかがうにはよいにしても、本来の形からはかなり異なったものとなっているように思えた。派手な衣装、あるいはマラカスやハルモニウムのような西洋楽器の使用もその一例である。そしてこの日も宿舎では、午後から夜遅くまで、「マユールバンジのチョウ」に関する膨大な手稿を携えてきたラーダーモーハン・モハンティ老をはじめとする、地元の研究者たちとの話し合いが続いた。

気がつけば、大晦日。多事で実りの多い年が、オリッサ州の古都でやがて暮れようとしていた。

インド人形芝居の光と影

ひとがたの操り

人形は字義どおり、「ひとがた」である。その起源は、神を宿し、霊を憑依させる形代・依代でもあった。そうであれば、それを操る人形師は、本来その当該社会における一種の祭司、あるいは呪術師としての性格をもっていたことであろう。

神の依る人形を操り、あるいは神の意思に操られる人間の仮象を眼前に具現して見せる人形師は、神を遊ばせ、神とともに遊ぶことのできる高度な技術者であった。彼らは演目や語りの内容、また歌語りと操りの技術はもとより、操る人形の図像学的細部にいたるまで、古来の経典や儀軌によってしっかりと裏づけられたノウハウを心得た宗教的知識人であった。南インドの最奥、ケーララ州に伝わる古い影絵人形の「トール・パーヴァクートゥ」Tōlu-pāvakūthu の演者たちが、プラヴァル puraval すなわち「学者」とよびならわされてきたことは示唆的である。

しかし、一方で人形芝居は、やがて人びとの人気を得て、宗教性というよりも強い娯楽性を帯びるようになる。さらにそれが、いまなおなんらかの形で祭礼と結びつく場合が多いにしても、ことに次第に漂泊芸的性格を帯びるようになってからは、学者・祭司というよりも、社会的にも身分の低い、芸人としての位置づけがなされるようになった。なまじ宗教とかかわる部分を民衆レベルで大きくもっていたことが、世俗権力とむすびついた宗教者たちから疎まれ、そのヒエラルヒーの最下位に落とされることとなったのであろう。その間の事情は、日本中世の「傀儡子《くぐつ》」あるいは韓国における「コクトゥ」の展開と変容にも通ずるものに映る。「賤」の起源は、畏怖にも密接に結びついた「聖」なる世界だったことを、まずは見据えておかねばならない。

さて、古来インドには各種多様な芸能の形態が発達・展開してきたが、人形芝居の伝統は、なかでも最も古いものの一つである。北インドのサンスクリット古典劇の座長はスートラダーラ sūtradhāra とよばれるが、この「スートラ」を経典と解すれば「経典保持者」すなわち経典や教義に通じたものの意にもなり、このこと自体が示唆的であるが、スートラには糸の意もあり、そうとすればこの語には「糸を〔手に〕もつ者」の意となるため、演劇の原初形態は糸操りだったのではないかとする説がある。

一方ではまた、このスートラダーラの語の解釈をめぐっては、より哲学的に、人はすべて眼に見えぬ神の糸（＝意図）に操られる存在であることを教えるものであると説く人もいる。ことごとに哲学的な解釈を好むインドのことであるから割引も必要かもしれないが、人形は神であるばかりでなく、神によって操られる人の姿を映したものでもあって、そのことから人形芝居は、人間が演ずる演劇よりも起源が古いというのである。

しかし、このような特殊な技法を先行させるよりも、人体自体の動作をもってなにかを表現することのほうが古いと考えるのがやはり自然であろう。さらに、糸操りのみをもって人形芝居の起源を説明しようとするならばやや問題もある。すなわち、インドの人形芝居の伝統には、その一つ一つの起源を明らかにすることはできないにしても、糸操りのみならず、棒つかいの人形や、腕ないしは指を差し入れてつかう様式、または後述する影絵人形芝居などの多様な様式が古くからあって、一概にはいえないからである。

人形芝居の多様な伝統

人形つかいの手元に束ねた糸を上から吊って操る糸操りの中では、西インド・ラージャスターン州の「カト・プトリ」Kaṭh-putli が最もよく知られている。その上演用の舞台は簡素で、施主から借りた簡易ベッドのチャールパーイーを二つずつ横にして左右に立て、脇を幕で覆うほかは、前面の上下に幕を張っただけのものである。それは一座が移動するさいの簡便さにも通じ、この演劇形態の遊動的性格を物語っている。この最前部上方の幕はアーチ形をしていて、下方の幕とのあいだの空間で人形の演技を見せるが、つかい手の姿は上半の幕と左右・後ろの幕で隠されているのは当然としても、彼らは演技中にその姿を見られることを概して嫌う。人形の繰り広げる非現実の世界を演出する場は、現実のものとしてあってはいけないのであろう。そして人形を操る座長の口には、先にII章でも少しふれたように、必ず小さなリード楽器のピープリー pīplī がくわえられている。このピイピイという音は超現実世界の登場人物のセリフであって、そこに具体的な語りがあってはならないものと聞いた。伴奏音楽にも歌はなく、観客はもっぱらその登場人物のしぐさから、すでによく見知った話の筋を追うのである。

音楽は小型オルガンのハルモニウムと両面太鼓のドーラクが中心で、他の楽師や観客の手拍子もその場を盛りあげる。リズムは概して早く、それに従って人形の動きも速く、リズミカルである。話の筋としては「アマル・スィンフ」や「プリティヴィー・ラージャ」のようなラージャスターンの英雄譚が枠となっているが、動きはドラマチックな戦闘場面や宮廷での女性たちの舞踊や毬投げ、皿回しなどの曲芸をたっぷりと見せて、観客を喜ばせる。人形は頭部と手先のみが木製で、あとは豪華に金銀糸などを刺繡した長い衣装であるため、ときには人形を上下に逆転させて、女性から男へ、あるいは動物から人、神から邪神へというような変身が可能である。そして演技を終えれば、彼らは人形をすべて箱に収め、幕をたたみ、

ラージャスターンの糸操り「カト・プトリ」で用いられる木彫りの人形

ベッドは施主に返して、また次の村へと移動していくのである。

このような糸操りは、他州ではアッサム州の「プトゥロ・ナーチョ」Putulo-nāca のほか、オリッサ州オダサ村の「サーキー・クンデイ」Sākhī-kundeī、マハーラーシュトラ州ピングリー村の「カラースートリー・バフリヤー」Kalāsūtrī-bahuliyā に類例が見られるが、いずれも他の人形つかいの形態とともに、細々と伝えられているにすぎない（地図参照）。一方、南インドでは、カルナータカ州の「ゴンベイヤータ」Gombeyāṭṭa とタミルナードゥ州の「ボンマラーッタム」Bommalāṭṭam が注目される。これらはいずれも、人形つかいの頭に付けた輪から下がった糸で人形本体を吊り下げることで基本的な体部の動作は頭を振って操る一方、人形の手足などを通じての細かい動作は人形つかいが手にした二―四本の細い棒を下に突きだし、上方から操っている点が興味深い。普通、棒つかいは下から人形を支え、かつ手足を動かすのであるが、上から人形を操るこのやり方は、むしろ糸操りにも近い原理なのである。またこれらの場合、人形つかい自身が踊るように床を足で踏み鳴らし、リズムをとっているのも心地よい。

比較的単純な棒つかいや手指つかい、あるいは両者の組合せも亜大陸のやや辺境部に見られ、なかでもケーララ州の「パーヴア・クートゥ」Pāva-kūthu は別名の「パーヴァ・カタカリ」にも明らかなように、古典舞踊劇の「カタカリ」の人形版として見ごたえがある。幸い二〇〇〇年の秋、この公演がはじめて日本でも行われ、両者の比較によって、人の演技と人形の差も提示された。一方、オリッサ州には手づかい（「クンデイ・ナーチャ」Kundei-nāca）と棒つかい（「カティ・クンデイ・ナーチャ」Kaṭhi-kundei-nāca）の両者があり、またベンガル地方の「プトゥル・ナーチ」Putul-nāc は棒か手づかい、あるいは両者の組合せであるが、いずれも現在ではあまり盛んではない。むしろインドの人形芝居といえば、やはり南部一帯に伝わる影絵人形芝居が、最も特徴的なものといえるであろう。

影絵芝居の光と影

南インドではまつりにさいして、寺院の境内の常設舞台やそのすぐ脇に立つ特設舞台に、皮でできた影絵人形の芝居がかかる。夜になってもムッとする暑さであるが、太鼓や鉦の音が響いてくると、だれもがじっとしていられない。やがて闇のなかでぼうっと浮き出した四角い布のスクリーンに、ヤシ油の燃える灯を受けて、大きく小さく、くっきりと、あるいはぼやけて跳梁しはじめる古代の英雄や神々の姿に、人びとはたちまち異次元の世界に引きこまれる。実際、影絵人形は、他の形態の人形と同様に神々の形代・依代であり、神そのものであるとすら意識されているから善神と悪神の人形が一緒に保管されることは決してないし、それらを操る人形つかいは一種の祭司的存在である。したがって、彼らが神をおろし、ひきまわす舞台裏は、神聖な場としてみだりには立ち入れない。

インドでは芝居の座長をあらわす「スートラダーラ」の語から、人形が神に操られる人の姿とも考えられていることはすでに述べたが、影絵人形もまた、神々の威光（意向）を光源とし、そこに映しだされた

インド人形劇地図

（原図 小西正捷・1995）

トール・ボンマラータの主な伝承地

現在伝承するグループは総じて百数十家族があり，アーンドラ・プラデーシュ州内に広く分布している．ここではその中でも特に高度な上演水準を保ち，伝承のあり方のしっかりした伝承地を示す（原図はM. ナーガブーシャナ・シャルマー氏による）
①カーキナーダ近郊マーダヴァパトナム（これらの地域のなかでは最も近代的な演出法をとる）
②グントゥール近郊ナルサラーオペート（３家族）
③ネッロール近郊 D. C. パッリ（３家族）
④アナンタプル近郊ニンマラクンタ（上演の伝承地であるばかりでなく，影絵人形およびその意匠をもとにした皮革製品を作るコロニーがあり，輸出用に手づくりしている）

ものはその反映としての影であるとの、これまた哲学的な解釈がある。そうとすれば、東インド・オリッサ州の影絵人形芝居「ラーヴァナ・チャーヤー」Rāvana-chāyā の名にも見えるように、チャーヤーすなわち「影」そのものにこそ意味があるようにも思われる。インドネシアの影絵芝居「ワヤン・クリ」Wayang-kulit のワヤンも「影」の意であり、クリは「皮」であるから、総じて「皮人形による影絵芝居」の意となるのも興味深い。神の意思を、概して不浄とされがちな獣皮であらわしてよいのか疑問も残るが、ともかくインド各地でおそくも中・近世には確立したはずの影絵人形芝居の名にも、「影」もしくは「皮人形による影絵」の語意が含まれているのが普通である。

われわれにも、子供のころからの思い出があろう。光に対してたわむれに向けてみた手や拳が、反対側の壁や障子に思いがけない形象を写しだし、ちょっとした工夫とわずかな動きで、それがさまざまな意味世界を具現することに時を忘れたものである。これがドラマのはじまりであり、そこに、幼いころから聞き及び、慣れ親しんだ昔話や伝承を仮託してみることは、神話や伝承が盛んなインド世界では、あまりに当然の展開の端緒をなしたことであろう。その意味からすれば影絵芝居の形象的原型は、ほとんど火を使いだして以降の人類史とともにある。

一方インドでは、その実際の成立は紀元後数世紀のことであれ、起源としていまから三〇〇〇年も前にさかのぼる、世界にもまれな長大で複雑な叙事詩や古譚・神譚がいくつも伝承されてきた。『ラーマーヤナ』や『マハーバーラタ』、また神々の百科事典ともいうべきプラーナ類がそれである。そしてこれらは、小難しい叙事詩や神話というよりも、あたかも神や古代の英雄たちがいまもすぐ身近に息づいているかのように感じられるほど、繰り返し、親から子へと語りつがれてきた。それはまた、そのほんの一部やエピソードにすぎないようなものも含めて、きわめて数多くの文学作品や演劇作品のテーマとしても繰り返しとりあげられてきた。

影絵芝居のような比較的身近な芸能形態においても、当然それは例外ではなかったが、どちらかといえばその直接の典拠となったものは、北インド中央部で確立した古典版とはときにかなり異なった内容をもつ、地域化されたヴァージョンであった［Richman 1991］。それらは主として、十五―十六世紀を中心とした地方語の展開ともあいまった、地方文学の展開と大きな関係がある。このことは、影絵芝居自体の起源はもっと古くまでさかのぼるものであるとしても、少なくとも現在見られる形での演出が、実際には、おそらくこのころに起源するものであることを意味するであろう。

南インドの影絵の伝統

影絵人形芝居の伝統は西はギリシアから東は中国にまで広く見られ、なかでもトルコの「カラ・ギョーズ」Kara-gözu やインドネシアの「ワヤン・クリ」が有名であるが、ことにインド亜大陸ではその南半に個性的で豊かな影絵人形芝居の伝統が数多くあり、一説にはこのインドの伝統が他地に伝わって、各地での人形芝居の起源となったとすらされている。なかでもインドの影絵とインドネシアのそれとのかかわりについては、次のような説が有力である。すなわちワヤンの場合、少なくともその今日見られるような形での確立はといえば、おそらくそれはインドネシアがイスラーム神秘主義スーフィズムの影響を受けた十四―十五世紀以降のことであろうが、すでにそれに先行する十―十三世紀のクディリ朝下にあっては、ことに南インドで勢力を誇っていた九―十世紀のチョーラ朝下のアーンドラ地方などからの強い文化的影響があり、かくてインドの古代叙事詩などを主題とした「ワヤン・プルウォ」Wayang-purwo の原型が形成されたと考えられている。

換言すれば、インドでは、少なくともチョーラ朝下の南インドにおいて、おそくも九世紀には叙事詩を主題とした、今日の形式にまで連なる影絵人形芝居がすでに確立しており、インドネシアその他の東南アジア諸国においてもそうであったように、インド自体でも、ことに十五―十六世紀以降の地域語と地方文学の発展に伴って、さらに各地各様の特徴ある影絵人形も展開していったのである。そのさい、本来の古典的叙事詩などでは単なる逸話にすぎなかった部分や、古典にはまったく出てこないような部分があえて増幅されることも多かった。ときにはことに民衆にウケのよい戦闘シーン活劇的要素や、『ラーマーヤナ』でいえば猿神ハヌマーンの大活躍といったもののみが、あたかも独立した演目のようになって上演されることすらあったのである。

影絵芝居の歴史に関する以上のようなラフな想定を具体的に検証していくことにはかなりの困難があるが、ひとえにそれは、インドそのものでも、この伝説の起源・生成の歴史がはっきりしないことによる。ことにインド亜大陸の北半で、少なくともいままでは、糸操りや棒・手づかいはともかくとして、影絵人形芝居の伝統が、南との関連もあるオリッサ州の事例を除いてまったく見てとれないことは不思議に思える。

いずれにせよ現在のインドでは、アラビア海に面したマハーラーシュトラ州南部と、ベンガル湾に面したオリッサ州の一部に古い影絵芝居の伝統が見られることを除けば、すべてそれは南部の諸州に展開していて、とりわけかつてのチョーラ朝の中心地であったタミルナードゥ州をはじめ、南インド一帯には影絵人形がよく残っている。概してそれは、イスラームの影響が強かった北部よりも、南部一帯がヒンドゥー文化の影をより色濃く残し、かつ独特の伝承を発展させていったことにもよる。そしてそのもとで、ことに十五―十六世紀以降、古典的叙事詩も地域語や地域的翻案によるものが数多くつくられるようになり、民衆のあいだで広まっていった。

今日のインドで最もよく知られた、かつ盛んな影絵人形はアーンドラ・プラデーシュ州の「トール・ボンマラータ」であり、この系列に、タミルナードゥ州の「トール・ボンマラーッタム」やカルナータカ州の「トガル・ゴンベイヤータ」も入る。しかし、これらが概して薄くなめした羊や水牛の生皮に美しく彩色し、形状もみごとであるのに対し、他の地方では、やや厚い鹿皮などを用いていることが多く、仮にそれに彩色が施されていても光を通さないので、影は文字通り黒い影のままとなる。その典型が、ケーララ州の「トール・パーヴァクートゥ」やマハーラーシュトラ州南西部の「チャムディヤーチャ・バフリヤー」、あるいはオリッサ州の「ラーヴァナ・チャーヤー」であるが、むしろこのようなやや辺境の地、どちらかといえば海沿いの地に細々と残っている影絵人形の伝統のほうが、より古い伝統を残している可能性が強い。

しかし、これらを概観してみると、カルナータカ州南部の「トガル・ゴンベイヤータ」とアーンドラ州の「トール・ボンマラータ」が、それぞれ独自の性格をもちつつも、音楽・人形・戯曲構成などの上で共通したものをもっていることにも注目される。この点に関し、これらの影絵が、かつてはより北西部のマハーラーシュトラに起源するものであったという伝承があるのが興味深い。それによると、カルナータカやアーンドラの人形つかいたちは、かつてはマハーラーシュトラ地方を拠点としていた放浪芸能集団のキッレーキヤータ［Morab 1977］の流れであるともされ、彼らが影絵のみならず、糸操りや、紙芝居状の絵による絵語りをも行って、かなり広範囲にわたって門付けをして回っていたという［コントラクター 一九八九］。その伝統は、マハーラーシュトラ州ではゴアに近い最南部のピングリー村に現在細々と残っているだけであり、同村の芸人集団タッカルが影絵人形芝居の「チャムディヤーチャ・バフリヤー」と絵語りの「チトラカティー」を伝えていることは、すでにII章で詳しく述べた。しかもアーンドラの「トール・

ボンマラータ」では、この地方の言語であるテルグ語とともに、より北方の、マハーラーシュトラ州の主要言語マラーティー語の一方言であるアレー語が、いまでも上演にさいして用いられているのである。

「トール・ボンマラータ」

アーンドラ・プラデーシュ州の影絵伝統は、一説に紀元前二世紀にまでさかのぼるとされるほど起源が古いが、その後の発展・展開も大きかった。ベンガル湾に面し、大河のデルタに位置するこの地方は、ことに七―九世紀のパッラヴァ朝期には東南アジアとの交流も盛んだったので、インドネシアの影絵芝居「ワヤン・クリ」との関連も、ここに求められるかもしれない。その後もこの地方は、後期チャールキヤ朝、カーカティーヤ朝などの栄華のもとで独自の文化を発展させていったが、ことに十六世紀には同地方のテルグ語による『ランガナータ・ラーマーヤナ』*Raṅganātha Rāmāyana* が完成し、古典的な北インドの伝統とはやや異なる独自の文学・芸能伝統が発達・展開した。現在の「トール・ボンマラータ」の直接的な祖型が完成したのもこのころであろう。

その音楽は、現在でも基本的には古来インドで培われてきた古典的歌語りのそれであり、語り歌には両面太鼓のムリダンガムと小さな鉦状のターラムがリズムを刻む。激しい戦闘シーンなどではブリキ缶を二本の撥で叩くこともあるが、人形つかいが足に巻いたガッジェルという鈴とともに床を踏み鳴らす音も、音楽の重要な要素である。人形は他の影絵伝統に比して最大で、等身大のものすらあり、彩色も派手である。前述のように、その材料である皮は、かつては鹿皮や水牛の皮も用いられていたが、厚くて不透明なため影絵としては単なる黒い影となってしまい、またその厚さから細かい細工がしにくく、平滑となりにくいこともあって、いまではより透明な山羊皮を使って、あざやかな色がスクリーンを通しても浮き出る

「トール・ボンマラータ」の大型影絵人形，シーター

ように工夫されている。

皮一枚の大きさには限界があるため、部分を継ぎ足すことがかえって人形を異例に大きくし、また手足や頭、腰などが動くという結果をも生んだ。ことに踊る女性の人形などにそれが顕著であるが、逆に囚われのシーター姫のように、箱形をした樹下に座ったまま、そこから突き出た手のみが動くような静的なものも、ケーララの影絵に見られるような古型を表していて興味深い。

また、色のみならず、皮に細かく点や線を打ち抜くことによって人形に装飾性を増し加える技術もこの地方の人形に独自の特徴であるが、このような処理を生《き》皮《がわ》に施す技術も高度なものである［小西 一九八六a：三一七―一八］。

しかし大衆芸能の常として、人形の色や形状、また音楽もいっそう派手になり、戯曲構成もさらに短く、かつわかりやすいものとなるなど、いまなおそれは闊達な変化をとげつつある。やはりそれも、人びとの好みを受けとめるべき芸能としては当然のことであり、『ラーマーヤナ』の中でもふんだんな戦闘シーン、あるいは猿神ハヌマーンが大活躍する「スンダラ・カーンダ」の巻、すなわちラーマ王子の使者として囚われのシーター姫をランカー島に捜しだし、邪王ラーヴァナの軍勢を蹴散らかして王宮に火を放つ一景などは、最も人気のあるものの一つである。そのときひとは、此界と異界を超えた次元を、人形を通じて如実に体感するのである。

ともすればことごとに、古い伝統が化石のようにいまに活きているかのように考えられがちなインドであるが、このような民衆芸能の世界では、必ずしもそれはあたらない。他の芸能形態と同様、近年では人形劇においてもことに映画からの影響が大きく、音楽がどこかポップ調を帯びたり、役柄やそのセリフに現代の人物や事件の影が見えたりして、ウケがねらわれたりもしている。また、映画やテレビの普及した現在、伝統的な芸能が、かつてのように幾晩にもわたって演じられるということもなくなってきた。ことに都会などの大きな舞台で、手ぎわよく派手に演じられるものは見栄えはいいが、芸能本来のもつ儀礼とのかかわりや、くらしの文脈から切り離されてしまっていることが気にならなくもない。とはいえ、やはりその奥底は深く、インドでは、ともかくそれがいまなお活きていて、しかもライブで楽しめる、という事実のほうが感動的であるといえるかもしれない。

あらたな動き

こうして大都会などでは、このような各地の伝統をふまえつつも、あらたな人形劇の創造への動きがでてきた。かえってそれは、人形劇の伝統がないか薄かった北インドのデリーやボンベイ（ムンバイー）、カルカッタ（コルカタ）のような現代政治・経済・文化の中心地に、さまざまな新しい実験が試みられている。この場合、映画産業の中心地であるムンバイーではかなり派手な人形のデザインと凝った音楽もめだつのに対して、映画も地味で社会派的な傾向の強いカルカッタでは、むしろ現代演劇としての筋立てや、人形・背景などの形状を含む演出に、社会的・前衛的な傾向が見てとれる。首都ニューデリーでは、よくいえばその総合、あるいは一般うけするようなものがよく上演されるが、やや中途半端な感もまぬがれない。しかし、なかでもユニークなのが、地域の文化伝統としてはイスラームの影響を強くうけたところながら、積極的に南インド芸能の諸伝統をとり入れ、あらたな芸術活動の中心地として活躍をしている、西インド・アムダーバードの「ダルパナ・アカデミー」Darpaṇa Akādemī の活動である。

ダルパナは、独立後まもない一九四九年に、ケーララ州出身の舞踊家のムリナリニー・サラバイ女史によって創設された。ダルパナとは「鏡」の意であるが、同機関はそれ以来一貫してインドの舞踊・音楽・演劇の伝統を鏡とし、その継承と発展のための研究・公演・教育・出版活動を積極的に行っている。また一九六八年には、その人形劇部門に影絵人形研究家のメヘル・コントラクター女史を迎え、布で裏打ちした厚紙による南インドのカラムカリ（絵更紗）様式の影絵人形をも、その重要なレパートリーとするようになった。主題は多くの場合、古代叙事詩やプラーナ神譚にとっているが、その骨子を単純化しつつ、多少の現代的解釈も加えている。ダルパナの舞踊公演は、日本ではつとに一九五七年以来五度に及んでいるが、古典戯曲『シャクンタラー』Śakuntalā を演目としたその人形劇は、一九九三年の「〈東京の夏〉音楽祭」での野外公演が本邦初演であった［小西 一九九三a］。

シャクンタラーと思い出の指輪

いうまでもなく『シャクンタラー』は、グプタ朝インドの産んだ詩聖カーリダーサの作品のうちでも最も有名な戯曲である。これはカーリダーサのみならず、およそインドでこれまでにつくられた、サンスクリット劇中の白眉ともいえよう。それは、一七八九年にW・ジョウンズによってはじめて英語に翻訳され、ついで独・仏語訳が出るに及んで、ヨーロッパの知識人に大きな衝撃を与えた。ことにゲーテはこの作品にみずから詩を捧げて絶賛し、『ファウスト』の序曲の構想も、『シャクンタラー』の序幕に得たといわれている。さらにそれは、今日までに、邦訳も含めて一四もの言語に翻訳され、オペラやバレーにまで翻案されて上演されているが、サンスクリット詩劇の美しい韻律を伝えることはむずかしい。

この戯曲『シャクンタラー』は、祝禱と座長の口上による序幕に続いて、プル族の王ドゥフシャンタの登場にはじまる。彼はその狩猟の場で、天界に生まれながらいまは聖仙の養女となっているシャクンタラーに出あい、たちまちのうちに相思相愛の仲になって、結ばれる。しかし彼女は、王へのあまりの思慕のゆえに別の聖仙の呪いをうけ、それによって王は、彼女のことを忘却してしまう。彼女を思い出す唯一の手段は、王が彼女に手渡した指輪を目にすることであったが、彼女はそれを、沐浴のさいに水中に落としてしまったのである。

王との形見である息子のバラタとともに、彼女は天界に戻って悲しい日々を送るが、一方、漁師が網にかけた魚の腹から、王の名を記した指輪が出てくる。それを見た王は直ちに記憶を取り戻し、シャクンタラーを追慕するが、なすすべはない。しかし、やがて天界に阿修羅退治にでかけることになった王は、その帰路、仔獅子とたわむれ遊ぶ少年を見かける。これがシャクンタラーとのあいだに設けた子、バラタと知って、二人はめでたく、劇的な再会をとげる。

これがカーリダーサの『シャクンタラー』の基本的なあらすじであるが、実はシャクンタラーは、覇王バラタ（『マハーバーラタ』はその後裔にまつわる物語である）の母としてすでにヴェーダ文献に姿をあらわし、また『マハーバーラタ』や一部のプラーナにも、その生まれやドゥフシャンタ王と結ばれる経緯が描かれている。しかし、ここにはいずれも、カーリダーサの戯曲で山となる、「聖仙の呪詛」と「失われた指輪」という重要なプロットが欠落している。この点こそが、その美しい詩型ともあいまって、カーリダーサ版の独壇場とすべきところであろう。しかも、記憶ないしは力の拠りどころとしての指輪、また指輪であれ何であれ、物語の展開にとって最も大切なものが魚や竜蛇の腹から出てくるというモティーフが、インドの内外を問わず、好んで神話や伝承にとりあげられるものであることを考えると、興味はつきない。

ともあれインドでは、カーリダーサ以前から、そしてカーリダーサ以降はことに、このシャクンタラーが、文学作品やさまざまな芸術作品に繰り返し登場してきた。それは、「バーラタヴァルシャ」すなわちシャクンタラーの子である「覇王バラタの領土」とよばれるインドにとって、まさに過去の栄光を思い出させてくれる、「思い出の指輪」にほかならなかったのである。

民俗芸能から民族芸術へ

ダルパナの現代人形劇「シャクンタラー」は、ことに海外での公演ということもあってか、話の筋はやや簡略化されてわかりやすいものとなっており、人形や背景の美しさもあって、素直に楽しめるものであった。しかしそれは、もはや南インドの人形芝居の伝統や、グジャラートというあらたにそれがつくられた場とはほとんど関係なく、まさに「インド」人形劇の公演として開示された。このことは人形芝居にとどまらず、音楽や舞踊、舞踊劇などのあらゆる芸能、あるいは美術造形にも見られる昨今の傾向であるが、この意味において人形劇「シャクンタラー」は、過去のインドの栄光をいまのものにし、あらためてみずからに向けて発信するリマインダーとして位置づけると同時に、ことに海外に対しては、インドの「きらめく指輪」としての役割を果たそうとするものだったのである。

ある地方の人びとのくらしのうちに育まれ、その特定の文化・社会の文脈において意味をもってきたこれらの民俗文化の諸相は、特定地域の民俗《フォーク》レベルを超えて、特定の民族《エスニック》集団や地域をも超えた「すぐれたもの」として注目されるようになると、本来それがもっていた民俗慣習とのかかわり、ことにその儀礼性や民俗神話などとのかかわりを一気に薄める。さらにそれは、ときには〝幸運〟にも、「インド」という国を代表する民族的《ナショナル》な芸術として紹介される段階を迎える、という過程を踏むことになるであろう。ひとはそこに、「インド」が育んできたとされる「伝統」の一端を、異国趣味をも満足させつつ楽しく鑑賞することができるが、そこにはやはり、芸能とも密接な「民俗」すなわち人びとのくらしの文化とのかかわりの希薄さを指摘せざるをえない［沖・小西 二〇〇二］。

民俗学者にありがちな「過去や伝統」に対する感傷は注意深く避けねばならないが、一方で現代人形劇のあらたな展開に大きな期待を寄せせつつ、一方ではやはり、いまなお細々と、南インドの村などで、頑固なまでに古い形を残しつつ、影絵人形を操り続ける人びとのことを思わずにはいられない。ことに影絵には、他の人形芝居の諸形態、すなわち糸操りや棒つかい、手（腕・指）つかいの人形とは大きく異なる性格が見てとれることを、最後にやはり、ここで一言指摘しておきたいのである。

すなわちそこには、形態上も性格上も、神格や神話的英雄等の役割を明確に規定することのできる人形を用いているということに加えて、「光と影」によるという、その独特の演出法が大きくかかわっていることはいうまでもない。しかし、光は実は、人形を単に影として写し出すための光学的な原理ではない。民俗と深く結びついた影絵芝居の人形は、非現実世界の光と影を現実のものとしてその場に具現するとともに、その操り手の宗教・儀礼上に占める重要な位置づけ、あるいは被差別集団としての芸人のあり方という側面での社会的な光と影をも、われわれの眼前に、残酷にも写しだしてしまう。

しかもそれらは、光と影の、どちらか一方のみをわれわれに指し示すものではない。光あっての影、あるいは影あっての光であるように、両者は補完的である以上に両義的であり、われわれがそこに異常なまでの力を感知しうるのは、まさにこの点においてのことなのである。

V　祈りの声楽

バジャンの系譜

祭式と讃歌

どの民族においても、祈りの歌は先史時代以来あったにちがいない。それを検証することは不可能に近いことでもあろうが、その心とリズム・旋律は、後世におけるどのような〝洗練〟や改変があったとしても、それは常に、民衆のあいだで脈々とうけつがれてきたはずである。

ある意味では当然のこととはいえ、残念ながらインドにおいても、そのような古い時代に人びとがどのような祈りの歌を捧げていたかは不詳である。おそらく広義のヒンドゥー教は、その根を深く先史時代に宿しているものと考えられるが、われわれの知ることのできる最古のものは、紀元前一五〇〇年ころにインド亜大陸に来入した、いわゆるアーリヤ民族の遺した諸種のヴェーダ讃歌である。主として自然神を祀り、讃える形で歌われ、唱えられたこれらの讃歌は最古の歌集『リグ・ヴェーダ』のうちに見ることができるが、われわれはさらに具体的に、それが実際にどのように詠唱されたかについて、ややのちの『サーマ・ヴェーダ』に見てとることができる。

『サーマ・ヴェーダ』は、サーマン、すなわち祭式における旋律を伴って詠唱される讃歌そのものを集めた本集の「アールチカ」と、それがどのように吟唱さるべきかを示した「ガーナ」からなるが、前者の多くが『リグ・ヴェーダ』から採ったものであるのに対し、後者では、特殊な記号をもって具体的な旋律を示し、かつ歌唱にさいしておこる音節の長短や反復などを、具体的に指示するものであった。これは、このような古い時期のものとしては世界にも稀な音楽理論書であり、一種の「楽譜」ともいえるものであるが、祭式における吟唱・詠唱という性格上、その重点は、決してまちがってはならない歌詞自体や、言霊《ことだま》信仰にも近い歌詞の発音と音節の長短にあるのであって、一切の楽器を伴わぬことはもとより、われわれの想念する「音楽」の範疇からは、やや特殊なものであったといわねばならない。

この祭式を司り、詠唱を担当した祭官は、ウドガートリとよばれた。人間が作詞作曲したものではなく、詞も旋律も天啓のものであるとされていたために、祭官は音声学（シクシャー）、韻律学（チャンダス）はもとより、祭事・文法・語源・天文学などにも通じていなければならなかった。その微細にいたる厳格なとりきめは、一方では解釈の多少の相違や〝流派〟を生じ、かつては一〇〇〇もの派があったと伝えられるが、いまなおそのうち三派が現存して伝えられているというのは、やはり凄い。いわば三〇〇〇年の時を超えて、祭式讃歌の伝統がいまだに活きているのがインド世界であるが、それでもヴェーダに則る祭式はバラモン階層の独占するところであり、またウパニシャッドなどの哲学は深遠にすぎて、民衆の近づきうるところではまったくなかった。人びとが神とより直接的に関与しうるようになるには、ずっとのちの、バクティとよばれる一連の宗教運動の展開をまたねばならなかったのである。

バクティ思想

バクティ（信愛）とは、ただひたすら神を念じ、神の恩寵を愛と受けとめて、みずからの全身全霊を神にゆだねてその名を念じ、唱える信仰のことである。その観念の萌芽はすでに『バガヴァッド・ギーター』のうちにあらわれるが、神ないしは宗教世界がはじめて民衆にとって身近となるのは、七世紀以降の南インドにおける、アールワールとよばれる一群の神秘主義的宗教詩人たちの出現によってのことであった。

ただし南インドでは、それに先立つ一―三世紀ころのいわゆるサンガム文献をみても、五〇〇名近くの詩人たちによる膨大な数のこの抒情詩群は、いずれも本質的に世俗の文学であり、ともすれば宗教や深遠な哲学的解釈に及ぶ北インドのサンスクリット文学詩の伝統とは、大きく異なるものであった。逆にいえば、ことに中世のバクティに見られるように、神と人との関係をも、あたかも恋人どうしの間柄のように歌いあげてしまう素地が、このような基盤に用意されていたのかもしれない。

ともかく、アールワールとよばれる詩人たちは、ときに主知主義的にすぎるとはいえ、これまでの神観や宗教意識に大きな変更をせまることになった。アールワールとは「神を直証する人」の意であるが、彼らはヴィシュヌ派の寺院を巡り、神への熱烈な信愛《バクティ》の念にあふれたタミル語の詩を歌い歩いた。ときに彼らは、その宗教的感情の高まりの中で、恍惚のうちに神像の前で失神することすらあったという。その歌詞は平易で聴く人に身近に訴え、またその平等主義的信条は、自集団のみならず信奉者たちのうちに、数多くの、〝不可触民〟をも含みこんだ。

九世紀後半から十世紀前半の詩人であり、シュリーヴァイシュナヴァ派の開祖であったナンマールヴァールは、『ティルバーイモリ』ほか三篇の宗教詩を編んでおり、それらはいずれも十―十一世紀の『ナーラーイラ・ディヴィヤ・プラバンダム』（伝・ナーダムニ編『四千詩節集』）に収められている。そこでは彼は、みずからを神の妻になぞらえ、愛する者の非情や無視を悲しみもだえつつ、熱狂的な神への愛を訴えている。またややのちのラーマーヌジャ（一〇一七―一一三七）も、ただひたすら神に身をゆだねるプラパッティという概念を説き、やがて十三世紀以降に大きく展開する、バクティとバジャンの世界への道を備えた。

バクティとバジャン

ラーマーヌジャは、正統的バラモン哲学と民衆の信仰とを融合させつつも、なおみずからは、正統バラモンの枠を出ることがなかった。それに対し、十三―十四世紀以降、ことにマハーラーシュトラ地方に輩出したサント（聖賢詩人）とよばれる一群の人びとは、みずからも多くの場合「下層」階級出身であり、それだけに熱をこめて神への信愛を日常的な言葉で歌いあげることによって、神の前での平等を説いた。その点において、彼らは宗教改革のみならず、社会意識の変革をも人びとに熱っぽく訴える運動を展開していったのである。

そのような先駆者のひとりが、ジュニャーネーシュワル（一二七五―九九？）である。彼はローカルな日常語としてしか考えられてこなかったこの地のマラーティー語を用いて、最も聖なる『バガヴァッド・ギーター』の平易な注釈を行い、神への信愛を説く『ジュニャーネーシュワリー』を著して、後世のサントたちに大きな影響を与えた。

またほぼ同時代のナームデーヴ（一二七〇―一三五〇）も、みずからは裁縫師集団（シンピー・ジャーティ）の出身であったが、神への信愛を熱烈に説き、ジュニャーネーシュワルとともに、マハーラーシュトラのバクティ運動の代表ともいうべきワールカリー派確立の基礎を築いた。彼は旋律をつけて神の名を唱え、マラーティー語による信仰詩「アバング」を歌いつつ、ヴィシュヌ神の権化・化身とされるヴィッタラもしくはヴィトーバー神の聖地巡礼への詠歌行進（サンキールタン）を行って、広く民衆にバクティの念を広めた。

これら先人の平易な宗教詩は、エークナート（一五三三—九九？）やトゥカーラーム（一六〇八—四九）、ラームダース（一六〇八—八一）などの、十六—十七世紀のサントたちの手によっていっそう豊富なものとされた。かくて、聖者の手になる詩アバング、もしくはそれに基づき、半ば自然発生的にできあがっていった神への讃歌バジャンは、いまも多くこれらのサントたちの名を冠して、人びとのあいだで好んで歌いつがれている。これらの宗教歌はまた、同時期の大衆恋愛詩ラーワニーや英雄譚ポーワーダーとの関連をもち、かつ旋律上は、マハーラーシュトラの民謡とも密接な相互関係をもつことが指摘できよう。

もうひとつ忘れてはならないのが、彼らの果たした社会改革上の側面である。例えばワールカリー派最大のサントとされるトゥカーラームは農民身分のクンビー・ジャーティ出身であったが、ヴィトーバー神への熱烈な信愛を通じてカースト＝ヴァルナ制の矛盾をつき、その差別を批判した。彼はそのアバング（『トゥカーラーム頌歌集《ガータ》』）を通じて、一貫して「低位」カーストの民衆の言と立場を代弁しようとした。これに対し、同時代のラームダースは、マラータ期の時代的制約とはいえ、当時ひしひしと迫りくるムスリム勢力に対抗して、バラモン社会の強化・組織化につとめ、政治上もシヴァージー王の黒幕として暗躍したというのも興味深い。

むしろ十三世紀以来、ムスリム勢力下に圧倒的に席捲された北インド中心部においては、思想上も、音楽や詩型の上でも、イスラーム文化の影響を大きく受けることとなった。神の前での平等を説くイスラームの思想。また神への愛と熱狂的唱名を通じて神人合一の境地を得ようとする、バクティにも通じうるイスラーム神秘主義のスーフィズム。ペルシア、トルコ、ウルドゥーなどの諸語による抒情詩型、あるいはその朗唱様式としてのガザル。ガザルやカッワーリー（スーフィズムを背景とした交唱形式の讃歌）に好んで用いられる六・七・八拍子を基本とした軽快な拍節型《ターラ》——。これらが北インドにおけるバジャンの発達に与えた影響は、決して無視できぬものであったにちがいない。

カビールとミーラー

そのような典型的なバジャンが、カビール（一四四〇—一五一八？）によるものである。彼はおそらくは、バラモンの私生児としてのやや複雑な事情をはらんだ生まれであるが、ワーラーナスィー（バナーラス）の貧しいムスリムの職工の許で育てられた。すでに以前からラーマ神に対する一神教的信愛と解脱への道を説き、またそれに基づく、カーストや宗教による差別の排除を主唱していたラーマーナンダ（一四四〇—七〇）に師事し、宗教の枠を超越した内なる「神」の世界への没入と、「神」を深く念じた称名を、数々の美しいバジャンに託した。

彼にとって、さまざまな宗教的儀礼や慣習は無意味であり、聖典の権威も、それによる差別も無用のものであった。みずから聖者たることもなく、一生を一介の職工として過ごした彼の手になるバジャンは、王族の出である、ややのちのミーラーバーイー（一四九九—一五四六）の遺したバジャンとともに、いまなお民衆のあいだで最も広く歌いつがれている。

このミーラーバーイーは、ラージャスターンのメールター国の王女として生まれ、十七歳のときにメーワール国のボージュラージ王子のもとに嫁すが、数年で夫を、また父や義弟などを次々に戦乱で失い、クリシュナ神への信仰に目覚める。しかし、彼女が師としたのが、カビールと同じくラーマーナンダの弟子であったチャマール（皮剝ぎ職）出身のラーイダースであったこと、またクリシュナ神への熱愛のあまり、王女でありながら下層民や苦行者、芸人たちとともに大道で激しく踊るなどの数々の奇矯なふるまいのために、婚家の人びとから多大な迫害を受ける。その苦しみの中から、ただひたすらクリシュナ神の妻たらんとする彼女のクリシュナ・バクティのバジャンは、いまも聞く人の心を打ってやまない。

ただ彼女にはあまりにも多くの伝承や伝説が付加されすぎており、その正確な生涯がかえって不詳となっている。少なくともその讃歌集『パダーヴァリー』のみは真に彼女の作と伝えられてはいるが、その実際の歌詞には、ラージャスターニー語を基本としながらも、すでにグジャラーティーや北インドのブラジュ・バーシャーなどの言語要素がかなり混入している。ほぼ同時期といえるほどに古くから、彼女の歌が多くの他地方の人びとに愛されたことの証左といえるであろうか。

民衆の心へ

実際バクティの思想やそれに基づくバジャンは、北インドのさまざまな地方にも急速に広がっていった。パンジャーブ地方には、十三―十四世紀のナームデーヴのアバングがすでに伝わっていたが、スィク教開祖のグル・ナーナク（一四六九―一五三八）は、ヒンドゥーやイスラームの聖者たちとの深い交流の中でカビールから大きな影響を受け、みずからも同郷のラーホール出身のムスリム吟遊詩人マルダーナやふたりのヒンドゥー農民とともに、ジャプジーという詩型でその独自の教義を説き、歌によってそれを広めた。聖典『グランタ・サーヒブ』中に収められたこれらの宗教歌は、ほとんどバジャンと同類の様式で、「ギート」としていまもスィク教寺院グルドワーラーのなかで盛んに歌われている。

同じころのベンガル地方の聖者、チャイタニヤ（一四八五―一五三三）も、カビールやナーナクほかと同様に、カーストをはじめとするさまざまな宗教的制約を否定する立場をとった。神（ラーダーとクリシュナ）へのただひたすらな熱愛を、彼は神の称名を主とした聖歌キールタンに託し、太鼓やシンバルに合わせて恍惚のうちに歌い、踊り歩いた。神は本来みずからの心のうちにあり、愛によって促されることによって出現し、無限の遊戯《リーラー》のうちに信者たちとともにありつづけるというこの思想の一端は、ベンガル地方の宗教的放浪詩人、バウルの歌にもうけつがれている。

マハーラーシュトラの場合は先にも述べたが、その北に隣接する、グジャラート地方におけるバジャンの流布、継承をやや具体的にみておこう。以下は主として、一九八九年夏に来日して公演を行ったラージコート出身のバジャン歌手、ヘーマント・チョウハーン（一九五五― ）から得た情報であるが、これまで述べてきたような十三―十五世紀ころの著名な聖者たちによるバジャンが、その後どのような階層の人びとによって、どのような系譜（パランパラー）を通じて継承されてきたかを知りうる、貴重な資料である。ことに筆者にとっては、十八世紀末の人であるという、ダースィー・ジーヴァンのバジャンがあまりに美しく、心打たれるものであったことから、それがどのような人であったかを知りたく、深夜におよぶ話のきっかけとなったものであった。

各人の年代をそれぞれ正確に特定しえないのは仕方のないことであるにしても、グジャラートのバジャンの系譜を、彼がただちに、ワーラーナスィーのラーマーナンダ・スワーミー（前述、十五世紀中葉）に結びつけたのには驚いた。しかもその弟子としてカビールやラーイダースの名が並び、ミーラバーイーをラーイダースに結びつけたことも、まことに（歴史学上）正確なことであった。

そして彼によれば、ラーマーナンダにはもうひとり、カビールに並ぶテージャーナンド・スワーミーという弟子がいて、この人がグジャラート地方にバジャンを伝えたという。彼は（皮剝ぎ職のチャマールに対する）祭司職たるガロー・ジャーティ（ヘーマントもこれに属する）出身者であったが、ある日その庵の近くで鹿狩りをしていた狩人（シカーリー）のアンバーチャヤタに殺生の罪をいさめ、彼を弟子にする。そのとたんに、矢傷を負った鹿の傷もただちに癒えたという。

以下は急いで、グジャラート地方にバジャンを伝えていった人びとの名と、その出身ジャーティ（カースト）名をあげるのみにとどめよう。アンバーチャタの弟子は商人（ローハラー）のバーンサーヘブ、次いでその息子のキムサーヘブ、ガロー出身のトリカムサーヘブ、同じくガロー出身のビームサーヘブへと続き、そしてその弟子が、チャマール出身のダースィー・ジーヴァンであった。筆者がことのほか心を打たれつつ聴いた、若きヘーマントの歌うバジャンは、歌手みずからをも含めて、ほとんどが被差別階層出身である聖者たちの、心からの祈りの歌なのであった。

「宗教歌」というカビ臭いイメージはそこには毫《ごう》もなく、ヘーマントが公演三〇〇〇回を重ね、一〇〇巻にも及ぶカセットを出している人気歌手であるという事実には、一面、何かほっとするものを覚えた。人の世の差別という真の苦を経てこそ、人は歓喜の絶頂たる神の愛をみずからのものにし、歌を通じてそれを他と分かちあうことをえたのである。

バジャンのいくつか

グジャラート地方では、ダースィー・ジーヴァンによるもののほか、ナルスィンフ・メーヘター、プレーマーナンド、ブラフマーナンドによるバジャンも好んで歌われる。高く澄んだ声と、若年ながら心から湧きでてくるような信仰心で評判の高いヘーマントが、三弦の撥弦楽器ラームサーガルを手にして歌うバジャンやグジャラート民謡にはしっとりとした味わいがある。そのなかにはラージャスターンの音楽家集団ランガーが歌うパパイヤ鳥の出てくるものもあったが、それはミーラー・バジャンの一つとしてであり、精神性も高いものであった。今回の公演では太鼓のタブラーと、小シンバルのマンジーラーのみを伴奏として付けていたが、それによって、声のもつ音楽性がいっそう引き立てられていた。

以下に、彼の歌ってくれたバジャンのいくつかを、私訳の梗概のみで記しておこう。

ジャラーリー〈鐘の音《ね》ぞ響く〉　――ダースィー・ジーヴァン

予言者はわが内にあり。真を知り、観る者は内にあり。
魂は叫ぶ、いずこにも神、いましたもうことを。
心にほんの僅かでも、かのかたを慕う歌を想え。
カラン、カラン、カラン、
天なる、内なる鐘の音ぞ響く。

乞食《こつじき》の鉢を採らせよ　――ミーラーバーイー

母なる神よ、この世の富も楽しみも用なし。
古びしパンの耳に腹を満たし、灰の化粧にて足る。
むしろみ、聖者のみ足もとに身を置かせたまえ。
乞食の鉢をわれに採らせよ、わが母なる神よ。

クリシュナの笛の音色に　――ダースィー・ジーヴァン

愛の梅檀《せんだん》の樹　わがこころに植えられ、わが衣　涙に濡るる。
神は　わが内なるを知れども、わが心　神をぞ慕う。
クリシュナの笛の音に惹《ひ》かれ、わが心　神に魅せらる。

恋人を呼ぶ鳥に

パパイヤ鳥よ、ぴゆぴゆと恋人を呼ぶな。
あのかた〔クリシュナ〕とは心ともにあるに、なんの不要の呼びかけぞ。
とはいえその声で　あのかたとまみゆるならば、
そなたのくちばしを金で塗ろうもの。
心あらば　鳥よ伝えよ。
われひとときも
貴方なしにはいられぬことを。

——ミーラーバーイー

シヴァ・ターンダヴァ

シヴァ神は振り鼓を手にし、宇宙を創り、破壊して踊る。
その音に耳傾け、激しき舞の手ターンダヴァに
いまぞ　眼を開け。

——中世歌謡

イスラームのカッワーリー

カッワーリーの背景

インド文化のすべてにおいて、イスラームの与えた影響ははかりしれない。イスラーム世界との接触は早くも八世紀に始まるが、ことに十三世紀以降のデリー・サルタナット朝、また十六世紀から三〇〇年以上も続いたムガル朝期におけるイスラーム文化の展開は、さらに地域的なムスリム政権の成立とともに、深く広く、民衆のあいだに浸透していった。イスラームといえば概してその宗教面のみがとりあげられがちであるが、その影響は、中―近世におけるインドの宗教・思想・哲学の面はいうに及ばず、科学・技術・言語・文学・音楽・芸能・美術の諸側面をはじめ、衣食住のすべてにわたる生活文化の諸相にまで及んでいる。しかもそれは、もはや外来のものとしてではなく、インドに受容されて独自の発達をとげた「インド・イスラーム文化」として、すなわちインド文化史に大きな部分を占める重要な要素として看取されねばならないものとなっている。

すなわちインドでは、上記のすべての分野において、イスラームはインド古来の伝統と接触し、当然反発や排除もあったが、融合・同化・変容の過程を経てあらたな文化を創造し、現在典型的な「インドの所産」とよばれるようなものをも、つぎつぎと産みだしていった。建築でいえばあのタージ・マハル廟、絵画では華麗な細密画、古典舞踊では「カタック」、そして音楽でも、古典器楽の楽器としてただちにイメージされるシタールやタブラーも、みなインドにおけるイスラーム文化の展開のなかから産まれてきたものばかりである。そしてここにとりあげる「カッワーリー」Qawwālī とよばれる歌唱形式とその詩、またその背景としてあるインド・イスラーム神秘思想のスーフィズムもまた、このような所産として典型的なものの一つであった。

師たるイスラーム聖者のもとには弟子たちが集い、集団を形成して修行・布教にあたったが、このパターンはまさにインドでは古来の宗教集団のあり方であり、ここではそれを、ほとんどそのままに踏襲することが可能だったのではなかろうか。すなわち古来の導師のグル guru、あるいは聖者スワーミー swāmī はあらためてムルシド murshid あるいはピール pīr/walī として、また弟子のシッシャ siśya はムリード murīd と読み替えられ、このようにして形成された庵のハーンカー khānqā は、古来の修行道場アーシュラマ āśrama のイメージをさして大きく変えることにはならなかった。そして、こうしてあらたな師を得た弟子たちは庵に集い、クルァーンの朗唱をはじめ、神の異名・美名を繰り返し唱える唱名のズィクル dhikr、また教義や聖者の事績を讃える詩に節をつけて歌う、修行のためのサマー samā という集会がもたれた。

このサマーにおいては、ことにズィクルを通じて神を身近に想念し、一定の所作を伴いつつ集団で唱名を繰り返すことによって、一種のトランス状態に入ることも珍しくなかった。しかもスーフィズムにおいては、このような精神の集中と高揚によって自我を滅し、神と人という二元的対立を超えた神秘的合一体験のファナー fanā の重要性が強調された。ここでもまた、インドでは以前から、神への熱い信愛によって神人合一の神秘的境地を求めるバクティ bhakti の思想と運動の展開があり、さらにそれが、おそらくはスーフィズムの導入によってあらたな展開をしだすことを想起してよかろう。そしてこのような思想的背景のもとに産まれてきたのが、ヒンドゥーの場合は近世のバジャンであり、インド・イスラームにおいてはカッワーリーだったのである。

カッワーリーの形式

カッワール kawwāl すなわち世襲のカッワーリーの歌唱者たちがいまもこの形式の祖として敬愛と賛美を惜しまぬのが、デリー・サルタナット朝期の歴代の王に仕えたアミール・ホスロー（一二五三―一三二五ころ）である。宮廷の宰相にも任命されていた彼は、むしろ歴史家・思想家・詩人・音楽家として著名である。楽器のシタールやタブラーを考案したのも彼であるといわれているが、思想上、彼は十二世紀末にラージャスターン州中部のアジメールにムイーヌッディーン・スィジュズィー（一一四一―一二三六）が確立したチシュティー派教団に属し、同派を高めたニザームッディーン・アウリヤー（一二五六―一三四七ころ）の高弟であった。彼はその思想を、ペルシア語・古ヒンディー／ウルドゥー語などを駆使して格調高い詩に詠い、民衆にも親しみやすい美しい楽曲をつけてインド中に流布させた。

いまでもカッワーリーの歌詞は、多く彼の詩誦によっている。その歌は通常ペルシア語による荘重でゆっくりとした序曲にはじまり、やがてそれがウルドゥー語になると背後のコーラスによる手拍子も入って、いやが上にもリズムと精神の高揚を促す。次第に陶酔状態に陥った聴衆は、手拍子を合わせるのみならず、立ちあがって踊りだしたり、札束をカッワールの頭上からまき散らしたりする。ことにカッワーリーの演じられる聖者の命日祭ウルス urs の夜の廟 dargāh の前などでは、多くのカッワールが集まってきて、このような場面が朝まで続く。

カッワーリーのリズムやメロディーのパターンは、当然歌詞の押韻形式と一致している〔麻田 一九八八」。すなわち四行詩のルバーイー rubāī は A-A-B-A で、八行を基本とするマスナヴィー masnavī やガザル ghazal はそれぞれ AA-BB-CC-XX、AA-BA-CA-XA となる。詩の内容からすると、カッワーリーはまずアッラーを讃えるハムド ḥamd にはじまり、次いで預言者ムハンマドやアリー（後者の場合が多い）を讃えるナートシャリーフ nāt-sharīf、そしてスーフィー聖者を讃えるマンカバット manqabat へと続く。昨今ではそのあとに、叙情詩・恋愛詩のガザルを歌うこともある。ただしガザルの場合でも、この文脈にあっては単なる恋愛詩ではなく、世俗的な愛を歌っているように見えても、その熱烈な恋情は、神に恋い焦がれる思いを託したものであることが多い。この点でそれは、ヒンドゥー・バクティ思想に基づく讃歌のバジャンにも通ずるものがあるといえよう。

カッワーリーの本場パキスタンではなく、珍しくインドのカッワールであるジャーファル・フセインにとっては、カッワーリーもバジャンも、本質的に神への愛を歌ったものとして同じものであるという。それでは「神」とはなにか、という筆者の質問に対して彼は、それは聴く人の問題だ、それはアッラーでもよいし、バガヴァーン（ヒンドゥー教にいう「神」の総称）でもかまわないのだ、と答えた。実際彼のカッワーリーの歌詞では、アラビア語のアッラーよりも、ペルシア語のホダー khodā が多用されていたのが印象的である。彼の故郷は、聖者ニザームッディーンの生誕地でもあるウッタル・プラデーシュ州のバダーユーンであり、インド・イスラーム学の本拠地アリーガルにも通ずる地であるが、彼の思想には、いかにもインド的なものが見てとれた。デリーのある私邸で彼の歌をはじめて聴いたとき、熱気に満ちた周囲の人びとが、みなヒンドゥー教徒であったことをも思いだす。

すぐれたカッワールたち

カッワーリーといえば、パキスタンのヌスラット・ファテー・アリー・ハーンのそれが最も良く知られている。しかしカッワールの集団は有名なものだけでも数十あり、またその全体の数は、おそらく数百にも及ぶであろう。ことにそれがパキスタンに多いのは当然であるとしても、その様式はそれぞれにまったくちがう。神の名を繰り返して唱えるズィクルを彷彿とさせるアズィーズ・ミヤーンの絶叫的カッワーリーは、信仰をもたないものにはあまり音楽的ではないかもしれないが、その思想的本質を最もよく伝えている。また、カッワーリーは主唱者のモホーリーと副唱者、あるいはコーラスとの交唱が特徴であるが、それを最もよく活かしているのがサーブリー兄弟である。そのかけあいのうちに合の手として入れられる「アッラー！」などの深い声は身の引き締まるものを感じさせるが、音楽自体は実に流麗で、口ずさみたくなるほど親しみやすい。パキスタンのみならず、アラビア湾岸諸国でカセットの売れ行きが最も良いのが、ヌスラットとならんで、彼らのものであった。

ヌスラットのカッワーリーは、初期のものと晩年のものではずいぶんと雰囲気がちがう。ことに晩年にはポップス調に電子楽器を多用したり、交唱者としてではない女性コーラスを入れたりすることで映画音楽として使われるほどポピュラーにはなったが、しかし一貫して彼の声自体には厳しい古典歌曲の習練による張りがあって、あたりを席捲していた。一方、そのような舞台での緊張とは裏腹に、楽屋で握手したときの彼の手の、真綿に触れるようにふっくらとした女性的な感触が忘れられない。それに対し、ジャーファルとその一族には、ぎらぎらするような男っぽさが常にみなぎっていた。

一九八八年に来日したジャーファル・フセインは、インドのカッワールながら、カッワーリーの最も古典的な様式を聞かせてくれた。彼は本来、名声楽家とうたわれたムシュタク・フセイン・カーンの甥として古典声楽の名門の家に生まれたが、ことにカヤール（ヒヤール）Khyāl の伝統に従った訓練を厳しく受

故ジャーファル・フセインと著者　一九八七年デリーにて

けてきた彼の声と様式は一見いぶし銀のように地味であるが、そのうちには、洗練された情熱が秘められている。正調のラーガとターラに則り、歌の途中には「サレガマ」（ドレミファ）の音階名で歌う唱法も挟まれるが、そこに彼の並みならぬ古典音楽の素養を見てとることができる。

その声楽様式は北インドのラームプル・セスワーン楽派《ガラーナー》に属し、メンバーはいずれも親縁関係にある。来日時の副唱者の二人は彼の従兄弟の子であり、ドーラクとタブラーも従兄弟とその息子、そして彼自身の息子と甥をコーラスに従えていた。惜しくも最近、ジャーファルが亡くなったとの報に接したが、その伝統はきっと、より若い彼らによって、途絶えることなく伝えられていくことだろう。

そしてさらに、ヌスラットも、サーブリー兄弟のうちの一人もまた、いまやこの世を去ってしまった。しかし、カッワーリーの思想と様式は、これからも国を越えて生き続けていくだろうし、また心からそれを願ってやまない。

無頼とカヤール——ビームセーン・ジョーシーの歌曼荼羅

声は楽器であり、楽器は声である。どちらも心を歌う。
——ビームセーン・ジョーシー

デリーの小学校で

オールド・ラージンデルナガル。デリー西郊の高級住宅街。明るい大きな小学校。サフラン色の制服をきちんと着こなした、育ちのよさそうな子供たちが数百人。むし暑い九月半ばの朝。講堂で、いま子供たちは〝インドの国宝〟（パドマ・ブーシャン）ビームセーン・ジョーシーの歌を一時間ほど、聞き終わったばかりである。

先生に肩を押されて、子供たちがひとりひとり前に出て、ビームセーンに質問を始めた——。

Q（男）　どうしたら先生のように素晴らしい歌い手になれるのですか？　勉強が忙しくてなかなか音楽の練習をする時間がとれません。（笑）

A（ビームセーン）　あなた方は、まず勉強が第一です。その上で、さらに努力をして、勉強と同じくらいの時間を歌の練習にかける、という気持ちでやらねば本物にはなれません。それは大変なことなのです。

Q（女）先生の先生《グル》は、歌の指導で何か特別なことをなさいましたか？

A 子供のころのはじめの二、三年はこれということはおっしゃらず、ただ放っておかれました。モノになるは一〇〇〇人に一人だといって。（笑）

Q（女）いくつのときから練習を始められましたか？　そのときは何時間練習し、いまは何時間くらい練習なさるのですか？

A とても小さいときからです。練習時間は年ごとに増して、二時間、四時間、八、一六時間とだんだん増えて、日に二二時間も練習することがありました。しかし、何をするにも集中が必要です。集中していなければ、六、七時間も何かをやっているつもりでも何にもなりません。私の先生は、ともかく八時間や一〇時間では何もできない、とも言っておられました。いまは年をとってしまったので、なかなかそのような練習をするわけにはいきませんが、気持ちだけは、日々練習、ということを心がけています。

Q（男）音楽のほかに、趣味は何をおもちですか？（笑）

A 若いころはフットボールをやりましたが、演奏旅行をかねて、国中をずいぶんドライブしました。運転はいまでも好きです。

Q（女）世界中を歩いておいでですが、世界の子供たちにどのようなメッセージを与えられるでしょうか。

A 子供たちに大切なことは、やはり学ぶべきことをまず学ぶ、ということです。しかし、それを通じて、それぞれの民族がそれぞれの伝統を大切にすることを学び、何十万という心をひとつにしていくべきです。

とはいえ、本当に素晴らしい古典的伝統というものは誰にでも理解できるというものではありません。真によいものに常に接し、音楽でも単に聞き流すのではなく、深く理解しようと努力せねばならないでしょう。ことに大切なのは、それを支えてきた伝統であり、歌はそれを、より想像的なイマジネーションをもって伝えるものなのです。

Q（女）先生が音楽をなさる上で、誰かからの影響があったのでしょうか。

A とくに誰が、ということはありません。誰でもが、また何らかのきっかけが、このような道へと人を歩ませるのです。ただ私の場合は、小さいときに母が神様の前でバジャン（讃歌）を歌っていたのをよく耳にしていました。それが私に、歌へ目を開かせるきっかけになったのだろうと思います。父は学校の先生で、音楽家ではありませんでした。親類にも音楽家はいないし、いわゆる音楽家の家系ではないのです。私は息子や嫁にも――彼らは歌好きで習ってはいますが――、音楽家になることを強いるつもりはまったくありません。

Q（男）私たちはどうして、古い伝統を失いつつあるのでしょうか。それに対して、どうしたらよいのでしょうか。

A 私は、私たちが古いそのような伝統を失いつつあるとは思いません。たしかに私たちは、外からの、ことに欧米から入ってくるさまざまな大きな波に押されぎみです。異なった文化から、学ぶべきものはもちろん学びとるべきですが、自分たちのよい伝統を、それでますます豊かにしていくことが大切で、それを見失ってはなりません。このような伝統を伝え、守っていくのが、皆さんのような未来豊かな子供たちであることをよく心に止めておいてください。それがあなた方の責任なのです。みずからがインド人であることを常に忘れず、他からの文化にも学んでいくことが、皆さんのなすべき仕事なのです。

Q (男) インドでのコンサートと、外国でのコンサートのちがいは何でしょうか。

A 音楽に関しては、そこには何のちがいもありませんし、またあってはなりません。

Q (男) それでも外国の人には、理解できないところもあるのではないでしょうか。

A 音楽は単なる〝文法〟ではありません。そこにひとりひとりのアーティストが、みずからの解釈をいかに加えて、真に美なるもの、すなわち神へと近づこうとする姿勢がある限り、それは万人に訴えるものであるはずです。

Q (女) 近頃の若い人たちが欧米の音楽ばかりを聞く傾向を、どう思われますか。

A 欧米の音楽もどんどん聞き、そこから学んでいったらいいと思います。しかし、それはよい音楽に対してであり、ただ耳を聾《ろう》するのみのたぐいの目茶苦茶なポップスはいかがなものでしょうか。必ずしもそれもすべて否定するものではありませんが。

Q (男) 先生はどんな学校教育を経てこられましたか。学位はお持ちですか。(笑)

A 私には学位も、学校からもらったメダルもありません。(笑) そのための試験を受けたり、塾でがんばったりしたこともありません。でも歌に関するかぎり、私にとっては毎日が厳しい試験なのです。コンサートの壇上であれ、日常であれ、毎日たえまなく、これ以上のものはない最高学位をめざしての試験に、全身で立ち向かっているといってよいのです。

ビームセーン武勇

バール・バーラティー(「インドの子供たち」)校での、インタビューを交えた九月の朝のコンサートは、こうして終わった。子供たちは教室に戻り、うち何人かはジャレービー（菓子）と紅茶《チャーイ》を応接室に運んできたが、女性の多い教諭たちは上気してこの〝人間国宝〟をとりかこみ、一緒に写真を撮ってくれ、と私にせがんだ。

児童教育協会の運営するこの学校は、独立直前の一九四四年、新国家建設の熱い思いをこめて、たった一二人の生徒でもって発足した。いまは中学や三つの分校をあわせ、四三四五人の児童をかかえる、上流社会のエリート校である。そのようすは、小学生のものとは思えない、やや整いすぎた質問にもみてとることができるが、それなりに、やはりこれは凄いことだと思わざるをえない。独立時とは異なるとはいえ、いまだ若いインドは、やがてそれを担う、こうした幼い世代を着々と育てているのだ。

その多くは、日本よりもいっそう過酷な受験戦争に駆り立てられ、塾や家庭教師に追いまくられている。それでもその何人かは古典音楽や技芸に親しみ、また学校も、こうした古典歌曲の至宝を招いて、児童のためのコンサートを開いている。

質疑応答にもあるように、ビームセーン自身は、このような塾やエリート教育からは、まったく無縁であった。いや、父が教育者（ビージャプルの校長）であったがゆえに、彼はそのような束縛からとびだして、みずからの道を選びぬいた。その彼が、エリート校の子供たちに訴える「学び」には、迫力と説得力があった。コンサートでの彼の歌も、いうまでもなく素晴らしいものであったが、子供の前でも決して手を抜かなかったこと、彼らの質問にも本当に真剣に、まじめに答えを探していたこと、そしてこのような機会を常時設定している学校の姿勢にも、強い印象を受けたのであった。

ビームセーンの若いころといえば、どちらかというと無頼のイメージが強かった。無頼とエリート少年たち、コンピュータやモンテッソーリ教育を看板にした小学校と古典声楽、私立校の一行事と人間国宝の

くつろぐビームセーン・ジョーシー（中央）
1987年デリーにて筆者撮影

至芸――どれをとっても、ややちぐはぐな感は、一般的にいってぬぐえない。それが息をあわせてしまうところが「異質なるものを共存させる」インドなのであろうか。

それにしてもビームセーンは、型破りな人である。インドではふつう、音楽は家系《クラ》を通じて継承されるが、彼の場合は、音楽家は親類のあいだにすらひとりもいない。唯一、彼のうちに歌心を燃やしたのは、神に捧げる母の讃歌《バジャン》や、信仰あつい祖父の読唱する古譚《プラーナ》や『マハーバーラタ』叙事詩であった。彼は彼らから、歌と結びついた信仰を学ぶ一方、みずから音の世界に強くひかれていった。

三、四歳のころの彼は、結婚式の行列などのあとを追い、楽士たちと路上に寝て、数日も帰ってこなかったという。「音楽は泳ぎを知らずに深い淵にとびこむような魔力があった。それは冒険であり、私は冒険が好きでした」。そして彼は実際、泳ぎを知らずに本当にある日、川に飛び込み、溺れかかった。不安はなかった。手足を動かし、練習《リアーズ》だけが彼を支えるものであることを悟った。音楽という川でも、彼はそれを生涯忘れなかった。

一〇歳のころ、彼はガダグ（カルナータカ州中部）にある彼の通っていた学校の近くで、サワーイ・ガンダルヴァ・ラームバウ・クンドールカルの声楽にはじめて接し、強い衝撃を受けた。サワーイ・ガンダルヴァはキラナ流派《ガラーナー》の始祖ウスタード・アブドゥル・カリーム・カーンの弟子であり、それ以来ビームセーンは、カリーム・カーンのレコードを擦り切れるほどに聞いた。

彼が家出をするのは、それからほどなくのことである。少年は音楽の師を求めて乞食同然にさまよい歩き、警察の世話にすら、幾度かなったらしい。ようやく彼は古典音楽の殿堂グワーリヤルの藩王のもとにたどりつき、そこでハーフィズ・アリー（日本でもサロードの公演を行ったことのあるアムジャド・アリー・カーンの父）の指導をうけた。音楽を志す者であれば、ここでは少なくとも、食事にはありつけたのである。彼はさらにカラグプル、デリー、ジャーランダルなどの街へと流浪し、それぞれに優れた師についたが、ついに彼は、故郷のガダグにも近い地において、その音楽の原点でもあったサワーイ・ガンダルヴァに邂逅し、彼を生涯の師として、その流派《ガラーナー》を継いだのである。

家系によらぬ音楽家としての不利、加えてみずからの音楽に対する異常なまでの厳しさ、そして社会経済的な不安定から、いつしか彼は日に一二時間にも及ぶ練習のかたわら、酒漬け《シャラーピー》となっていた。彼が移り住んでいたマハーラーシュトラ州は、ただでさえ酒に厳しいところである。名声を博するようになってからも彼は酒杯を離さず、ある日、当時禁酒であったボンベイから飛行機に乗った。その一等席は謹厳で知られる政治家モラルジー・デサーイーの予約席であったが、彼は席を譲らず、仕方なくデサーイーはその隣りに座った。横を見ると、ビームセーンの酒杯である。それは何か、と問いつめられて、彼はこう答えたという。「禁酒法《ドライ》は地上でのことですね。ここは空中《スカイ》です。」

魂の歌・心の歌

ビームセーンも七〇歳を越えた。酒も、一〇年以上も前にやめた。酒そのものが悪いわけではないが、酔いながらのステージでは自分の歌が自分で聞き取れない、このことが芸術家の名にもとる、というのがその理由である。しかし彼は、以前にもまして、四八年型ポンティヤックと六八年型のベンツを愛し、インド中を走り回っている。

彼にはじめて会ったとき、その声があまりに低く、ぼそぼそとしているのに驚いた。しじゅう蒟醤《パーン》を嚙み、赤く染まった歯をした小柄な老人の姿は、必ずしも〝人間国宝〟に相対しているという緊張感をもたらさなかった。

しかしいったんステージにあがると、彼の姿は一変した。深い瞑想と低音の音あわせ、そしてやがて横に伸び、動きだす手は、序曲の「アーラープ」に入る前から、深い音の世界に、聴く者を圧倒的に巻きこんでいた。彼の得意とするカヤール（ヒヤール）は、ドゥルパドなどに比すとやや軽いとされるヒンドゥスターニー声学の様式であるが、そのアーラープは、二本のタンプーラーによる通奏低音に支えられて、宇宙の深みから聞こえてくるかのように低く長く、荘重である。

彼はそのとき、あの貧困と酒の日々に遍歴したさまざまな師から得た、楽の音の〝文法〟のすべてを常に思い起こしているという。しかし彼は、それをなぞるのでも繰り返すのでもない。〝文法〟は一種の枠であり、それを踏みはずすことは決してしないが、必ずそこに、その時その瞬間における彼の解釈と、新しい何かをつけ加えようとするのである。「完全へ、より完全なるものへ」と激しい追求に身を置く一方で、彼はみずからを「何にもない、何でもない」者と断じて、ひたすらその霊感を神に祈りつづける。

ゆっくりしたテンポの「ビランビット」、さらにタブラーによるリズムを加えて速くなる中盤の「ドゥルット」にいたる彼の声は、やがて二オクターブを越して三オクターブにもいたり、装飾《ガマカ》をつけた長音や短音の激しいゆれに従って手も激しくゆれ、指先が震える。一音の長さを計れば、二〇―三〇秒にも達するであろうが、ストップウォッチや秒針とは無縁の世界である。その大きな声量にもかかわらず、声はしぼり出すのではなく、湧き出てくるもののようだ。かくて体全体が楽器となる。心を歌う神の道具となる。

彼はしばしば、その長いコンサートを讃歌のバジャンで終える。それはコンサートの終わりを、神への感謝で締めくくるのではない。彼はその中で、さらに熱っぽく神を呼び続け、追い求め、かくてその歌遍歴は終わることがない。限りなく循環するその求道の巡礼路は、曼荼羅のような宇宙図を描きはじめる。それは若き日の無頼も飲酒もすべてを含みこんで、光芒を放ちはじめる。

彼が好んで歌うバジャンは、マハーラーシュトラ地方の人びとの熱い信仰を集める、ヴィッタルナート神に捧げられた「ティールタ・ヴィッタラ」である。その詩は十三世紀末にサンタ・ナームデーヴによって書かれたが、彼は六〇〇年前の詩をなぞっているのではない。彼が「ヴィッタラ、ヴィッタラ」と神の名を激しく呼ぶとき、神はときに本当に、その姿を彼の顔前にあらわすという。しかしすぐにその姿はかき消え、なお彼は、いとおしげに、かつ哀しみをこめて、ヴィッタルナートの名を呼び続けるのである。

彼にとって、声楽は激しい心の修行である。真剣に若い世代に語りかけてさえ、なお彼は、もうこの時代では真に彼の後を継ぐような人は出てこないだろうと思っている。毎日数時間、タンプーラーをかかえて一か処に座っていることなど、人は罰を受けているとしか思わないだろう。しかも数年間習っただけで、もう人前に出たいという人も出てきているのだから――と彼は淋しく苦笑した。

コンサートのあと、ざわめきも消えた楽屋で、愛する人に接する以上にいとおしげに、タンプーラーに頬をよせ、低い声でなおも楽曲をつぶやくように口ずさんでいたビームセーンの姿は、孤高というより、孤独にみえた。

（伝記については、*India Today* 誌一九八七年九月一五日号を参照した。）

注と関連文献

＊タイトル後の［年号］のみのものはいずれも拙稿。詳細は文献リスト参照。

序章　アジア芸能に見る幽霊——身体に表現された意味世界　［一九九〇ｄ、Royce 1980］

I　音楽と芸能の亜大陸——インド

インド世界の中心と周縁　［一九八六ａ、一九八八ａ・ｂ、一九九五ａ、デーヴァ 一九九四、ポプレイ 一九六六］

南アジアのまつりと音楽　［一九八七ａ、Smithsonian Inst. 1986, Richmond *et al.* eds. 1990］

II　周縁からのメッセージ

バヴァーイー——西インド・グジャラート地方の村芝居　［一九九〇ｃ、Desai 1972］

(1)　以下、あらすじは松岡環氏に負うところが大きい。第二回インド映画スーパーバザール解説書（池袋西武Studio-200発行、一九八五）参照。

(2)　井戸や堰に水を満たすためのインドの人身供犠の諸例については、［一九八六ｂ］所収：「『人柱』を発掘する」の章を参照。

(3)　以下、伝統的なバヴァーイーに関する記述は、おおむね次の文献による。Bhavai, in [Gargi 1966; Vatsayan 1980], および [Desai 1972; Prasad 1984; Panchal 1986].

(4)　バヴァーイヤーの社会については、前注の諸文献のほか、一九八九年に来日した曲芸技Kerbano-veśaの演者Rajendra Ravalと、宗教歌手Hemant Rajabhai Chauhanからの筆者による聞きとりに基づく。公演「インド・悠久の歌と舞」プログラム［一九八九ｄ］も参照。なお、ケルボーのラージェーンドラによる日本での演技は、器楽にあわせて踊りながら、一枚の長い布をクジャクの形に折り畳むものであった。

(5) バヴァーイーの変容とその発展の可能性については、[Gargi 1966] のほか、以下の文献を参照 [Gandhi 1969 ; Parmar 1975]。

ラーイー——中部インド・ブンデールカンド地方の旋舞 [一九八四b、一九九〇a、Manoj n.d.]

(1) 以下のエピソードは、いずれも [Manoj n.d.] による。同書の閲覧と情報提供は、峰岸（畠）由紀氏と国際交流基金のご好意による。

(2) *Citāi-carit* (15C.), *Jāyasikṛt-padmāvat* (16C.), *Keśavakṛt-rāmcandrikā* (17C.), etc. [Manoj n.d.] による。

(3) 以下は概して [Manoj n.d.] のほか、[一九八四b、生明 一九八四a] による。なお一部は、筆者の行った、演者来日時のインタビューによる。また楽器については [Kothari 1968] を参照。

(4) マッディヤ・プラデーシュ州の一部とマハーラーシュトラ州では mradaṅg、オリッサ州以南では mrudaṅg など。カルナータカ派の古典音楽に用いられる mṛdaṅgam はその古型を遺した発展型。ただし、名称のみでなく、地方によってその形態や奏法にもかなりのちがいがあることにも注意が必要で、このことは、ドール ḍhol やドーラク ḍholak の場合でも同様である。[Kothari 1968] 参照。

(5) 以下、[Manoj n.d.] のほか、国際交流基金およびNHKTVスタッフによる現地取材メモ、またラーイーの演者来日時の筆者によるインタビューによる。ただし、芸人社会に関する情報の常で、微妙な点には必ずしも立ち入りきれていないところから、やや不充分な結果となっていることは遺憾である。

(6) パーンデー家では一期作の米と野菜をつくるほか、一五頭の家畜（仔牛七、成牛四、水牛四頭）を飼い、一日に約一〇—二〇リットルの生乳を得てバーザールに出す。小形のビーリーは、一一八人もの下請けから毎日約一〇万本を出荷しているという。

(7) Raṅgrez 以外のジャーティとしては、Kāñjar, Gandharva, Kabūtari なども。[Manoj n.d.] を参照。

(8) ことに、同機関の主催によって一九八四年以来、毎年秋に五夜にわたって行われる民俗芸能祭「ローク・ウツサウ」Lok-utsav は、芸人たちに自覚を与え、またインド内外の人びとに、多様なインドの民俗芸能に対して大きく眼を開かせる機会となっている。

(9) ラーイーに関する参考文献が、ヒンディー語で書かれた一地方出版物である [Manoj n.d.] にほぼ尽きる、というのもその証左であろう。

(10) Kalberiyā については、たとえば［Verma 1987］を、またベンガルの Bede, Bedenī については［一九八五c］（本書III章に採録）を参照。

(11) この点からしても、ビーリー出荷の元締めであり、またラーイー公演にさいしては大麻煙草をのみまわす〝パーンデー〟一族もまた、良くも悪くも「上位のバラモン」とはみなしえないことになる。

(12) 文脈はやや異なるが、ラージャスターンの王女の身分でありながら、クリシュナ神へのあまりに深い信仰のゆえに、王宮を出て大道で、足に鈴 ghuṅghrū をつけて踊り回った神秘主義詩人ミーラーバーイー Mīrābāī（1499-1546）が、いかに当時の社会に大きな衝撃を与えたかがよくわかる。V章参照。

(13) NHKTVチームの現地取材、およびラームサハーイの息子、サントーシュの談による。

チトラカティー――南西インド・最後の絵語り［一九八九a］

(1) 十四―十五世紀はまた、紙の普及とともにさまざまな地域語が確立・普及していった時期でもある。それによって、古典的叙事詩や古譚伝承もまた、数多くの特徴ある地方版の展開と確立を見た。当然このことは、各地における絵語りないしは語り絵の民衆レベルにおける発展・展開とも大きく関連している。［Richman 1991; *et al.*］

(2) ḍholak は ḍolkī とも、また mañjīrā は jhāñj ともよばれる。

(3) *Gazetteer of the Bombay Presidency* XVIII-1, 1885, Poona.［Stache-Rosen 1985］による。

(4)［Jain-Neubauer n.d.］. なお、［Jayakar 1980］には、パイターン画に酷似したアーンドラ地方の民画が紹介されている。

(5)［Sadwelkar 1982］はピングリー画を四群に分ける試みをしているが、なお問題をのこす。具体的には、実例の詳細な比較検討のほか、［Jain-Neubauer n.d.; E. Ray 1978; *et al.*］をも含めた、この問題の検証が必要である。

(6) 顔をやや正面に向けて眼を二つ描きこむことは、ピングリー画の場合に、ときに見られる。パイターン画の場合では、それはブラフマー神やラーヴァナ王のような多面像の表現にほぼ限られる。

(7) 古代叙事詩『マハーバーラタ』の主役、パーンダヴァ五王子（ユディシュティラ、ビーマ、アルジュナ、ナクラ、サハデーヴァ）の三男。バブルーヴァーハナはマニプル地方の王で、その母はこの物語ではチトラレーカーとなっているが、正しくはチトラーンガダー。[Jain-Neubauer n.d.] はパイターン画によるその絵語りを、全ポティーにわたって詳しく紹介しているので有用である。

（8） 以下はおおむね [Stache-Rosen 1985] による。また [Sadwelkar 1982] にも演目のリストがある。

（9） [Jain-Neubauer n.d.]. なお、ヤクシャガーナにおける「ヴァツサラー・ハラナ」の演目は、十七世紀のニティヤーナンダ・アヴァドゥータ作『カナカーンギー・カリヤーナ』*Kanakāngī Kalyāna* に拠るという。[Stache-Rosen 1985] 参照。

（10） Prince Dhani Nivat, "Maiyarab the Magician". *The Standard*, June 7, 1947, Bangkok. [Stache-Rosen 1985] による。King Rama I of Siam, *Ramayana*, 2001, Bangkok : Chalermint, pp. 69-70 も参照。

III 語りと旅芸人

インドの語り芸と絵語り [一九八五b、一九八五f、一九九〇b、Mair 1988]

（1） たとえば『チャーンドーギヤ・ウパニシャッド』Ⅶ・一、二ほかに言及。ただし、「第五のヴェーダ」という言い方、考え方は後世のインド人にとってはいたって人気があり、医療書「アーユル・ヴェーダ」などもそれに数えられることがある。

（2） 彼らはときに、戦争のさいには王の馬車を御することもあったという [ルヌー／フィリオザ 一九七九]。マハーバーラタ戦争のさいに、アルジュナ王子の戦車を御したクリシュナを想起させる。

（3） [カウティリヤ 一九八四]。なお、カウティリヤは前四世紀のマウリヤ朝チャンドラグプタ王の宰相であったとされるが、『アルタシャーストラ』の成立年代は紀元前後数世紀のこととみなされ、その記述は成立当時の様相を反映していると考えるべきであろう。

（4） 料理人や水くみが僧職より〝低い〟職能であると言おうとするものではむろんない。彼ら自身のいわゆる「浄性」の必然的帰結と、社会の側からの必需性の問題としてうけとられたい。

（5） ただしこの数値は、必ずしも芸人たちがサービス業職種のうちの半数を占めることを示すのではなく、その職能がきわめて多岐にわたっていることを示すものであろう。

(6)『南伝大蔵経』巻四三：三五〇、三九〇。［山崎 一九八七］＝『國學院雑誌』八五―一一：注六三、一九八四。

(7)たとえば『ラーマーヤナ』伝承の多様性とその伝播・変容過程について論じたものとしては、［Raghavan ed. 1980；Richman 1991；金子・坂田・鈴木 一九九八］などを参照。

(8)かつて拙稿［一九八五f］においては、インドの絵語りを日本の絵解き／絵説きと区別するために「絵とき」（painting recitation）とよんだこともあるが、［一九九〇b］にも記したように、以後は「語り絵」narrative painting＝kathā-citra に対する「絵語り」painting narration＝citra-kathā の語を用いることとしている。

(9)以上、私事にわたりすぎてはなはだ恐縮であるが、日本におけるインドの絵語り芸紹介史の一資料となればと思い、列挙に及んだことをお許し願いたい。

(10)［ルーシュ 一九八二］。なお同女史のいう「パーダ・ドーリ」は pardah-dārī すなわち「幕をもつ者」の意に解釈すべきであろう。ことにイラン革命後はほとんど見ることができないが、かつてはシーア派の大祭アーシューラーにおいて、アリーの息子フセインとハサンが殉教した「カルバラーの悲劇」を主題とするやや大型の布絵を用いた絵語りが人気を呼んだ。またワヤン・ベベールに関しては［宮尾 一九八四、佐藤 一九九八］のほか、日本ワヤン協会の松本亮氏もくわしい。なお、中国とインドの絵語り伝統を歴史的に追った［Mair 1988］は有用な労作である。

(11)なお、スリランカで現在も全土に行われている仏誕会ウェサクや、ミヒンタレーなどで行われている仏教伝来祭ポソンでは、仏伝図などを描いた絵巻状ないしはパネル状のトーラン toraṇ を辻や家にかかげ、大がかりなものは電飾などで飾って、その前で絵語りが行われることもあるという。サーンチーなどの塔門トーラナ toraṇa の絵伝とのかかわりも思わせ興味深いが（［一九八五g］を参照）、詳細は不明。在日スリランカ留学生からの情報。

(12)D. P. Ghosh 教授の講演（Baṅgiya Sāhitya Parisād, Calcutta, 4 May, 1971）によれば、初期仏典には絵師 citrakar に関する言及があるという。それが絵解き説法と関係するとすれば、さらに文献精査が必要であろう。

(13)［von le Coq 1977；Mair 1988：46］。なお［Jezra-Bezar & Maillard 1989］も、布の巻物や幡に絵を描いたものが中央アジアの仏教儀礼に広く用いられたことを述べている。

(14)『アルタシャーストラ』一・一七・一九、二一・一・四二など。［カウティリヤ 一九八四］上巻：三九〇、および下巻：四〇三の上村勝彦氏による注四二参照。

（15）［Bhattacharjee 1980］. カーリダーサ『シャクンタラー』［辻訳　一九七七］では第六幕一五以降の姫君の肖像画、また同『マーラヴィカー……』［大地原訳　一九八九］では第四幕六六以降の、壁画に描かれた王の肖像画を指すかと思われる。

（16）［Kane ed. 1918］のほかにも多くの原典テクストを比較参照し、英・和訳を添えて、あらたに訳文と解説を送ってくださった三山岳氏のご好意に、敬意と感謝の意を表する。

（17）十八―十九世紀にさかのぼるポト（グルショドイ・ドット・コレクション）のうちには、話の脈絡に関係なく、絵巻の最後に地獄図を添えるものがいくつかある。そのうち、ムスリムに対して見せるガズィール・ポト Ghazir-paṭa の最後に付された地獄図では、中央にヤマの母親が座し、左右にヤマ（ジョム）の使者であるジョムドゥートとカラドゥートが見える。その絵と語りについては［ドット　一九九六：一六四］を参照。

絵語りと語り絵　［一九八四a、一九八五f、一九九〇b、Joshi 1976］

（1）Ovington, *Voyage to Surat*, 1689, in G. Watt, *Commercial Products of India*, London, 1908 : 864. また、拙稿［一九八五h：二六―二七］をも参照。

（2）［Catalogue］*Patua Art : Development of the Scroll Paintings of Bengal, Commemorating the Bicentenary of the French Revolution*. Alliance Française de Calcutta & Crafts Council of West Bengal, 1989. なお、「フランス革命絵巻」をはじめ、多くのアドゥニク・ポトの絵語りは、［McCutchion & Bowmik 1999］にも採録されている。「現代」に対する彼ら（とその観衆）の関心の高さがうかがえよう。

（3）そのため、絵巻のうしろを新聞紙などで補強することがあるが、そこから補修の年代がわかることもある。こうしてジャインは、一九三五年の日付を得ている［Jain 1998］。

（4）なお、ティパヌの絵師は必ずしも特定のジャーティに限定されないが、絵は専業の者が描いたようである。ただし、ガロー／ガローダ自身が描くこともあったらしいが不詳。

（5）概してその出典は、前半が『シヴァ・プラーナ』中のルドラ＝サンヒターであるのに対し、マディヴェライヤー出現後の後半部分は、十三世紀の『バーサヴァ・プラーナ』によるという［Thangavelu 1998a］。

（6）ジャヤカル［Jayakar 1980：158］は、語りに用いられるマラーティー語方言から推して、十六―十七世紀に彼らがより北方のプネー、サターラー、ベルガウムなどから移住してきたのではないかと考えている。その一方で、十八―十九世紀にパイターン画あるいはプラティシュターナ派として知られるようになるこの絵の様式を、より南方のヴィジャヤナガル朝の宮廷絵師たちの流れに求めようともしている。そうとすれば、この流派の源流を必ずしも北方内奥のパイターンに求める必要はなくなる。

（7）語り絵の寄進には、贖罪のため、あるいは願を掛けてという例もある。パドのみならずベンガルのポトの場合に見られることで、シンはあるポトに、猫を殺してしまった贖罪としてポトを寄進した墨書のあることを報じている［Singh 1998：46］。

（8）夜とはいえ、実際にはパドの全体が見えているほどの明るさであるので、ランプの火だけで特定の図柄が浮かび上がるわけでもない。話の内容にしたがって絵を特定したいときには、語りのボーパがラーヴァナハッタかその弓の先で指し示すことも多く、そこにランプをかざすことにはむしろ、儀礼的意味があると考えられる。なお、その歌と音楽については［生明 一九八四b］を参照。

（9）ジョードプル近郊のボルンダにある芸能研究所「ルーパヤン・サンスターン」のコーマル・コタリ氏からの情報。

（10）［Joshi 1976：10］の図を参考として、筆者作成。

大道芸と蛇つかい　［一九八五c、一九八五e、川又 一九七九、外岡 一九八五］

Ⅳ　仮面と人形芝居

アジアの仮面芸能と現代　［一九八六c、廣田編 二〇〇〇、TNRICP 1987；Napier 1986；Tilakasiri 1999］

チョウ仮面劇の伝統　［一九八四d、一九八五a、一九八六a、一九八七b、一九八八b、姫野 一九八九、Bhattacharya 1972；Hawkes 1983；Thomson 1989；Singh Deo 1973］

チョウの村でのセミナー　［一九八四c、一九八五d、一九八九b、Mahato 1987；Singh Deo 1954］

（1）長田俊樹氏によると、酷暑期の四月に「チョウ」を演ずるプルリアとは異なり、ジャールカンド州ラーンチー県では「チョウ」は五月から雨期のはじまる六月にかけてマンダー（ハカン）祭の一環として演じられ、ムンダがそこに参加するとしているから、この場合の性格は、むしろ乾期中の雨乞いというよりは雨期の到来を祈り、また感謝するものかもしれない［長田 一九九五：一〇八―一〇九、同 二〇〇〇：一二八―一二九］。なお、この芸能を太陽神ないしはベンガルのドルモ Dharma 神、ひいてはシヴァ神信仰と結びつける説もあるが［Bhattacharya 1972］、確証はない。

（2） 概してそれは地元民によって「戦闘の舞踊」ととらえられているが、その性格はむしろ、慈雨の到来に象徴される死と再生をドラマ化したものと考えられよう。長田氏はまた、ムンダが「チョウ」に参加するのみならず、その場において若い男女が一種の歌垣のような交唱歌を交わし、さらには駆け落ちをすることを具体的かつ詳細な事例とともに報じているが［長田 一九九五：一〇九―一一三］、このこともまた、雨期を迎える直前のこの好期を反映しているように思われる。

（3） 「五郡」とは、Silli, Bundu, Baranda, Rahe, Tamar の各パルガナーの総称。長田俊樹氏のご教示による。

（4） ジャールカンドは長期の運動を経て、二〇〇〇年一一月一五日をもってビハール州より分離して独立の州となった。また同月には、それにやや先立って、やはり同様に先住民人口の多いチャッティースガル州がマッディヤ・プラデーシュ州より、またウッタラーンチャル州がウッタル・プラデーシュ州より分離して独立の州となっている［*Nation*, *The Hindu* 等の各誌］。この情報は長田氏をはじめ、日印協会、インド政府観光局からも得た。記して感謝す。なお同地方の歴史と文化に関しては、［Singh Deo 1954；Mahato 1987］を参照。

インド人形芝居の光と影 ［一九八八b、一九九三a・b、一九九五b・c、コントラクター 一九八九、宮尾 一九八四・一九八七・一九九三、Anand ed. 1968；Blackburn 1996；Contractor 1984；Pani 1986］

V 祈りの声楽

バジャンの系譜 ［一九八九d・e、田中 一九九三］

イスラームのカッワーリー ［一九八八a、田中 一九九八、麻田 一九八八］

無頼とカヤール――ビームセーン・ジョーシーの歌曼荼羅 ［一九八九c、デーヴァ 一九九四］

引用・参考文献

Anand, Mulk Raj (ed.) 1968 *Indian Puppets* (*Marg*, 21-4). Bombay.

Archer, Mildred 1977 *Indian Popular Painting in the India Office Library*. London : Her Majesty's Stationary Office.

Beidelman, T. O. 1959 *A Comparative Analysis of the Jajmani System*. New York : J. J. Augustin.

Bhattacharjee, Binoy 1980 *Cultural Oscillation : a Study of Patua Culture*. Calcutta : Naya Prokash.

Bhattacharyya, Asutosh 1972 *Chhau Dance of Purulia*. Calcutta : Rabindra Bharati University.

Bhattacharyya, Sacchidananda 1972 *A Dictionary of Indian History*. Calcutta : Univ. of Calcutta.

Blackburn, Stuart H. 1996 *Inside the Drama House : Rama Stories and Shadow Puppets in South India*. Univ. of California Press.

Blunt, E. A. H. 1931 *The Caste System of Northern India*. Lucknow (rep. 1969, Delhi : S. Chand).

Chinmulgund, P. C. 1963 "Paithan Paintings". *Times of India Annual 1962*. Bombay : Times of India.

Contractor, Meher 1984 *The Shadow Puppets of India*. Ahmedabad : Darpana Academy of Performing Arts.

Desai, Sudha 1972 *Bhavai : a Mediaeval Form of Ancient Indian Dramatic Art*. Ahmadabad : Gujarat University.

Dhamija, Ram (ed.) 1988 *Sixty Years of Writing on Arts and Crafts in India*. New Delhi : Sterling Publishers.

Dwivedi, V. P. 1978 "The Chitrakatha Tradition in Indian Art". *Kalaikhera Quarterly*, Oct.-Dec. Issue.

Enthoven, E. 1920 *The Tribes and Castes of Bombay*. Bombay : Government Press.

Gandhi, Shanta 1969 "Experiments in Folk Drama". *Sangeet Natak*, 11.

Ganguly, Anil Baran 1962 *Sixty-four Arts in Ancient India*. New Delhi : English Book Store.

Gargi, Balwant 1966 *Folk Theatre of India*. Seattle & London : Univ. of Washington Press.

Hartkamp-Jonxis, E. 1979 "Some Explorations in the Visual Organization of Scenes on Rajasthani Cloth Paintings in the Honour of Pabuji". in J. E. van Lohuizen-de Leeww (ed.), *South Asian Archaeology 1975*. Leiden : Brill.

Hawkes, S. J. 1983 *Forms of Chhau : an Investigation on an Indian Theatre Tradition*. Ph. D. Dissertation, University of Exeter.

Jain, Jyotindra 1986 "Survival of 'Yamapattika' Tradition in Gujarat". in L. Chandra & Jyotindra Jain (eds.), *Dimensions of Indian Art*. Delhi : Agam Kala Prakashan.

Jain, Jyotindra 1998 "The Painted Scrolls of the Garoda Picture Showmen of Gujarat". *Marg*, 49-3. Bombay.

Jain-Neubauer, Jutta n.d. "Citrakathi Paintings of Maharashtra". in *Treasures of Everyday Art*. Bombay : Marg Publications.

Jayakar, Pupul 1980 *The Earthen Drum*. New Delhi : National Museum.

Jḗzra-Bezar, Robert & Monique Maillard 1989 "Rôle des Bannières et des Peintures dans les Rituels du Bouddhisme de l' Asie Central". *Ars Asiatiques*, 44.

Joshi, O. P. 1976 *Painted Folklore and Folklore Painters of India*. Delhi : Concept Publishing Co.

Kane, P. B. (ed.) 1918 *The Harshacarita of Bānabhatta*. Delhi : Motilal Banarsidas.

Kare, M. R. (tr.) 1965 *Mudrārākṣasa of Viśākadatta*. Delhi : Molitlal Banarsidas.

Koizumi, Fumio *et al*. (eds.) 1977 *Asian Music in an Asian Perspective*. Tokyo : Academia Music.

Koizumi, Fumio *et al*. (eds.) 1980 *Music Voices of Asia*. Tokyo : Academia Music.

Koizumi, Fumio *et al*. (eds.) 1984 *Dance and Music in South Asiam Drama*. Tokyo : Academia Music.

Kothari, K. S. 1968 *Indian Folk Musical Instruments*. New Delhi : Sangeet Natak Akademi.

Mahato, P. P. 1987 *The Performinng Arts of Jharkhand*. Calcutta : B. B. Prakashan.

Mair, Victor 1988 *Painting and Performance : Chinese Picture Recitation and its Indian Genesis*. Honolulu : Univ. of Hawaii Press.

Manoj, Mādhav Śukla n.d. *Rāī : Bundelkhand-kā-Loknṛtya* (in Hindi). Sāgar, M. P.

McCutchion, David & S. K. Bhowmik 1999 *Patuas and Patua Art in Bengal*. Calcutta : Firma KLM.

Morab, S. G. 1977 *The Killekyatha : Nomadic Folk Artists of Northern Mysore*. Mem. Anthrop. Surv. Ind. 46. Calcutta : Anthropological Survey of India.

Nanda, Serena 1990 *Neither Man nor Women : the Hijras of India*. New York : Wardsworth.

Napier, A. David 1986 *Masks, Transformation, and Paradox*. Berkeley : Univ. Calif. Press.

Nigam, Mohanlal 1983 *Cultural History of Bundelkhand : 3rd Century B.C. to A.D. 650*. Delhi : Sundeep Prakashan.

Panchal, Goverdhan 1986 "Bhavai : Traditional Drama of Gujarat". *Sangeet Natak*, 80.

Pani, Jiwan 1986 *Living Dolls : Story of Indian Puppets*. New Delhi : Publications Division.

Parmar, Shyam 1975 *Traditional Folk Media in India*. New Delhi : Geka Books.

Prasad, Alahari Sai 1984 "Bhavai : Gujarati Folk Drama". *Sangeet Natak*, 71.

Raghavan, V. 1936 "Picture Showmen : Mankha". *Ind. Hist. Quartery*, 12.

Raghavan, V. (ed.) 1980 *The Ramayana Tradition in Asia*. New Delhi : Sahitya Akademi.

Ray, Eva 1978 "Documentation for Paithan Paintings". *Artibus Asiae*, XL-4.

Ray, Niharranjan 1965 *Mauryas and Sunga Art*. Calcutta : Indian Studies, Past and Present (Firma KLM).

Ray, Sudhansu Kumar 1953 "The Artisan Castes of West Bengal and their Crafts", in Asok Mitra (ed.), *The Tribes and Castes of West Bengal* (Census 1951).

Richman, Paula 1991 *Many Ramayanas : Diversity of a Narative Tradition in South Asia*. Berkley & Los Angeles : Univ. Calif. Press.

Richmond, F. P., D. L. Swan & P. B. Zarrilli (eds.) 1990 *Indian Theatre : Traditions of Performance*. Honolulu : Univ. of Hawaii Press.

Royce, Annya Peterson 1980 *The Anthropology of Dance*. Bloomington : Indiana University Press.

Sadwelkar, Baburao 1982 "Chitrakathi Tradition of Pinguli". in Saryu Doshi (ed.), *The Performing Arts*. Bombay :

Marg Publications.
Sen Gupta, Sankar (ed.) 1973 *The Patas and Patuas of Bengal*. Calcutta : Indian Publications.
Setter, S. & G. D. Sontheimer (eds.) 1982 *Memorial Stones : a Study of their Origin, Significance and Variety*. Manipal : Manipal Power Press.
Sharma, Shiv Kumar 1994 *Painted Scrolls of Asia*. New Delhi : Intellectual Pub. House.
Singh, Kavita 1998 "To Show, To See, To Tell, To Know : Patuas, Bhopas and their Audiences". *Marg*, 49-3. Bombay.
Singh Deo, Juga Banu 1973 *Chhau : Mask Dance of Seraikela*. Seraikela : Srimati Jayashree.
Singh Deo, Tikayet Nrupendra Narayan 1954 *Singhbhum, Seraikella and Kharswan through the Ages*. Seraikella : Author.
Smith, John D. 1991 *The Epic of Pabuji*. Cambridge : Cambridge Univ. Press.
Smithsonian Institute 1986 *Aditi : the Living Arts of India*. Washington : Smithsonian Institute.
Stache-Rosen, Valentina 1985 "Story-telling in Pinguli Paintings". *Artibus Asiae*, XLV-4.
Sugiyama, Koichi 1969 *A Study of the Mundas Village Life in India*. Tokyo : Tokai Univ. Press.
Thangavelu, Kirtana 1998a *The Painted Puranas of Telangana : a Study of a Scroll Painting Tradition in South India*. Ph. D. Dissertation, Univ. of California, Berkley.
Thangavelu, Kirtana 1998b "Itinerant Images : Embodiments of Art and Narrative in Telangana". *Marg*, 49-3. Bombay.
Thomson, Susan Jean 1989 *Seraikella Chhau Dance and the Creation of Authority*. Ph. D. Dissertation, Harvard University.
Thurston, E. 1909 *Castes and Tribes of South India*. Madras : Govt. Press.
Tilakasiri, Jayadeva 1999 *The Asian Shadow Play*. Ratmalana : Vishva Lok.
TNRICP 1987 *International Symposium on the Conservation and Restoration of Cultural Property : Masked*

Performances in Asia. Tokyo National Research Institute of Cultural Properties.
Varadpande, M. L. 1992 *History of Indian Theatre : Loka Ranga—Panorama of Indian Folk Theatre*. Delhi : Abhinav.
Vatsayan, Kapila 1980 *Traditional Indian Theatre : Multiple Streams*. New Delhi : National Book Trust.
Verma, Vijay 1987 *The Living Music of Rajasthan*. Census Monograph. New Delhi : Office of the Register General.
von le Coq 1977 (rep.) *Bilderatlas zur Kunst und Kunstgeschichte Mittel-Asien*. Graz-Austria.
Wiser, W. H. 1936 *The Hindu Jajmani System*. Lucknow (rep. 1979, New Delhi : AMS Press).
Yamada, Ryuji 1970 *Cultural Formation of the Mundas*. Tokyo : Tokai Univ. Press.

麻田　豊　一九八八　「カッワーリーの詩」、平凡社編『世界民族音楽大系解説書』1、日本ビクター。
朝日新聞社編　一九八五　［朝日文庫］『旅芸人の世界』、朝日新聞社。
生明慶二　一九八四ａ　「ラーイーの音楽と踊り」、公演『アジア伝統芸能の交流　84　旅芸人の世界』プログラム所収、国際交流基金。
生明慶二　一九八四ｂ　「ボーパの歌と音楽」、公演『アジア伝統芸能の交流　84　旅芸人の世界』プログラム所収、国際交流基金。
石川武志　一九九五　『ヒジュラ――インド第三の性』、青弓社。
ヴァールミーキ［岩本裕訳］　一九八〇／一九八五　『ラーマーヤナ』1・2、東洋文庫、平凡社。
臼田雅之　一九八一　「スワデシ運動と民俗芸能」、『アジア・アフリカ言語文化研究』二一号。
大谷幸三　一九八四　『性なき巡礼』、集英社（＝一九九五『ヒジュラに会う』、筑摩書房）。
沖守弘・小西正捷　二〇〇一　『インド　大地の民俗画』、未来社。
長田俊樹　一九九五　『ムンダ人の農耕文化と食事文化』、国際日本文化研究センター。
長田俊樹　二〇〇〇　『ムンダ人の農耕儀礼――アジア比較稲作文化論序説』、国際日本文化研究センター。
カウティリヤ［上村勝彦訳］　一九八四　『実利論』、岩波文庫、岩波書店。

金子量重・坂田貞二・鈴木正崇編　一九九八　『ラーマーヤナの宇宙』、春秋社。
鹿野勝彦　一九七七　「社会人類学におけるジャジマニ論の問題点」、『アジア・アフリカ言語文化研究』一三号。
上村勝彦　一九九〇　『インド古典演劇論における美的体験』、東京大学東洋文化研究所。
辛島昇ほか監修　一九九二　『南アジアを知る事典』、平凡社。
川又一英　一九七九　『さすらいびとの唄――インドの大地と放浪者たち』、音楽之友社。
カーリダーサ［辻直四郎訳］　一九七七　『シャクンタラー姫』、岩波文庫、岩波書店。
カーリダーサ［大地原豊訳］　一九八九　『公女マーラヴィカーとアグニミトラ王』、岩波文庫、岩波書店。
金　基淑　二〇〇〇　『アザーンとホラ貝――インド・ベンガル地方の絵語り師の宗教と生活戦略』、明石書店。
河野亮仙　一九八八　『カタカリ万華鏡』、平河出版社。
コントラクター、メヘル［小西正捷監訳］　一九八九　『インドの影絵芝居』、現代人形劇センター。
佐藤　彰　一九九八　「ワヤン研究序説(2)――ワヤン・ベベルの場合」、『人形劇史研究』七―八合併号、現代人形劇センター。
シュードラカ［岩本裕訳］　一九五九　「土の小車（ムリッチャカティカー）」、世界文学大系4『インド集』所収、筑摩書房。
田中多佳子　一九九三　「北インドにおけるヒンドゥー教徒の儀礼と音楽の実際」、『インド音楽研究』二・三号。
田中多佳子　一九九八　「カッワーリー」、平凡社編『世界民族音楽大系解説書』1、日本ビクター。
デーヴァ、B・C［中川博志訳］　一九九四　『インド音楽序説』、東方出版。
ドット、G・S［小西正捷訳］　一九九六　『ベンガル民俗芸術論』、穂高書店。
外岡秀俊　一九八五　「〝私の〟インド大道芸人」、朝日新聞社編『旅芸人の世界』所収、朝日新聞社。
西岡直樹・小西正捷　一九七九　「ベンガルの放浪絵師」、『どるめん』二〇号。
西岡直樹　一九八四　「ベンガルの絵巻物師ポトゥア」、『民藝』九月号。
西岡直樹　一九九五　「原初の世界の語り絵・ポト」＋「放浪の語り絵師・ポトゥア」、［フジタヴァンテ編　一九九五］所収。

姫野　翠　一九八九　『芸能の人類学』、春秋社。
廣田律子編　二〇〇〇　『アジアの仮面――神々と人間のあいだ』、大修館書店。
フジタヴァンテ編［小西正捷監修］　一九九五　『原インドの世界――生活・信仰・美術』、東京書籍。
ポプレイ、H・A［関鼎訳］　一九六六　『インドの音楽』、音楽之友社。
三尾　稔　一九九五　「異界への道標――神と人をつなぐボーパ」、［フジタヴァンテ編　一九九五］所収。
宮尾慈良　一九八四　『アジアの人形劇』、三一書房。
宮尾慈良　一九八七　『アジア舞踊の人類学』、PARCO出版。
宮尾慈良　一九九三　『アジア人形博物館』、大和書房。
山崎元一　一九八七　『古代インド社会の研究』、刀水書房。
山崎元一　一九九四　『古代インドの王権と宗教』、刀水書房。
山本吉左右　一九八五　「語り」、『大百科事典』、平凡社。
ルーシュ、バーバラ　一九八二　「海外における絵解き研究」、『国文学・解釈と鑑賞』四七巻一一号。
ルヌー／フィリオザ［山本智教訳］　一九七九　『インド学人事典』　2・バラモン編、金花舎。

［以下、小西正捷］
一九七七　『インド民芸――民俗のかたち』［写真・佐藤宗太郎］、木耳社。
一九八一　『多様のインド世界』［人間の世界歴史8］、三省堂。
一九八四a　「ボーパとパド」『アジア伝統芸能の交流　84　旅芸人の世界』プログラム、国際交流基金。
一九八四b　「ラーイーとベーリニー」『アジア伝統芸能の交流　84　旅芸人の世界』プログラム、国際交流基金。
一九八四c　“Characteristics of Mayurbhanj Chhau”. *Souvenir for Chaitra Parva.* Baripada : Mayurbhanj Chhau Nrutya Pratisthan.
一九八四d　“Masks and the Masked Performing Arts in South Asia, with Special Reference to ‘Chhau’ of East India”, in Koizumi *et al.* (eds.), *Dance and Music in South Asian Drama.* Tokyo : Academia Music.

一九八五a　「東インド仮面舞踊劇の伝統」、『季刊民族学』三一号。
一九八五b　「インド芸人社会の特質——史的素描」、『部落解放』二二五号。
一九八五c　「絵ときと蛇つかい——インド大道芸の特質」、朝日文庫『旅芸人の世界』、朝日新聞社。
一九八五d　"International Seminar-workshop on Chhau Dance Traditions 1983-1984". *Asian Folklore Studies*, 44-1.
一九八五e　「大道芸術」、ひろさちや編『インドの宗教と芸術』、世界聖典刊行協会。
一九八五f　「インドの『絵とき』芸能——その起源と実態の諸例」、『絵解き研究』三号。
一九八五g　「石彫にみる古代インドの絵とき——サーンチー大塔の場合」、『ＩＳ』三〇号。
一九八五h　「インド　伝統的製紙業の興亡——ムガル朝の確立より一九世紀末まで」、『史苑』四四巻一号。
一九八六a　『インド民衆の文化誌』、法政大学出版局。
一九八六b　『ベンガル歴史風土記』、法政大学出版局。
一九八六c　「アジアの仮面芸能——その現代的意味」、『東京新聞』一〇月一七日付夕刊。
一九八七a　「南アジアのまつりと音楽」、『包PAO』一三号。
一九八七b　"A Sketch on the Tribal Masks in India". in *Kusumanjali : New Interpretation of Indian Art and Culture*. New Delhi : Agama Kala Prakashan.
一九八八a　「生きている文化伝統」「演目解説」ほか、インド祭公演『インド民族音楽の世界』『インド古典音楽の世界』プログラム、民主音楽協会。
一九八八b　「南アジア文化の多様性」「インド」「映像解説」ほか、平凡社編『世界民族音楽大系解説書』Ｉ、日本ビクター。
一九八八c　「インドの地獄絵——その表徴と世界観」、宮次男編『六道絵』［日本の美術二七一］、至文堂。
一九八九a　「周縁の美と力学」、臼田雅之・押川文子・小谷汪之編『もっと知りたいインド』2、弘文堂。
一九八九b　"Charms of the Mayurbhanj Chhau Nrutya". *Souvenir of Chhau Dance Festival*. Baripada : Mayurbhanj Chhau Nrutya Pratisthan.

一九八九c　「無頼とカヤール――ビームセン・ジョーシーの歌曼荼羅」、『包PAO』一五号。
一九八九d　「演目解説」ほか、公演『インド悠久の歌と舞』プログラム、民主音楽協会。
一九八九e　「ヒンドゥー教の祈りの歌――バジャンの系譜と継承」、『包PAO』一六号。
一九九〇a　「ラーイーとその担い手――中部インドのブンデールカンドの芸人集団」、藤井知昭・馬場雄司編『職能としての音楽』［民族音楽叢書Ⅰ］、東京書籍。
一九九〇b　「インドの語り芸と絵語り――北インド、ラージャスターンの場合をめぐって」、鈴木道子編『語りと音楽』［民族音楽叢書Ⅲ］、東京書籍。
一九九〇c　「インド村落と芸能――バヴァーイーの変容と『地域』」、岩波講座『世界史への問い』8［歴史のなかの地域］、岩波書店。
一九九〇d　「アジア芸能にみる幽霊――身体に表現された意味世界」、『毎日新聞』八月二〇日付夕刊。
一九九三a　「失われた指輪の回帰――人形劇シャクンタラーによせて」、第9回『〈東京の夏〉音楽祭・フェスティヴァルマガジン』、アリオン音楽財団。
一九九三b　「インド人形劇の光と影」、『影絵の宇宙・南インドの影絵芝居――トール・パーヴァ・クーットゥ』公演プログラム、現代人形劇センター。
一九九五a　「南アジアの音楽・芸能とその変貌」、平凡社編『新・世界民族音楽大系解説書』Ⅰ、日本ビクター。
一九九五b　「闇の中の祝祭・異次元に躍る古代の英雄――南インドの影絵芝居」、『東京新聞』九月二九日付夕刊。
一九九五c　「トール・ボンマラータ――南インドの影絵芸能芝居」、『トール・ボンマラータ』公演プログラム、現代人形劇センター。

初出発表覚え書［各章のもとになった主な旧稿］

序章　アジア芸能に見る幽霊――身体に表現された意味世界　［一九九〇d＋新稿］

I　音楽と芸能の亜大陸――インド

インド世界の中心と周縁　［一九八八a＋一九八八b＋一九九五a＋新稿］
南アジアのまつりと音楽　［一九八七a］

II　周縁からのメッセージ

バヴァーイー――西インド・グジャラート地方の村芝居　［一九九〇c］
ラーイー――中部インド・ブンデールカンド地方の旋舞　［一九八四b＋一九九〇a］
チトラカティー――南西インド・最後の絵語り　［一九八九a］

III　語りと旅芸人

インドの語り芸と絵語り　［一九八五b＋一九八五f＋一九九〇b＋新稿］
絵語りと語り絵　［一九八四a＋一九八五f＋一九九〇b＋新稿］
大道芸と蛇つかい　［一九八五c＋一九八五e］

IV　仮面と人形芝居

アジアの仮面芸能と現代　［一九八六c］

チョウ仮面劇の伝統　［一九八五a＋一九八八b］
チョウの村でのセミナー　［一九八四c＋一九八五d＋一九八九b］
インド人形芝居の光と影　［一九八八b＋一九九三a＋一九九三b＋一九九五b＋一九九五c＋新稿］

V　祈りの声楽

バジャンの系譜　［一九八九d＋一九八九e］
イスラームのカッワーリー　［一九八八a＋新稿］
無頼とカヤール――ビームセーン・ジョーシーの歌曼荼羅　［一九八九c］

サ行

タ行

ナ行

ハ行

マ行

ヤ行

ラ行

ワ行

索　引

著者略歴

小西正捷（こにし　まさとし）

1938年生まれ．国際基督教大学，カルカッタ大学大学院，東京大学大学院に学ぶ．法政大学教授をへて，現在，立教大学文学部教授．
著書に『インド民芸——民俗のかたち』『多様のインド世界』『インド民衆の文化誌』『ベンガル歴史風土記』，共著・編著に『インダス文明』『インド・道の文化誌』『アジア読本・インド』『インド・大地の民俗画』ほか．

インド民俗芸能誌

2002年5月15日　初版第1刷発行

発行所　財団法人　法政大学出版局
〒102-0073 東京都千代田区九段北3-2-7
電話03(5214)5540／振替00160-6-95814
印刷／平文社　製本／鈴木製本所
Printed in Japan

ISBN4-588-27653-0